IoT! 내 손으로 만들고 파이썬으로 코딩하며 배운다!

2판
전면 개정판

IoT 사물인터넷과 OpenAI 인공지능을 위한

라즈베리파이 5 정석

"파이썬을 활용한 센서제어 및 OpenAI 활용하기"

2판
전면 개정판

IoT 사물인터넷과 **OpenAI** 인공지능을 위한

라즈베리파이 5 정석 Raspberry Pi 4, 5 버전 공용

파이썬을 활용한 센서제어 및 OpenAI 활용하기

2판 1쇄 발행 | 2024년 11월 30일

지은이 | 최주호, 김재범, 정동진 공저
펴낸이 | 김병성
펴낸곳 | 앤써북

출판사 등록번호 | 제 382-2012-0007 호
주소 | 경기도 파주시 탄현면 방촌로 548
전화 | 070-8877-4177
FAX | 031-942-9852
도서문의 | 앤써북 http://cafe.naver.com/answerbook
ISBN | 979-11-93059-40-1 13000

Preface
여리말

라즈베리 파이를 처음 접했을 때가 생각납니다. '집 밖에서 내 방에 선풍기를 작동시킬 수 있을까?' 이런 고민을 하던 때였습니다. 얼마 지나지 않아 집 밖에서 휴대폰을 리모컨처럼 사용하여 선풍기를 제어할 수 있게 되었습니다.

이때부터 라즈베리 파이에 재미를 붙이게 되었던 것 같습니다. 그 뒤 '어머니의 미용실에 내가 CCTV를 달아줘 봐야지'라는 생각이 들어서 라즈베리 파이 카메라를 구입하고 CCTV를 만들고 곰돌이 인형을 구매하여 미용실에 달아주게 되었습니다. 어머니는 2층에서 요리를 할 때마다 1층 미용실에 손님이 올까봐 항상 마음이 불안하였는데 핸드폰으로 누가 왔는지 확인할 수 있어서 핸드폰을 계속 켜두고 요리를 하였습니다. 핸드폰을 계속 지켜보는 것이 불편할 것 같아서 미용실 문에 적외선 센서를 달고 움직임이 감지 되었을 때 휴대폰에 알람이 올 수 있도록 만들어주었고 어머니가 정말 좋아했던 기억이 납니다. 2017년은 그렇게 라즈베리 파이와 정말 재밌게 지냈던 것 같습니다.

라즈베리 파이 3가 출시되었을 때 퇴근 후 집에 와서 블루투스 출결 시스템을 만들어보고 싶어서 공부했던 기억이 납니다. 또 라즈베리 파이와 아두이노를 이용해서 탱크도 만들어보고 핸드폰 자이로센서를 이용해서 탱크를 조종도 해보고 AWS에 polly(TextToSpeech) 라이브러리와 opencv 기술로 강아지가 움직일 때 마다 모션을 인식하여 우리집 강아지에게 밥 먹자고 장난도 쳐보고 시간이 흘러 이제는 선풍기를 음성으로도 작동시킬 수 있게 되었습니다.

하드웨어 개발자가 아닌 소프트웨어 개발자가 하드웨어에 익숙해지는 것은 많은 시간이 필요합니다. 매일 매일 공부하고 해외에 많은 유튜브 영상을 보면서 힘들었지만 즐거웠던 나의 시간을 이 책에 모두 담았습니다. 이 책은 라즈베리 파이를 공부하기 위해 필요한 거의 모든 것들을 담았습니다. 이 책은 라즈베리 파이 초보자들에게 제대로 된 길잡이가 되는 입문서가 될 것입니다.

끝으로 책 실습을 테스트 한다고 고생한 현우, 현욱, 우영, 원영, 귀여운 성건이 모두 정말 고맙다는 말을 하고 싶습니다. 그리고 이 책을 완성하기 위해 도움 주신 황승준, 이경용 대표님께 감사의 마음을 전합니다.

최주호 드림

하드웨어에 경험이 없거나 전기전자 초보자도 쉽게 기본적인 전자 부품과 센서 등을 라즈베리 파이와 함께 사용할 수 있도록 기초부터 설명하기 위해 노력했습니다. 기초 부품부터 라이브러리를 활용한 센서의 연결 및 실습까지 이 책을 통해 좀 더 쉽게 라즈베리 파이를 활용할 수 있을 것입니다.

김재범 드림

이 책은 라즈베리 파이를 실습하기 위해 필요한 파이썬, 리눅스, 전자기초, 센서활용, flask, mariadb, openAPI, Git에 대한 내용이 포함되어 있습니다. 너무 많은 부분을 한 권에 책에 담으려다 보니 깊이 있게 다루지 못한 부분이 많지만 초보자가 무리 없이 따라올 수 있게 실습 위주로 책의 내용을 다루었습니다. 이 책을 쓸 수 있게 도움주신 앤써북 관계자 여러분께 감사드립니다

정동진 드림

독자지원센터

[책 소스 다운로드 / 정오표 / Q&A / 긴급 공지]

이 책의 실습에 필요한 책 소스 파일 다운로드, 정오표, Q&A 방법, 긴급 공지 사항 같은 안내 사항은 앤써북 공식 카페의 [종합 자료실]에서 [도서별 전용 게시판]을 이용하시면 됩니다.

앤써북 네이버 카페에서 [종합 자료실] 아이콘(❶)을 클릭한 후 종합자료실 게시글에 설명된 표에서 210번 목록 우측 도서별 전용 게시판 링크 주소(❷)를 클릭하거나 아래 QR 코드로 바로가기 합니다. 도서 전용 게시판에서 설명하는 절차로 책소스 파일 다운로드, 정오표, Q&A 방법 등을 안내 받을 수 있습니다

➡ 앤써북 공식 네이버 카페 종합자료실 https://cafe.naver.com/answerbook/5858

➡ 도서 전용게시판 바로가기 https://cafe.naver.com/answerbook/7161

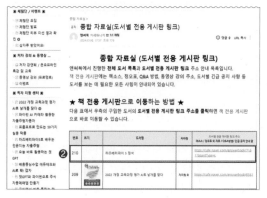

[독자 문의]

책을 보시면서 궁금한 점은 저자가 운영하는 JSPStudy 사이트(http://jspstudy.co.kr)의 Q&A 게시판에서 문의하고 답변 받을 수 있습니다

이 책의 실습 준비물

이 책에서 라즈베리파이 실습 시 준비해야될 부품입니다.

라즈베리 파이 5

❶ 라즈베리파이 5 : 1개
❷ HDMI mini 케이블 : 1개
❸ 어댑터 5V – DC 3A 이상(USB–C타입) : 1개
❹ SD카드
❺ SD카드 리더기

❶ 브레드보드 : 1개

❷ 점퍼 케이블 세트 : 암수 10개씩, 수수 10개씩

❸ 저항 세트 100, 220, 330, 500, 1K, 10K : 각각 10개씩

❹ LED 빨강, 파랑, 초록, 노랑 : 각각 5개씩

❺ Tact 스위치 (브레드보드용) : 2개

❻ 전해 콘덴서 35 V 2200uF (비슷한 스펙 이면 상관없음) : 1개

❼ 트랜지스터 2N3904 : 2개

❽ 다이오드 1N4001 : 2개

❾ 아두이노 부터 모듈 수동(dm112)

❿ SG90 서보모터 : 1개

⓫ HC-SR04 초음파 센서 : 1개

⓬ HC-SR501 인체 모션 감지 센서 : 1개

⓭ MCP3008-I/P : 1개

⓮ CDS 조도센서 (DIP 타입) : 1개

⓯ 조이스틱 모듈(5pin) : 1개

⓰ BMP 180 모듈 : 1개

⓱ OLED 모듈 128 x 64, 0.96inch, I2C : 1개

⓲ NodeMCU : 1개

⓳ 라즈베리 파이 카메라 : 1개

⓴ 가변저항 : 1개

Contents
목 차

<table>
<tr><td>Chapter
03</td><td colspan="2"># 라즈베리 파이를 위한 파이썬 기초 배우기</td></tr>
</table>

Contents
목 차

Chapter
06

Flask를 활용한 센서 제어

Contents
목 차

Chapter 07
Maria 데이터베이스 활용하기

Chapter 08
블루투스 비콘(Beacon) 사용하기

Contents
목 차

Chapter
14

OpenAI 인공지능

Raspberry Pi

이번 장에서는 라즈베리 파이란 무엇인지 알아보고 이 책을 학습하기 위한 준비물을 알아본 뒤 라즈베리 파이에 라즈비안 운영체제를 설치해보도록 하겠습니다. 설치 후 환경 세팅을 한 뒤 간단하게 LED를 작동해보도록 하겠습니다.

라즈베리 파이 시작하기

01 _ 라즈베리 파이 살펴보기

01-1 라즈베리 파이란?

라즈베리 파이는 2012년 2월에 영국의 라즈베리 파이 재단에서 교육적인 목적으로 만든 SBC(싱글 보드 컴퓨터)입니다. 하드웨어 스펙에 비해 가격이 저렴한 이유는 라즈베리 파이 재단은 수익을 추구하지 않는 비영리 재단이기 때문입니다. 라즈베리 파이에는 기본적으로 마이크로프로세서, 메모리, 각종 I/O 장치(오디오, 비디오, 카메라, HDMI)등이 자체 내장 되어 있으며 라즈베리 파이3 이상부터는 와이파이, 블루투스가 기본 내장되어 있습니다. 라즈베리 파이 5는 ARM Cortex-A76 기반의 쿼드코어 프로세서를 탑재하고 있으며, 최대 클럭 속도는 2.4GHz입니다. 이는 라즈베리 파이 4에 사용된 Cortex-A72 기반의 쿼드코어 프로세서(최대 클럭 속도 1.5GHz)보다 약 30-40% 정도 더 빠른 성능을 제공합니다.

GPU 또한 업그레이드되어, VideoCore VI GPU를 채택하여 그래픽 처리 성능이 라즈베리 파이 4에 비해 약 50% 더 향상되었습니다. 이로 인해 4K 비디오 재생 및 고사양 그래픽 작업에서도 더 나은 성능을 발휘합니다. 또한, RAM 용량도 최대 8GB로 확장되어, 멀티태스킹 및 메모리 집약적인 작업에서 더욱 원활한 수행이 가능합니다.

라즈베리 파이 5는 micro HDMI 포트를 2개 제공하며, USB 3.0 포트도 2개 지원하여 더 빠른 데이터 전송이 가능합니다. 또한, 라즈베리 파이 5는 USB-C 타입 전원을 지원하며, 블루투스 5.0 및 와이파이 6를 기본 내장하여 더욱 빠르고 안정적인 무선 연결을 제공합니다. GPIO 핀의 배치는 라즈베리 파이 4와 유사하지만, 몇 가지 추가적인 기능들이 포함되어 있어 더 다양한 프로젝트에 활용할 수 있습니다.

다음은 라즈베리 파이 5의 외형과 부착된 부분의 기능을 설명하는 그림입니다.

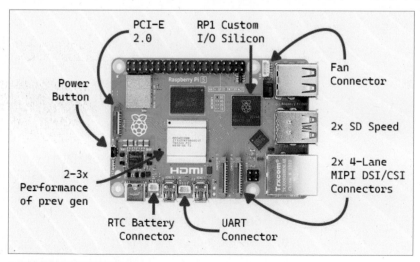

▲ 라즈베리 파이 5 하드웨어 구성

❶ GPIO : 디지털 값의 입력과 출력에 사용됩니다.

❷ USB 포트 : 마우스, 키보드, 무선 랜카드 등 USB 장치를 연결할 수 있는 USB 2.0 포트와 3.0 포트가 제공됩니다.

❸ Ethernet 포트 : 이더넷 포트가 제공됩니다.

❹ 아날로그 오디오 출력 포트 : 오디오 연결 단자입니다.

❺ CSI : 카메라를 연결시키기 위한 인터페이스입니다.

❻ HDMI : HDMI를 지원하는 컴퓨터 모니터, TV, 라즈베리 파이를 연결할 수 있는 micro HDMI 출력 케이블 단자 2개를 제공합니다.

❼ 전원 단자 : 5V의 전압과 700mA 이상의 전류를 공급할 수 있는 마이크로 USB-C 소켓입니다. 스마트폰 충전용 케이블과 연결할 수 있습니다.

❽ DSI : 디스플레이 장치 등을 연결할 때 사용하는 케이블입니다. DSI 케이블은 잘 구부러집니다.

❾ 마이크로 SD 카드 슬롯 : 라즈베리 파이 보드 아래쪽에 마이크로 SD 카드를 장착할 수 있는 슬롯이 제공됩니다.

❿ 와이파이 : 와이파이 안테나가 제공됩니다.

01-2 하드웨어 구성

라즈베리 파이는 1, 2, 3을 거쳐 ZERO와 라즈베리 파이 3 B+가 판매되었으며, 이후 라즈베리 파이 4가 출시되었습니다. 현재는 라즈베리 파이 5가 한국 KC인증을 완료하고 국내에서 판매되고 있습니다. 이 책은 라즈베리 파이 5 MODEL B를 사용하여 집필되었습니다.

라즈베리 파이 5 모델 B는 이전 모델에 비해 더욱 강력한 성능을 제공하며, 보급형 x86 PC 시스템과 비슷한 데스크탑 성능을 제공합니다. 라즈베리 파이 5는 ARM Cortex-A76 기반의 고성능 64비트 쿼드 코어 프로세서를 탑재하고 있으며, micro HDMI 포트를 두 개 지원하여 최대 4K 해상도의 듀얼 디스플레이를 구현할 수 있습니다. 최대 4Kp60의 하드웨어 비디오 디코딩을 지원하며, RAM은 최대 8GB까지 확장되어 더욱 복잡한 작업도 원활하게 처리할 수 있습니다.

또한, 듀얼 대역 2.4 / 5.0GHz 무선 LAN, Bluetooth 5.2, 기가비트 이더넷, USB 3.2 및 PoE 기능을 지원하여 다양한 네트워크 및 연결 옵션을 제공합니다. 라즈베리 파이 5는 고사양의 데스크탑 컴퓨팅 환경부터 다양한 IoT 및 임베디드 시스템 프로젝트에 이르기까지 폭넓은 활용이 가능합니다.

라즈베리 파이 제로(ZERO)는 크기가 신용카드 절반 정도의 크기입니다. 크기가 작은 대신에 성능은 조금 떨어집니다. CPU는 1GHz에 RAM은 512MB입니다.

▲ 라즈베리 파이 제로 모델

다음은 라즈베리 파이 모델의 하드웨어 스팩을 요약한 표입니다.

Specifications	Raspberry Pi 4	Raspberry Pi 5
CPU	Quad-core Cortex-A72 (ARMv8) 64-bit @ 1.5GHz (16 nm process)	Quad-core Cortex-A76 (ARMv8) 64-bit @ 2.4GHz (28 nm process)
GPU	VideoCore VI @ 600MHz	VideoCore VII @ 1GHz
RAM	1/2/4/8 GB of LPDDR4 SDRAM	1/2/4/8 GB of LPDDR4x SDRAM
Display/Audio	2x Micro HDMI (up to 2x4K30 support), 4-Pole Stereo & Composite Video	2x Micro HDMI (up to 2x4K60 support)
Ethernet / Wireless	2.4GHz and 5GHz Wireless, Bluetooth 5.0, BLE, Gigabit Ethernet	
USB	2 x USB 2.0, 2 x USB 3.0	2 x USB 2.0, 2 x USB 3.0 (Supporting simultaneous 5.1Gbps)
MIPI Interfaces	1x 2-Lane CSI MIPI, 1x 2-Lane DSI MIPI	2 x 4-lane CSI/DSI MIPI
Other Interfaces	–	Single-lane Gen 2 PCIE, UART
GPIO	40 pin GPIO header	
Power Supply	5V/3A USB Type-C	5V/5A USB Type-C
POE	Via separate PoE HAT	
Storage	Micro SD	Micro SD (SDR104 mode support)
Additional Features	–	Power button, RTC, Fan connector, Heatsink mounting points

※보다 자세한 내용은 데이터시트를 참고하세요.

▲ 라즈베리 파이 모델별 하드웨어 스팩 비교

02 _ 라즈베리 파이 실습 준비물

이 책의 실습을 진행하기 위해서는 여러 가지 실습 준비물이 필요합니다.

실습 부품은 센서 키트 공식 판매처에서 센서 키트로 판매하기 때문에 편리하게 구매할 수 있습니다.

《《라즈베리파이 정석 센서 키트》》에는 이 책에 필요한 대부분의 부품이 포함되어 있습니다. 단,

"※ 라즈베리 파이 실습 부품 1과 추가 부품 구매"에 명시된 부품은 포함되어 있지 않습니다. 이 부품들이 필요한 경우 개별적으로 구매하거나 구매 방법은 쇼핑몰 상품 상세페이지를 확인합니다

▣ 라즈베리파이 정석 5 센서 키트

라즈베리파이 정석 센서키트에는 도서 실습 시 사용되는 부품이 포함되어 있습니다.

다음 페이지에서 소개될 라즈베리파이 실습 부품 1은 개인적으로 구매해야 합니다.

▣ 라즈베리파이 정석 5 센서 키트 공식 판매처

센서 키트 공식 쇼핑몰에서 《《라즈베리파이 정석 5 센서 키트》》 상품을 구매합니다. 단, 라즈베리 파이와 관련 부품은 개인적으로 구매합니다. 구매 방법은 쇼핑몰 상품 상세페이지를 확인합니다.

- 센서 키트 공식 판매처 : https://smartstore.naver.com/getinthere
- 상품명 : 라즈베리파이 정석 5 센서 키트

02-1 라즈베리 파이 실습 부품 1

라즈베리 파이 관련 부품이며, 라즈베리 파이 5 보드 뿐만 아니라, 아래의 구성요소 5개가 필요합니다.

라즈베리 파이 5

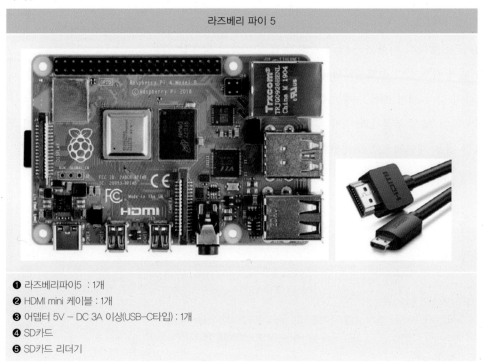

❶ 라즈베리파이5 : 1개
❷ HDMI mini 케이블 : 1개
❸ 어댑터 5V – DC 3A 이상(USB–C타입) : 1개
❹ SD카드
❺ SD카드 리더기

02-2 라즈베리 파이 실습 부품 2(라즈베리 파이 정석 5 센서 키트)

모든 부품(마이크 포함)을 센서 키트에 담았습니다. 단, 라즈베리 파이 5 보드는 독자들이 더 저렴하게 구매할 수 있는 사이트를 쇼핑몰 상세보기에 링크로 걸어두었습니다. 해당 주소로 이동하여 구매할 수 있습니다.

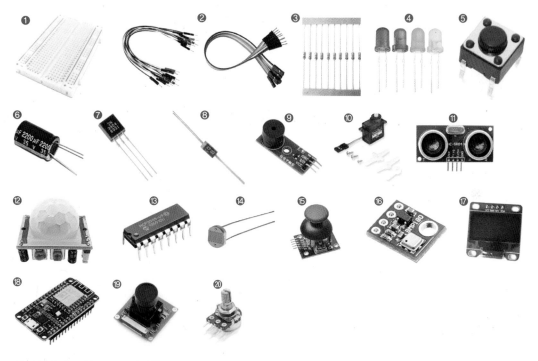

❶	브레드보드 : 1개	⓫	HC-SR04 초음파 센서 : 1개
❷	점퍼 케이블 세트 : 암수 10개씩, 수수 10개씩	⓬	HC-SR501 인체 모션 감지 센서 : 1개
❸	저항 세트 100, 220, 330, 500, 1K, 10K : 각각 10개씩	⓭	MCP3008-I/P : 1개
❹	LED : 10개	⓮	CDS 조도센서(DIP 타입) : 1개-I/P : 1개
❺	Tact 스위치 (브레드보드용) : 2개	⓯	조이스틱 모듈(5pin) : 1개
❻	전해콘덴서 35V 2200uF (비슷한 스펙이면 상관없음) : 1개	⓰	BMP 180 모듈 : 1개
❼	트랜지스터 2N3904 : 2개	⓱	OLED 모듈 128 x 64, 0.96inch, 12C : 1개
❽	다이오드 1N4001 : 2개	⓲	NodeMCU : 1개
❾	부저 모듈 (아두이노용 수동형) : 1개	⓳	라즈베리 파이 카메라 : 1개
❿	SG90 서보모터 : 1개	⓴	가변저항 : 1개

▲ 실습 부품 세트 구성도

03 _ SD Card Formatter로 SD Card 포맷시키기

SD 카드를 포맷하기 위해서는 SD Card Formatter가 필요합니다. 내용을 진행하기 전 SD 카드를 SD 카드 리더기에 연결하여 컴퓨터 USB 포트에 연결해줍니다.

01 SD Card Formatter를 다운 받습니다.

• https://sd-card-formatter.kr.uptodown.com/windows/download

▲ SD 카드 포맷터

02 다운이 완료되면 압축을 풀고 설치를 시작합니다.

03 설치가 완료되면 바탕화면에 바로가기 생깁니다. 실행해봅니다.

04 'Volume Label 을 raspberry' 라고 작성한 뒤 Overwrite format을 체크합니다.

▲ SD Card Formatter 설정 화면

05 [Format] 버튼을 클릭하면 다음과 같이 경고창이 나타납니다. [예] 버튼을 클릭하여 포맷을 진행해줍니다. 약 10~30분 정도 후에 포맷이 완료됩니다.

▲ SD 카드의 모든 데이터가 삭제된다는 경고창

04 _ 라즈비안 다운 및 SD 카드 세팅

라즈비안(Raspbian)은 라즈베리 파이의 공식 운영체제입니다. 컴퓨터를 활용하기 위해서는 윈도우와 같은 운영체제가 필요하듯이 라즈베리 파이도 하드웨어를 제어하기 위해서는 운영체제가 필요합니다.

4-1 라즈비안 다운받기

01 라즈베리 파이 홈페이지로 이동합니다.

https://www.raspberrypi.org

02 Software 메뉴를 클릭합니다.

▲ 라즈베리 파이 홈페이지

03 Download for Windows를 클릭합니다.

▲ 라즈비안 OS 다운로드

04 다운 받은 파일을 설치하여 실행하면 다음과 같은 화면이 나타납니다.

– 현재 화면에서 다음 파트로 넘어가서 진행하겠습니다.

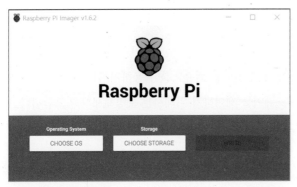

▲ 라즈비안 설치 시작 화면

4-2 라즈비안 SD 카드 세팅하기

01 [장치 선택] 버튼을 클릭합니다

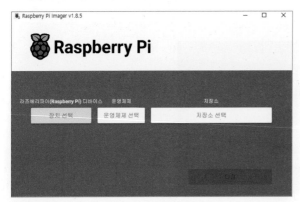

▲ 장치 선택

02 Raspberry Pi 5를 선택합니다.

▲ 라즈베리파이 보드 선택

03 OS를 Raspberry Pi OS (64-bit)로 선택합니다

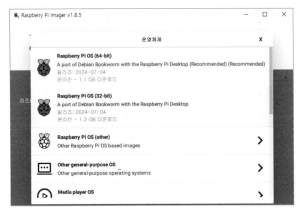

▲ 설치할 운영체제 선택

04 저장소 선택을 클릭합니다.

05 연결할 USB를 선택합니다.

▲ 설치할 USB 선택

06 OS 커스터 마이징을 설정하지 않습니다.

▲ OS 커스터마이징 설정 안함

07 모든 데이터를 삭제하고 USB에 OS설치를 시작합니다.

▲ USB 장치 초기화

08 기다리면 라즈비안 설치가 완료되었습니다.

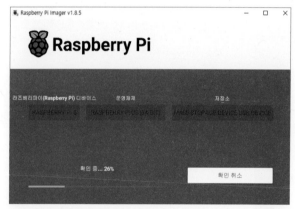

▲ 라즈비안 설치 진행 화면

05 _ 라즈비안 실행하기

SD 카드에 복사한 라즈비안을 실행해보겠습니다.

01 SD 카드를 라즈베리 파이 밑면의 슬롯에 연결합니다.

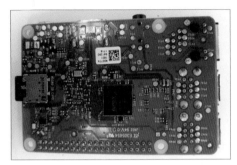

▲ SD 카드 연결

02 키보드와 마우스 HDML 케이블을 연결하고 전원을 연결하면 램프가 깜빡이고 부팅이 시작됩니다.

❶ USB 마우스 연결

❷ USB 키보드 연결

❸ HDMI 포트에 화면 연결(필요한 경우 어댑터 사용)

❹ USB 전원 포트에 전원 연결

▲ 키보드, 마우스, 모니터, 전원 연결

03 설치 후 간단한 설정창이 나타납니다.

– Set Conuntry 세팅은 Next

– Create User 세팅은 username : pi, password : 자유롭게

– Choose Browser 세팅은 Next

– Select Wireless Network 세팅은 Skip

– Enable Raspberry Pi Connect 세팅은 Next

– Update Software 세팅은 Skip

– 재부팅하면 됩니다.

04 완료되면 라즈비안 메인화면이 나타납니다.

06 _ 라즈베리 파이 환경 설정하기

라즈비안 설치가 완료된 뒤 처음으로 접속하게 되면 초기 세팅을 할 수 있는 창이 생깁니다. [Cancel] 버튼을 클릭하고 직접 세팅하도록 하겠습니다.

※자동 설치를 하게 되면 한글 세팅이 되지 않을 수 있으니 아래 순서대로 세팅하도록 합니다.

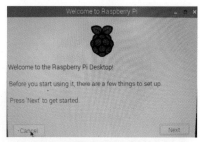

▲ 라즈비안 초기세팅 팝업(취소하기)

(1) 와이파이 연결하기

[라즈베리 메뉴] – [기본 설정] – [라즈베리파이 환경설정] 으로 이동합니다.

[현지화] – [WiFI 국가를 설정] – KR Korea (South)를 선택합니다.

오른쪽 상단에 빨간색으로 X표시가 있습니다. 선택해주세요.

(2) 운영체제 업데이트

터미널을 엽니다. 단축키는 Ctrl + Alt + T 입니다. 라즈비안 업데이트를 합니다.

$ sudo apt-get update

라즈비안 업데이트 ▶

TIP

앞으로 나오는 모든 설치 과정 중 y/n 물음이 표시될 때 특별한 언급이 없는 경우 y를 선택하시길 바랍니다.

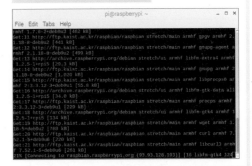

$ sudo apt-get upgrade

라즈비안 업그레이드 ▶

---

(3) 한글 설정하기

한글 설정은 아래 순서를 꼭 지켜주세요.

01 메인 메뉴(딸기 아이콘) – Preferences(기본 설정) – Raspberry Pi Configuration를 선택하여 라즈비안 설정으로 이동합니다.

라즈비안 설정으로 이동 ▶

02 라즈베리 파이 환경 설정 창(Raspberry Pi Configuration)에서 Localisation – Set Timezone – Asia/Seoul을 각각 클릭합니다.

▲ 라즈비안 시간 세팅

03 Localisation – Set Keyboard을 선택한 후 다음을 설정합니다.

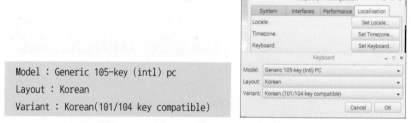

▲ 라즈비안 키보드 설정

```
Model : Generic 105-key (intl) pc
Layout : Korean
Variant : Korean(101/104 key compatible)
```

모든 설정이 완료된 후 [OK] 버튼을 클릭합니다.

04 한글 입력을 위해 ibus를 설치합니다.

```
$ sudo apt-get install ibus
```

05 ibus-hangul를 설치합니다.

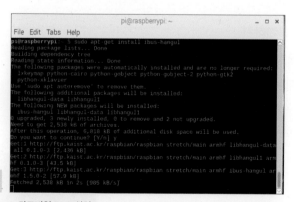

```
$ sudo apt-get install ibus-hangul
```

▲ 라즈비안 ibus 설치

06 폰트를 설치합니다.

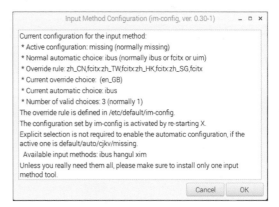

```
$ sudo apt-get install fonts-unfonts-core
```

▲ 라즈비안 한글 폰트 설치

07 재부팅합니다.

```
$ sudo reboot
```

08 한글 입력기인 nabi를 설치합니다.

```
$ sudo apt-get install nabi
```

▲ 라즈비안 나비 설치

09 다음 과정을 진행합니다.

메인 메뉴(딸기 아이콘) – Preference(설정) – Input
Method(입력기) – [OK] 버튼 클릭

Input Method Configuration (im-config, ver. 0.30-1)

Current configuration for the input method:
* Active configuration: missing (normally missing)
* Normal automatic choice: ibus (normally ibus or fcitx or uim)
* Override rule: zh_CN,fcitx:zh_TW,fcitx:zh_HK,fcitx:zh_SG,fcitx
* Current override choice: (en_GB)
* Current automatic choice: ibus
* Number of valid choices: 3 (normally 1)
The override rule is defined in /etc/default/im-config.
The configuration set by im-config is activated by re-starting X.
Explicit selection is not required to enable the automatic configuration, if the active one is default/auto/cjkv/missing.
 Available input methods: ibus hangul xim
Unless you really need them all, please make sure to install only one input method tool.

Cancel   OK

라즈비안 Input Method([OK] 버튼 클릭) ▶

10 [YES] 버튼을 클릭합니다.

Input Method Configuration (im-config, ver. 0.30-1)

Do you explicitly select the user configuration?

* Select NO, if you do not wish to update it. (recommended)
* Select YES, if you wish to update it.

No   Yes

▲ 라즈비안 Input Method([YES] 버튼 클릭)

11 Localisation – Set Locale을 클릭한 후 다음과 같이 설정합니다.

Language : ko (Korean)
Country : KR (South Korea)
Character Set : UTF-8

▲ 라즈비안 Set Locale 설정

12 [YES] 버튼을 클릭한 뒤 재부팅합니다.

▲ 라즈비안 재부팅하기

13 라즈비안에서 한글을 입력하여 테스트해 봅니다.

pi@raspberrypi: ~				– □ ×
파일(F) 편집(E) 탭(T) 도움말(H)				
pi@raspberrypi:~ $ 한글테스트				

▲ 라즈비안 한글 테스트

(4) 인터페이스 설정

[라즈베리 메뉴] – [기본설정] – [라즈베리파이 환경설정] –[인터페이스] 로 이동합니다.

Ov아래와 같이 설정한 뒤 재부팅합니다.

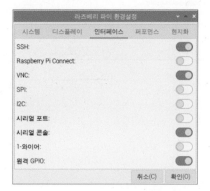

(5) 라즈베리 파이에 고정 IP 설정하기

Debian 12 버전에서는 /etc/network/interfaces 파일에 네트워크를 설정합니다.

01 터미널에 접속해 interfaces 파일을 nano로 열어봅니다.

```
$ sudo nano /etc/network/interfaces
```

02 다음 코드를 파일에 추가해줍니다.

```
# eth0 설정 (유선 인터페이스)
auto eth0
iface eth0 inet static
    address 192.168.0.100
    netmask 255.255.255.0
    gateway 192.168.0.1
    dns-nameservers 8.8.8.8 8.8.4.4

# wlan0 설정 (무선 인터페이스)
auto wlan0
iface wlan0 inet static
    address 192.168.0.101
    netmask 255.255.255.0
    gateway 192.168.0.1
    dns-nameservers 8.8.8.8 8.8.4.4
```

03 재부팅 합니다. 혹은 아래오 같이 network를 재시작합니다.

```
$ sudo service networking restart
```

04 고정된 ip를 확인합니다.

```
$ ifconfig
```

> **TIP**
>
> 라즈베리파이가 실행되는 환경에 IP는 네트워크 환경마다 다를수 있습니다.
> 본인의 window pc에서 터미널을 열어서 아래의 명령어로 ip를 확인한뒤 02 번의 코드를 수정하고 재부팅해주세요.
> 오른쪽과 같이 게이트웨이 주소의 끝자리가 254일
> 수 있으니, 참고해주세요.
> 그리고 IPv4주소는 192.168.0.33을 사용하고 있으
> 니, 192.168.0.44와 같이 중복되지 않는 주소를 선
> 택해주면 됩니다.
>
> ```
> C:\Users\ssar>ipconfig
> 이더넷 어댑터 이더넷:
>
>     IPv4 주소 . . . . . . . . . : 192.168.0.33
>     서브넷 마스크 . . . . . . . : 255.255.255.0
>     기본 게이트웨이 . . . . . . : 192.168.0.254
> ```

07 _ 라즈베리 파이로 LED 동작시키기

라즈베리 파이 동작을 위한 작업이 끝났습니다. 이번에는 라즈베리 파이를 이용해서 LED를 동작시켜 보는 간단한 실습을 진행해 보겠습니다.

01 파일 매니저를 실행합니다. 다음 순서로 진행합니다. 메뉴 – 보조프로그램 – File Manager 또는 다음과 같이 패널에 있는 파일 매니저 아이콘을 클릭합니다.

▲ 라즈비안 파일 매니저 아이콘

02 webapps/ch01 폴더를 생성합니다. 즉 webapps 폴더를 생성한 후 ch01 폴더를 생성합니다. 다음 순서로 진행합니다.

❶ 마우스 우 클릭 – 새로 만들기 – 폴더 – webapps 생성

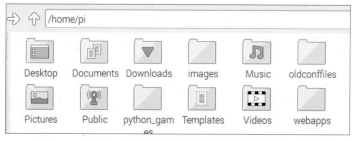

▲ 라즈비안 webapps 폴더 생성하기

❷ 마우스 우 클릭 – 새로 만들기 – 폴더 – ch01 생성

▲ 라즈비안 ch01 폴더 생성하기

03 Geany 에디터를 실행합니다. 다음 순서로 진행합니다. 메뉴 – 개발 – 지니(마우스 우클릭 – 데스크톱에 추가)

▲ 지니 아이콘 바로가기 만들기

04 py 파일을 생성합니다. 다음 순서로 진행합니다. 파이썬은 들여쓰기를 통해 코드를 구분합니다. 따라서 Tab을 넣어 구분해줍니다. Tab 1칸은 스페이스 4칸입니다.

※ 주의 : 파이썬(py) 파일은 각 장의 폴더 '/home/pi/webapps/ch01'에 저장하여야 합니다.

❶ 파일 – 새로 만들기 – 다른 이름으로 저장 – led_ex01.py

※ led_ex01.py 파일은 /home/pi/webapps/ch01에 저장하여야 합니다.

실습파일: /home/pi/webapps/ch01/led_ex01.py

```python
import RPi.GPIO as GPIO
import time

GPIO.setmode(GPIO.BOARD)

LED = 8

GPIO.setup(LED, GPIO.OUT, initial=GPIO.LOW)

try:
    while 1:
            GPIO.output(LED, GPIO.HIGH)
            time.sleep(0.5)

            GPIO.output(LED, GPIO.LOW)
            time.sleep(0.5)
except KeyboardInterrupt:
        pass

GPIO.cleanup()
```

Tab 1칸

05 브레드보드를 통해 회로도를 만듭니다.

❶ 준비물 : 암수 점퍼선 2개, 저항 100옴, LED, 브레드보드

> **TIP**
> 저항은 100옴, 200옴, 300옴에서부터 1000옴(1K)까지 사용해도 됩니다. 저항에 대한 자세한 설명은 4장에서 설명
> 합니다.

❷ GPIO 핀 번호

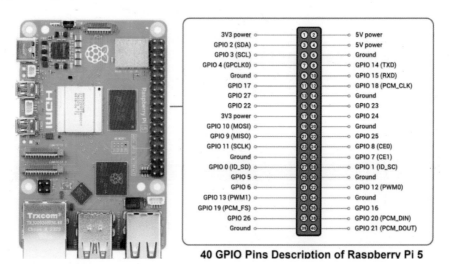

40 GPIO Pins Description of Raspberry Pi 5

▲ GPIO 핀 번호 알아보기

❸ 회로도

LED에는 다리가 두개 달려있습니다. 짧은 다리를 Ground에 연결하고 긴 다리를 8번 Pin에 연결합니다.

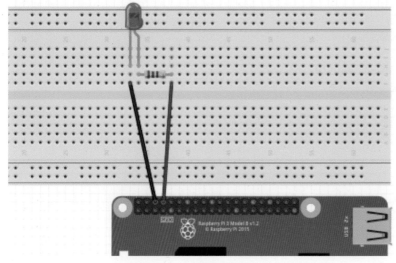

▲ 실습 회로도

06 F5 를 누르고 실행합니다. LED가 동작하는 것을 확인 할 수 있습니다.

Raspberry Pi

리눅스는 리눅스 토발즈가 커뮤니티 주체로 개발한 컴퓨터 운영체제입니다. 이번 장에서는 운영체제, 원격 접속, 리눅스 파일 시스템, 리눅스 명령어에 대해서 배워보도록 하겠습니다.

라즈베리 파이를 위한
리눅스 기초 배우기

01 _ 운영체제

01-1 운영체제란?

운영체제는 시스템 하드웨어를 관리하고 응용소프트웨어를 실행하기 위하여 하드웨어 추상화 플랫폼을 제공하는 시스템 소프트웨어입니다.

▲ 음료를 제공해주는 자판기

자판기는 우리에게 아주 편리한 인터페이스를 제공해줍니다. 그것은 바로 버튼입니다. 내가 콜라를 먹고 싶다면 콜라 버튼을 클릭하면 됩니다. 우리는 자판기가 어떤 식으로 동작하는지에 대한 원리는 이해할 필요가 없습니다. 우리는 그냥 원하는 음료가 있으면 버튼을 클릭하기만 하면 됩니다.

▲ 엑셀을 밟으면 앞으로 나가는 자동차

자동차도 우리에게 아주 편리한 인터페이스를 제공해줍니다. 그것은 바로 엑셀입니다. 내가 차를 전진하고 싶다면 그냥 엑셀을 밟으면 됩니다. 우리는 자동차가 내부적으로 어떻게 돌아가는지 알 필요가 없습니다.

그렇다면 자동차의 내부구조는 누가 알아야 할까요? 정답은 바로 자동차를 만들고 수리하는 엔지니어들입니다. 엔지니어들은 자동차의 내부구조를 잘 알고 있습니다. 하지만 일반적으로 자동차를 이용하는 사람들은 자동차의 내부구조를 잘 알지 못합니다. 그래서 자동차 엔지니어들이 일반 사용자들에게 자동차를 쉽게 이용할 수 있게 하려고 만들어 놓은 엑셀, 브레이크, 기어들을 인터페이스라고 부릅니다.

위의 그림은 ATmega328이라는 cpu칩입니다. 이러한 칩에는 연산, 제어, 저장의 기능이 들어 있습니다. 그렇다면 저것을 어떻게 사용해야 할까요? 전 세계의 대부분의 사람들은 컴퓨터 엔지니어가 아닌데 어떻게 사용해야 할지 알 수 있을까요? 일반 사용자들은 알 수 없기 때문에 일반 사용자와 컴퓨터 하드웨어의 중간 역할을 해주는 무엇인가가 필요하게 되었고 그 역할을 바로 운영체제(Operation System)가 맡고 있습니다.

▲ 운영체제의 역할

01-2 리눅스 운영체제의 종류

리눅스 운영체제는 대형기종에 작업이 가능한 유닉스를 개인용 컴퓨터에서 작동할 수 있게 변형한 것이라고 볼 수 있습니다. 리눅스의 가장 큰 특징이라고 한다면, GNU 정신(자유 소프트웨어 정신)을 준수하기 때문에 대부분 무료이고 소스코드의 자유배포가 가능하기 때문에 이를 토대로 수많은 리눅스 배포판이 생기게 되었습니다.

대표적인 리눅스의 종류로는 Debian, Redhat이 있습니다.

▲ debian   ▲ redhat

Debian 계열에는 요즘 가장 인기 있는 Ubuntu라는 운영체제가 있습니다. Debian은 자유 소프트
웨어와 오픈소스 소프트웨어로 구성된 배포판입니다. 데스크톱과 서버용으로 모두 사용가능 하며
*.deb 패키지를 사용하여 소프트웨어를 설치할 수 있으며 안정적인 최신 버전을 지속적으로 제공받
을 수 있게 해주는 apt-get 명령어를 가지고 있습니다.

Redhat 계열에는 대표적으로 CentOS라는 운영체제가 있습니다. Redhat 리눅스는 Redhat 소프트
웨어 사에서 공급되고 있으며 유료버전만 존재합니다. 하지만 Redhat 리눅스도 GNU 일반 공중 사
용 허가서(GPL: General Public License)를 따르기 때문에 소스코드가 공개되어 있고 이 소스코드
를 이용해 만들어진 것이 CentOS입니다. 데스크톱과 서버용으로 모두 사용가능 하며 *.rpm 패키
지를 사용하여 소프트웨어를 설치할 수 있으며 안정적인 최신 버전을 지속적으로 제공받을 수 있게
해주는 yum 명령어가 있습니다.

01-3 라즈비안 운영체제

우리가 이 책을 통해 사용하게 될 운영체제는 바로 라즈비안입니다. 이름에서도 알 수 있듯이
Debian 계열의 운영체제이기 때문에 Ubuntu와 비슷한 점이 많습니다. 라즈베리 파이2가 나오면서
우분투도 공식 지원 대상에 포함되기는 하였지만 라즈베리 파이는 저 전력을 목표로 한 ARM 아키
텍쳐를 사용하기 때문에 아키텍쳐가 다르면 프로그램들과 호환이 잘 안되고 각 아키텍쳐에 맞게 포
팅 작업 또 한 필요한데 라즈비안은 데비안 리눅스를 라즈베리 파이 시스템에 이미 포팅하여 출시된
리눅스 배포판이기 때문에 라즈비안을 사용하는 것을 추천합니다.

Raspbian

▲ Raspbian

앞으로의 실습은 라즈베리 파이의 라즈비안 운영체제에서 하는 것을 권장합니다.

02 _ 원격 접속을 위한 VNC와 Putty

라즈비안에 모니터, 키보드, 마우스를 연결하여 직접적으로 사용할 수 있지만 데스크탑PC 혹은 노트북으로 원격 접속하는 방법이 있습니다. CLI(Command Line Interface)모드, GUI(Graphical User Interface)모드로 접속할 수 있는데 CLI는 터미널 모드로 접속하는 것이고, GUI는 그래픽 모드로 접속하는 것입니다.

※ 고정 ip설정과 VNC, SSH의 포트개방이 되어 있지 않다면 1장으로 돌아가서 기본적인 환경 설정을 맞추고 오시는 것을 권장 드립니다.

02-1 그래픽 모드 접속

01 윈도우 환경에서 그래픽 모드로 라즈비안에 접속하려면 VNC Viewer를 다운 받습니다.

• https://www.realvnc.com/en/connect/download/vnc/

▲ VNC 다운로드

02 다운 받은 파일을 더블 클릭하여 설치를 시작합니다.

VNC-Viewer-6.1.1-Windows-64bit

▲ VNC 설치 파일

03 라즈베리 파이와 원격 접속하려는 PC가 같은 네트워크에 있는지 확인합니다.

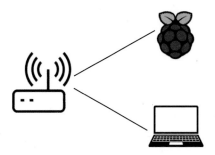

▲ 하나의 공유기에 묶여 있는 네트워크 구성

04 라즈베리 파이에서 터미널로 들어가서 ip를 확인합니다. 단축키는 Ctrl + Alt + T 입니다.

▲ 터미널 아이콘

05 와이파이 연결이면 wlan0을 확인하고 랜선 연결이면 eth0을 확인합니다.

```
파일(F) 편집(E) 탭(T) 도움말(H)                 pi@raspberrypi: ~
pi@raspberrypi:~ $ ifconfig
eth0: flags=4099<UP,BROADCAST,MULTICAST>  mtu 1500
        ether b8:27:eb:82:72:7c  txqueuelen 1000  (Ethernet)
        RX packets 0  bytes 0 (0.0 B)
        RX errors 0  dropped 0  overruns 0  frame 0
        TX packets 0  bytes 0 (0.0 B)
        TX errors 0  dropped 0 overruns 0  carrier 0  collisions 0

lo: flags=73<UP,LOOPBACK,RUNNING>  mtu 65536
        inet 127.0.0.1  netmask 255.0.0.0
        inet6 ::1  prefixlen 128  scopeid 0x10<host>
        loop  txqueuelen 1000  (Local Loopback)
        RX packets 25  bytes 1484 (1.4 KiB)
        RX errors 0  dropped 0  overruns 0  frame 0
        TX packets 25  bytes 1484 (1.4 KiB)
        TX errors 0  dropped 0 overruns 0  carrier 0  collisions 0

wlan0: flags=4163<UP,BROADCAST,RUNNING,MULTICAST>  mtu 1500
        inet 192.168.0.80  netmask 255.255.255.0  broadcast 192.168.0.255
        inet6 fe80::f28d:2a7e:a679:b6d2  prefixlen 64  scopeid 0x20<link>
        ether b8:27:eb:d7:27:29  txqueuelen 1000  (Ethernet)
        RX packets 13649  bytes 14864168 (14.1 MiB)
        RX errors 0  dropped 0  overruns 0  frame 0
        TX packets 10424  bytes 2164402 (2.0 MiB)
```

▲ ifconfig 명령어 실행

06 원격 접속을 하려는 PC에서 라즈베리 파이의 ip주소를 입력하고 접속합니다.

▲ VNC원격 접속 화면

07 라즈베리 파이 Username과 Password를 입력한 뒤 [OK] 버튼을 클릭합니다.

※ 비밀번호가 기억나지 않는다면 ⑩을 참고합니다.

▲ VNC 인증화면

08 다음과 같이 그래픽 모드로 원격 접속할 수 있게 됩니다.

※ 접속이 되지 않는다면 ⑨를 참고 합니다.

▲ 원격 접속 완료 화면

09 접속이 되지 않는다면 VNC 포트가 개방되어 있는지 확인해야 합니다. 터미널 모드로도 접속할 것이기 때문에 SSH 포트가 개방되어 있는지도 확인합니다.

- 기본설정 – Raspberry Pi Configuration – interfaces – VNC Enable
- 기본설정 – Raspberry Pi Configuration – interfaces – SSH Enable

▲ Raspberry Pi Configuration

▲ SSH, VNC enable

10 Username과 Password가 기억나지 않는다면 다음과 같이 변경할 수 있습니다. 기본적으로 라즈베리 파이의 사용자명은 pi입니다.

- 기본설정 – Raspberry Pi Configuration – System – Change Password

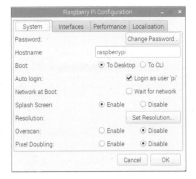

▲ Change Password

02-2 터미널 모드 접속

01 윈도우에서 터미널 모드로 라즈비안에 접속하려면 Putty를 다운 받습니다.

- https://www.putty.org/

▲ Putty 홈페이지 접속

자신의 Windows 환경에 맞는 bit로 다운받습니다. 최근 컴퓨터 운영체제는 대부분 64bit로 작동됩니다. 자신의 pc 운영체제 bit가 궁금하다면 내컴퓨터 – 마우스 우클릭 – 속성을 확인합니다.

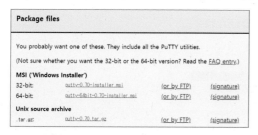

▲ 운영체제 환경에 맞는 bit로 다운로드

02 다운 받은 파일을 더블 클릭하여 설치를 시작합니다.

▲ putty 설치 파일

- Host Name에는 라즈베리 파이 ip주소를 입력합니다.
- Port는 22 입니다.
- Save Sessions는 raspberry라고 입력한 뒤 [Save] 버튼을 클릭하여 저장합니다.
- [Open] 버튼을 클릭하여 접속합니다.
- Save를 하면 [Load] 버튼을 이용하여 편리하게 접속할 수 있습니다.

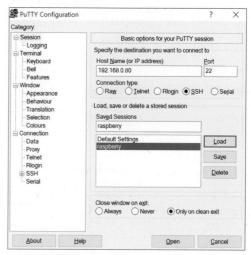

▲ Putty 설정화면

03 아이디와 패스워드를 입력하고 접속합니다.

```
login as: pi
passwprd : 자신이 입력한 비밀번호
```

04 다음과 같이 터미널 모드로 원격 접속할 수 있게 됩니다.

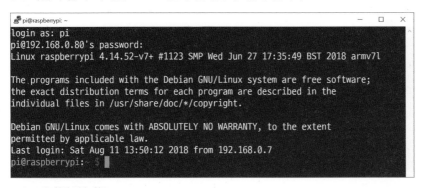

▲ Putty로 원격 접속 완료

이제는 라즈베리 파이에 모니터, 키보드, 마우스를 연결하지 않고 전원만 연결하고 윈도우 데스크탑에서 원격 접속하여 사용하시면 됩니다.

02 _ 리눅스 파일 시스템

- -

03-1 리눅스 파일 시스템의 특징

리눅스는 ext, ext2, xia, minix, umsdos, hpfs, ufs, vfat, smb과 같이 많은 파일 시스템을 지원합니다. 리눅스는 시스템이 사용할 수 있는 각각의 파일 시스템이 장치 식별자(드라이브 이름)로 접근되는 것이 아니라 하나의 루트(root) 디렉터리만을 가지는 파일 시스템이기 때문에 여러 하드디스크로 파티션을 나누기 위해서는 특정 폴더에 마운트(mount)를 하게 됩니다.

우리가 Windows를 설치하면 디스크에 파티션 구조를 설정할 수 있는데 500기가의 하드디스크가 있다면 C드라이브 300기가, D드라이브 200기가 이런 식으로 파티션을 나누게 됩니다. 이것은 물리적인 하나의 디스크를 논리적으로 분리하는 것입니다. 각 파티션은 하나의 파일 시스템을 가지게 되는데 USB를 컴퓨터에 연결하게 되면 USB도 하나의 파티션이 되게 됩니다. 이 때 USB는 논리적인 파티션이 아닌 물리적인 파티션이 되겠습니다. 또 한 네트워크로 연결된 원격지에서 마운트(mount)된 디스크도 파티션으로 볼 수 있습니다.

위의 그림과 같이 캠핑장이 있습니다. 이 캠핑장에 여러분이 놀러간다면 하나의 구역을 임대하게 됩니다. 임대를 하게 되면 그 구역은 여러분들이 마음껏 사용할 수 있는 곳이 됩니다. 이 캠핑장의 구역을 리눅스에서의 디렉터리라고 생각하면 되고, 임대한다는 것은 마운트한다는 개념으로 생각하면 됩니다. 임대 후 더 이상 사용하지 않을 경우에는 반납하면 되는데 이런 경우를 리눅스에서는 언마운트라고 합니다.

- 캠핑장 = 리눅스
- 구역 = 디렉터리
- 구역 임대 = 마운트
- 임대 후 반납 = 언마운트

03-2 리눅스 디렉터리 구조

리눅스의 기본 디렉터리 구조는 트리 구조를 하고 있습니다. 그리고 디렉터리 구조는 기본구조를 제외하고 사용자의 설정에 따라 달라질 수 있습니다. 대부분의 리눅스는 표준 파일 시스템 계층을 사용하기 때문에 같은 목적의 파일들은 같은 장소에 일관되게 모아 관리되므로 시스템 자원이나 프로그램들을 쉽게 찾을 수 있습니다. 하지만 이 구조를 모른다면 내가 설치한 에디터 하나도 어디에 설치되어 있는지 알 수 없습니다.

```
pi@raspberrypi:/ $ ls -l
합계 75
drwxr-xr-x   2 root root  4096  6월 23 23:44 bin
drwxr-xr-x   4 root root  2560  1월  1 1970 boot
drwxr-xr-x   4 root root  4096  1월  1 1970 boot.bak
drwxr-xr-x  14 root root  3460  8월  4 16:31 dev
drwxr-xr-x 113 root root  4096  7월 14 14:49 etc
drwxr-xr-x   3 root root  4096  4월 18 09:16 home
drwxr-xr-x  17 root root  4096  6월 30 14:54 lib
drwx------   2 root root 16384  4월 18 10:19 lost+found
drwxr-xr-x   3 root root  4096  4월 18 10:24 media
drwxr-xr-x   2 root root  4096  4월 18 09:03 mnt
drwxr-xr-x   6 root root  4096  7월 14 13:04 opt
dr-xr-xr-x 136 root root     0  1월  1 1970 proc
drwx------  11 root root  4096  7월  7 17:06 root
drwxr-xr-x  26 root root   800  8월 11 13:50 run
drwxr-xr-x   2 root root  4096  6월 23 23:44 sbin
drwxr-xr-x   2 root root  4096  4월 18 09:03 srv
dr-xr-xr-x  12 root root     0  8월 11 15:11 sys
drwxrwxrwt  14 root root  4096  8월 11 15:10 tmp
drwxr-xr-x  11 root root  4096  4월 18 09:46 usr
drwxr-xr-x  11 root_root  4096  4월 18 10:24 var
```

▲ 리눅스 디렉터리 구조

다음은 리눅스 디렉터리 구조를 59가지로 정리한 요약본입니다. 외울 필요도 없고 이해할 필요도 없습니다. 그냥 이런 것들이 있구나하고 넘어가면 됩니다. 나중에 특정 디렉터리가 어떤 역할을 하는지 궁금할 때 찾아서 볼 수 있는 레퍼런스(참고자료)라고 생각하면 됩니다.

/	루트 디렉터리라고 부르는 리눅스 시스템에서 가장 최상위 디렉터리며 디렉터리 구조의 시작입니다. 시스템관리자의 홈인 /root와는 다릅니다. / 디렉터리 아래에 /bin, /etc, /boot, /mnt, /usr, /lib, /home, /dev, /proc, /var, /sbin, /tmp, /root, /lost+found 등의 디렉터리가 존재합니다.
/bin	binaries의 약어로 이진 파일들이며 리눅스에서 가장 기본이 되는 명령어들이 모여 있는 디렉터리입니다. 디렉터리의 파일들을 보면 대부분이 실행 파일임을 알 수 있습니다. 또한 이곳에는 부팅에 필요한 명령어들이 위치하여 부팅 후에 시스템의 계정 사용자들이 사용할 수 있는 일반적인 명령어들도 위치 하고 있습니다.
/etc	이 디렉터리는 리눅스 시스템에 관한 각종 환경 설정에 연관된 파일들과 디렉터리들을 가진 디렉터리입니다. 대부분의 이 디렉터리의 파일들은 시스템 관리자에 의해 관리되는 파일들입니다. 웹서버 환경 설정, 시스템 계정 사용자 정보, 패스워드 관리, 시스템의 파일 시스템 관리 파일, 여러가지 시스템 보안에 관련된 파일들, 시스템 초기화 설정 파일, TCP/IP 설정 파일 등 시셈 전반에 걸친 거의 모든 환경 설정 파일들이 모두 이 디렉터리에 있습니다.
/etc/rc.d	시스템의 부팅과 시스템 실행 레벨 변경 시 실행되는 스크립트들이 저장되어 있는 디렉터리입니다. 리눅스의 6가지 실행 레벨로 각각의 해당 디렉터리가 있습니다.
/etc/shadow	파일에서 패스워드 부분만을 따로 저장하는 파일입니다. 시스템 관리자만이 접근할 수 있기 때문에 크래킹 등에 대한 우려가 상대적으로 적습니다.
/etc/group	시스템의 그룹에 대한 정보를 저장하고 있는 파일입니다.
/etc/inittab	init를 설정하는 파일입니다.

/etc/issue, /etc/issue.net	보통 시스템에 대한 설명과 각종 환영 메시지를 전달하기 위해서 사용됩니다. issue 파일의 내용은 보통 시스템의 터미널에서 볼 수 있으며 /etc/issue.net 파일의 내용은 리모트 상에서 시스템으로 접속할 경우 볼 수 있습니다.
/etc/motd	'Message of the day'의 약자로 시스템으로의 접속에 성공할 경우 쉘이 뜨기 전에 출력되는 메세지를 설정하는 파일입니다.
/etc/profile, /etc/csh.login, /etc/csh.cshrc	시스템이 시작될 때 사용자가 로그인을 할 때 본쉘이나 C쉘에 의해서 실행되는 스크립트 파일입니다. 일반적으로 사용자들에 대한 기본 환경 설정에 사용됩니다.
/etc/securetty	시스템 관리자가 시스템에 로그인할 수 있는 안전한 터미널에 대한 정보가 저장되어 있습니다. 일반적으로 가상콘솔이 설정되어 있습니다. 이것은 네트워크를 통해 시스템으로 침입해 시스템 관리자의 권한을 획득하는 크래킹을 막기 위해서입니다.
/ete/shell	시스템에서 안정적으로 사용할 수 있는 쉘에 대한 정보를 저장하고 있는 파일입니다. 만약 chsh 명령을 사용해 사용중인 쉘을 바꾸려면 이 파일에 저장되어 있는 쉘 중에 선택해야 합니다. 또한 ftp 데몬의 경우 사용자의 쉘을 검사하여 '/etc/shell'에 저장되어 있지 않은 쉘을 사용한다면 로그인을 허용하지 않습니다.
/boot	리눅스 커널이 저장되어 있는 디렉터리로서 각종 리눅스 boot에 필요한 booting지원 파일들이 저장되어 있는 디렉터리입니다.
/mnt	외부 장치인 플로피 디스크, 시디롬. 삼바등을 마운트하기 위해서 제공되는 디렉터리입니다. 임시로 사용되는 디렉터리이므로 프로그램들은 /mnt에 어떤 파일 시스템이 마운트 되었는지 자동으로 인식하지 않습니다. 또한 /mnt는 보통 여러 개의 하위 디렉터리로 나누어 사용되고, 평소에는 각 디렉터리들은 비어 있습니다.
/usr	시스템에 사용되는 각종 프로그램들이 설치되는 디렉터리입니다. 프로그램과 관련된 명령어 와 라이브러리들이 이 디렉터리에 위치하게 됩니다. 또한 X 시스템관련 파일들과 리눅스 커널 소스, 각종 C언어 과련 헤더파일 등도 이 디렉터리 안에 저장되어 있습니다.
/usr/bin	리눅스 시스템에서 사용되는 각종 프로그램들이 저장되어 있으며 /bin 디텍토리에 없는 다양한 실행 파일들이 저장되어 있는 디렉터리입니다.
/usr/X11R6	X 윈도우 시스템에 사용되는 모든 파일들이 이 디렉터리 안에 저장됩니다. 이 디렉터리는 X 윈도우 시스템의 개발과 설치를 좀 더 쉽게 하기 위해서 전체 시스템 디렉터리 구조에 통합되지 않고 독자적인 구조를 가집니다.
/usr/etc	/etc 디렉터리에는 각종 환경 설정 파일들이 있듯이 이곳에도 여러 가지 시스템 환경 설정 파일들이 저장되어 있습니다. '/usr/etc'의 파일들은 /etc디렉터리 안의 파일들과 달리 꼭 필요한 파일들은 아닙니다.
/usr/sbin	시스템 관리자를 위한 명령어들이 저장되는 디렉터리입니다. 보통 이 디렉터리의 명령어들은 루트 파일 시스템에는 필요가 없는 서버 프로그램들이 저장됩니다.
/usr/include	C언어 관련 헤더 파일들이 저장되어 있는 디렉터리입니다.
/usr/lib	각종 라이브러리들이 저장되어 있는 디렉터리입니다. 만약 사용자가 직접 작성한 프로그램을 컴파일한다면 해당 프로그램은 '/usr/lib' 디렉터리의 파일에 link됩니다. 또한 이 라이브러리 안에 실행 코드가 필요하다면 /lib 디렉터리를 참조합니다.
/usr/local	시스템의 특별한 프로그램들이 저장되는 디렉터리입니다. 시스템 관리자에 의해서 따로 설치되는 프로그램들을 말합니다.
/usr/man	man페이지의 실제 내용들이 저장되어 있는 디렉터리입니다.
/usr/src	시스템에서 사용하는 각종 프로그램들의 컴파일되지 않은 소스 파일들이 저장되어 있습니다.
/usr/X386	/usr/X11R6 디렉터리와 유사한 티렉터리로 X11 Release 5를 위한 디렉터리입니다.
/usr/info	GNU info문서들을 저장하고 있는 디렉터리입니다.

/usr/doc	각종 문서들이 저장되어 있는 디렉터리입니다.
/lib	프로그램들의 각종 라이브러리들이 존재합니다. 대부분 공유 라이브러리로 더 편하게 사용할 수 있으며 파일의 크기를 줄여서 실행할 때 불러 사용하게 됩니다. /lib/modules 디렉터리에는 커널로 로딩 가능한 커널 모듈들이 저장되어 있습니다.
/home	시스템 계정 사용자들의 홈 디렉터리와 ftp, www등과 같은 서비스 디렉터리들이 저장됩니다. 이곳의 디렉터리와 파일들은 시스템에서 사용되지 않습니다. 단지 리모트 상에서 시스템으로 접속하는 사용자들을 위한 공간입니다.
/dev	디렉터리에는 시스템의 각종 디바이스들에 접근하기 위한 디바이스 드라이버들이 저장되어 있는 디렉터리입니다. 이 디렉터리는 물리적인 용량은 갖지 않는 가상 디렉터리입니다. 대표적으로는 하드 드라이브, 플로피, 씨디롬 그리고 루프백 장치 등이 존재합니다. 리눅스 시스템은 윈도우와 달리 각종 디바이스 장치들을 하나의 파일로 취급하기 때문에 시스템은 각각의 장치들로부터의 정보를 /dev 디렉터리에 존재하는 해당 장치 파일로 부터 가지고 옵니다.
/dev/console	시스템의 콘솔입니다.
/dev/hda	시스템의 하드 디스크입니다. 여기서 /dev/hda는 첫 번째 하드 디스크를 의미하는 것입니다. dev/hda1은 첫 번째 하드 디스크의 첫 번째 파티션이고, /dev/hda2 두 번째 파티션을 의미합니다. 만약 시스템에 여러 개의 하드 디스크가 부착되어 있다면 /dev/hdb, /dev/hdc 등의 파일도 /dev/hdb1, /dev/hdb2 등과 같은 형식으로 저장됩니다.
/dev/lp	시스템의 병렬 포트 장치들입니다.
/dev/null	이 디렉터리는 블랙홀이라고도 부르는 특별한 장치입니다. 이 장치로 데이터 등을 보내면 모두 폐기되므로 주의해야 할 것입니다.
/dev/pty	시스템으로의 원격 접속을 위한 'pesudo–terminal'들입니다. 만약 시스템 계정 사용자들이 원격지에서 텔넷등을 이용하여 시스템에 접속을 시도한다면 /dev/pty 디바이스들을 사용하게 됩니다.
/dev/sda	SCSI 장치들입니다. 만약 시스템에 스카시 하드 디스크를 장착했다면 시스템은 /dev/sda파일에서 정보를 얻어 장치에 접근할 것입니다
/dev/tty	시스템의 가상콘솔들입니다. 이 가상 콘솔의 기능은 하나의 화면에 여러 개의 콘솔들을 만듭니다. 만약 사용자가 시스템 앞에 앉을 수 있다면, Alt + F1 , Alt + F2 등을 이용하여 리눅스에 제공한 여러 개의 가상 콘솔을 직접 볼수 있을 것입니다.
/proc	시스템의 각종 프로세서, 프로그램 정보 그리고 하드웨어적인 정보들이 저장됩니다. 이 디렉터리는 가상 파일 시스템으로 가상 파일 /dev와 마찬가지로 하드 디스크상에 물리적인 용량을 갖지 않습니다. 즉 디렉터리에 존재하는 파일들은 실제 하드 디스크에 저장되지 않고 커널에 의해 메모리에 적재 됩니다. 디렉터리 안의 파일들은 현재의 시스템 설정을 보여 주는 것입니다.
/proc/cpuinfo	프로세서의 정보를 저장하고 있는 파일입니다. cpu의 타입, 모델, 제조회사, 각종 성능 등의 정보를 제공하여 줍니다.
/proc/devices	현재 시스템 커널에 설정되어 있는 장치들에 대한 정보를 저장하고 있습니다. 파일등의 정보로 모든 시스템의 장치 목록에 대한 정보를 얻을 수 있습니다.
/proc/filesystem	시스템에 설정되어 있는 파일 시스템에 대한 정보를 저장하고 있는 파일입니다.
/proc/interrupts	현재 사용 중인 인터럽트와 인터럽트의 사용량에 대한 정보를 저장하고 있는 파일입니다.
/proc/ioports	현재 사용 중인 I/O 포트에 대한 정보를 저장하고 있는 파일입니다.
/proc/loadavg	현재 시스템의 평균 부하량(Load Average)에 대한 정보를 저장하고 있는 파일입니다. 이 파일을 통해서 시스템이 현재 수행해야 하는 일이 얼마나 많은지에 대한 정보를 얻을 수 있습니다.
/proc/meminfo	현재 시스템이 사용 중인 메모리의 사용량을 저장하고 있는 파일입니다. /proc/meminfo에서 실제 메모리는 물론 가상 메모리에 대한 정보도 얻을 수 있습니다.

/proc/stat	시스템의 현재 상태에 대한 다양한 정보를 저장하고 있는 파일입니다.
/proc/uptime	시스템이 얼마나 오래 동작했는지에 대한 정보를 저장하고 있는 파일입니다.
/proc/version	시스템이 현재 사용 중인 커널 버전에 대한 정보를 저장하고 있는 파일입니다.
/var	시스템에서 사용되는 동적인 파일들이 저장됩니다. 각종 시스템 로그 파일, 사용자 로그인에 대한 보안기록, 메일서버를 운영한다면 사용자들에게 전송된 메일들을 임시로 저장합니다.
/var/cache	포맷된 메뉴얼 페이지들이 잠시 대기(Cache)하기 위한 디렉터리입니다.
/var/lib	시스템이 동작하면서 계속 수정되고 변경되는 파일들을 위한 디렉터리입니다.
/var/local	/usr/local 디렉터리에 설치된 프로그램들의 각종 데이터들이 저장되는 디렉터리입니다.
/var/lock	잠금 파일들이 저장되는 디렉터리입니다. 프로그램들이 특정한 장치나 파일들을 프로그램 자신이 독점적으로 사용하려 할 때 /var/lock 디렉터리에 잠금 파일을 만들어 사용하게 됩니다. 그렇기 때문에 다른 프로그램들은 장치나 파일을 사용하기 전에 우선 이 디렉터리의 내용을 조사하여 해당 장치나 파일들이 사용 중인지 확인하게 됩니다.
/var/log	프로그램들의 로그 파일들이 저장되는 디렉터리입니다. wtmp는 시스템의 모든 사용자 로그인과 로그아웃에 대한 정보를 저장하고 있는 파일이고, messages는 커널과 시스템의 모든 출력 메시지를 저장하고 있는 파일입니다. /var/log 안의 파일들은 시스템의 사용량에 따라 그 크기가 무한대로 증가할 있으므로 정기적으로 파일들을 삭제하는 등 디렉터리 관리가 필요합니다.
/var/run	시스템의 현재 정보들을 저장하고 있는 디렉터리입니다. /var/run/xinetd.pid 파일의 경우 현재 사용 중인 xinetd 데몬의 프로세스 번호를 저장하고 있습니다.
/var/spool	메일이나 뉴스, 프린터 큐 등과 같은 시스템 상에서 대기 상태에 있는 작업들을 위한 디렉터리입니다. 각각의 대기 작업들은 모두 /var/spool 아래 고유의 디렉터리에 위치하게 됩니다. 예를 들어 시스템의 계정 사용자들의 메일은 /var/spool/mail 에 저장됩니다.
/var/tmp	/tmp에 저장된 임시파일들 중에 오래 보관되어야 할 임시 파일들이 저장되는 디렉터리입니다.
/tmp	이름에도 알 수 있듯이 임시 파일들을 위한 디렉터리입니다.
/root	시스템 관리자의 홈 디렉터리입니다.

초보 리눅스유저가 모든 디렉터리의 특징과 구조를 파악할 수는 없습니다. 때문에 처음부터 모든 구조를 이해하고 외우고 접근하는 것보다는 천천히 익숙해지는 것이 더 바람직할 수 있습니다.

일상생활 속에서 궁금한 것이 있을 때 찾아가면서 습득하는 지식들이 있습니다. 리눅스를 공부할 때도 마찬가지입니다. 리눅스는 운영체제이며 사람과 기계가 소통할 수 있게 해주는 친구와 같은 역할을 합니다. 친구를 만들 때 그 친구의 모든 것을 다 조사하고 친해질 수도 있지만 천천히 조금씩 알아가면서 리눅스라는 친구와 가까워지는 것이 어떨까요?

04 _ 리눅스 명령어

04-1 쉘(Shell)

리눅스를 처음 접하는 대부분의 사람들은 텍스트 쉘 명령어를 사용하는 것에 가장 어려움을 느낍니다. 쉘 명령어는 도대체 무엇일까요?

우리가 윈도우의 도스에서 내리는 대부분의 명령은 command.com이라는 파일이 처리합니다. command.com 파일을 운영체제의 쉘(Shell)프로그램이라고 말합니다. 쉘 프로그램은 사용자가 내린 명령을 운영체제가 수행할 수 있는 명령어로 해석하여 운영체제에게 전달하는 일을 합니다. 그래서 명령어 해석기라고 불립니다.

▲ 자동차 엔진

위의 그림은 자동차 엔진입니다. 우리가 자동차를 타고 약속 장소로 이동할 때 자동차가 어떻게 동작하는지 내부적인 원리를 아는 사람은 거의 없을 것입니다. 하지만 우리는 약속 장소로 갈 수 있습니다. 그 이유는 기어를 조작하고, 핸들을 움직이고 엑셀을 밟고 브레이크를 밟을 줄 알기 때문입니다. 컴퓨터도 마찬가지입니다. 우리는 컴퓨터의 하드웨어를 직접적으로 제어하지 못합니다. 정확히 말하자면 직접적으로 제어하는 것이 불가능하지는 않지만 비효율적이고 아주 어렵다는 뜻입니다. 게임을 하나 실행시키려고 해도 Windows(운영체제) 없이는 실행시킬 수 없습니다. 인터넷을 하나 실행시키려고 해도 Windows(운영체제) 없이는 실행시킬 수 없습니다. 현 시대에 PC에서 돌아가는 모든 프로그램은 운영체제 위에서 작동됩니다. 우리가 하드웨어를 직접적으로 제어하는 것이 어렵기 때문에 하드웨어 제어는 운영체제가 대신하게 되고 우리는 운영체제에게 명령을 내리는 것입니다.

▲ 운영체제의 역할

"메모장 열어"라고 하는 명령을 운영체제에게 하기 위해서 명령어 해석기인 쉘이 필요하고 운영체제는 커널을 통해 하드웨어를 직접 제어하게 됩니다.

정리하자면 리눅스는 커널이라고 불리는 하드웨어를 직접 제어하는 부분과 그 위에서 커널에 명령을 주는 쉘로 구성이 됩니다.

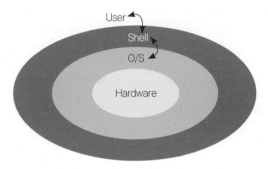

▲ 쉘의 동작원리

04-2 기본 명령어

Ctrl + Alt + T 단축키를 이용하여 터미널을 열어서 기본 명령어를 학습해보도록 하겠습니다.

▲ 터미널 화면

❶ date 명령어

date 명령어를 이용하면 현재 날짜 및 시간을 확인할 수 있습니다.

```
$ date
2018. 08. 25. (토) 12:22:40 KST
```

❷ hostname 명령어

hostname 명령어를 이용하면 호스트의 이름을 확인할 수 있습니다.

```
$ hostname
raspberrypi
```

❸ ls 명령어

ls 명령어를 사용하면 현재 디렉터리안에 존재하는 모든 것들을 확인할 수 있습니다.

```
$ ls
Desktop
Documents
Downloads
Music
Pictures
Public
Templates
Videos
python_games
```

❹ clear 명령어

clear 명령어를 이용하면 화면을 깨끗이 할 수 있습니다.

```
$ clear
```

❺ passwd 명령어

passwd 명령어를 이용하면 사용자 비밀번호를 변경할 수 있습니다.

```
$ passwd
pi에 대한 암호 변경 중
(현재) UNIX 암호:
새 UNIX 암호 입력:
새 UNIX 암호 재입력:

$ sudo passwd root
새 UNIX 암호 입력:
새 UNIX 암호 재입력:
passwd: 암호를 성공적으로 업데이트했습니다

$ su root
암호:
root@raspberrypi:/home/pi#
```

04-3 파일 및 디렉터리

리눅스의 디렉터리는 하나의 파일로 간주되며 하나의 디렉터리는 다른 디렉터리들을 포함함으로써 계층 구조를 이룹니다. 부모 디렉터리는 다른 디렉터리들을 서브 디렉터리로 가지고 있습니다.

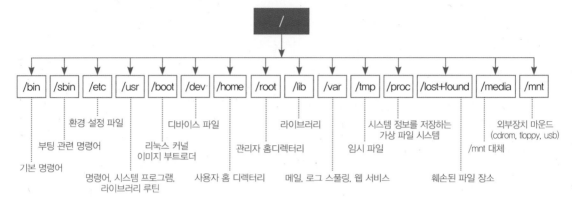

▲ 리눅스 디렉터리 트리 구조

❶ home 디렉터리

리눅스 시스템은 다중 사용자 시스템이기 때문에 각 사용자마다 별도의 홈 디렉터리가 있습니다. 각 사용자의 홈 디렉터리는 계정을 만들 때 관리자에 의해 정해집니다. 사용자가 로그인하면 미리 설정된 홈 디렉터리에서 작업을 시작하게 됩니다. 홈 디렉터리 이름은 일반적으로 사용자명과 같으며 로그인할 때 환경 변수 $HOME는 사용자의 홈 디렉터리의 이름으로 설정되어 있습니다.

다음과 같이 / 디렉터리로 이동한 뒤 cd $HOME을 통해 /home/pi 디렉터리로 이동이 가능합니다.

```
$ cd /
$ cd $HOME
```

❷ pwd 명령어

pwd 명령어는 현재 작업 디렉터리를 보여줍니다.

```
$ pwd
/home/pi
```

❸ mkdir 명령어

• mkdir 명령어는 새 디렉터리를 만드는 명령어입니다.

```
$ mkdir movie
```

• cd 명령어를 이용하여 필요에 따라 내가 원하는 작업 디렉터리로 이동할 수 있습니다.

```
$ cd movie
```

• cd .. 명령어를 사용하면 한 단계 상위 디렉터리로 이동이 가능합니다.

```
$ cd ..
```

• pwd 명령어를 통해 나의 위치를 계속 숙지해 줍니다.

```
$ pwd
/home/pi/
```

❹ home 디렉터리로 이동하는 3가지 방법

• 첫 번째 방법

```
$ cd
```

• 두 번째 방법

```
$ cd /home/pi
```

• 세 번째 방법

```
$ cd ~/
```

❺ touch 명령어

touch 명령어를 통해 빈 파일을 생성할 수 있습니다. touch 명령어는 빈 파일을 생성하는 것이기 때문에 파일 안에 내용은 없습니다.

```
$ cd ~/webapps
$ mkdir ch02
$ cd mkdir
$ touch read.txt
```

❻ ls 명령어

• ls 명령어는 디렉터리의 내용을 출력하는데 사용됩니다.

```
$ cd ~/webapps/ch02
$ ls
read.txt
```

• ls -l 명령어를 통해 파일을 상세히 볼 수 있습니다.

read.txt가 폴더인지 파일인지, 권한은 어떻게 되어 있는지 소유자는 누구인지 생성된 날짜는 언제 인지를 확인할 수 있습니다. 자세한 설명은 권한 부분에서 설명 하겠습니다.

```
$ cd ~/webapps/ch02
$ ls  - l
-rw-r--r-- 1 pi pi   0  8월 25 13:39 read.txt
```

• ls -a 명령어를 통해 숨겨진 폴더와 파일의 리스트를 확인할 수 있습니다.

숨김 파일을 touch명령어를 통해 만들어 보겠습니다. 숨김 파일을 생성하려면 파일명 앞에 .을 추가 하면 됩니다.

```
$ cd ~/webapps/ch02
$ touch .hidden.txt
$ ls -a
.  ..  .hidden.txt  read.txt
```

• ls -al 명령어를 통해 숨겨진 폴더나 파일의 리스트를 상세히 볼 수 있습니다.

리눅스에서는 이렇게 옵션을 동시에 붙여서 사용 가능합니다.

```
$ cd ~/webapps/ch02
$ ls -al
drwxr-xr-x 2 pi pi 4096  8월 25 14:03 .
drwxr-xr-x 5 pi pi 4096  8월 25 14:03 ..
-rw-r--r-- 1 pi pi   0  8월 25 14:00 .hidden.txt
-rw-r--r-- 1 pi pi   0  8월 25 13:39 read.txt
```

❼ cat 명령어

• cat 명령어를 통해서 파일의 내용을 화면에 바로 출력할 수 있습니다.

```
$ cd ~/home
$ cat .bashrc
# ~/.bashrc: executed by bash(1) for non-login shells.
# see /usr/share/doc/bash/examples/startup-files (in the package bash-doc)
# for examples
...
...
...
```

❽ head 명령어

head 명령어는 파일의 앞 10줄을 출력해줍니다.

```
$ head .bashrc
```

❾ tail 명령어

• tail 명령어는 파일의 맨 뒤 10줄을 출력해줍니다.

```
$ tail .bashrc
```

• tail 명령어의 옵션을 조정하여 5줄만 출력할 수도 있습니다.

```
$ tail -5 .bashrc
```

• tail -f 옵션을 사용하면 실시간으로 변경된 내용을 확인할 수 있습니다.

01 두개의 터미널을 엽니다.

▲ 터미널 열기

02 첫 번째 터미널에서 다음과 같이 입력하고 대기합니다.

```
$ tail -f ~/webapps/ch02/read.txt
```

03 두 번째 터미널에서는 nano 에디터를 사용합니다.

```
$ nano ~/webapps/ch02/read.txt
```

▲ nano 에디터 사용하기

04 입력이 다 되었으면 저장 후 nano 에디터를 종료해줍니다. 단축키로 `Ctrl` + `X` 로 종료를 하면 됩니다. `Ctrl` + `X` 는 저장 후 종료입니다. `Ctrl` + `X` 를 누르면 저장하시겠습니까? 라고 물어보는데 Y를 입력하고 `Enter` 를 치면 됩니다. 다음과 같이 변경된 내용을 실시간으로 확인할 수 있습니다.

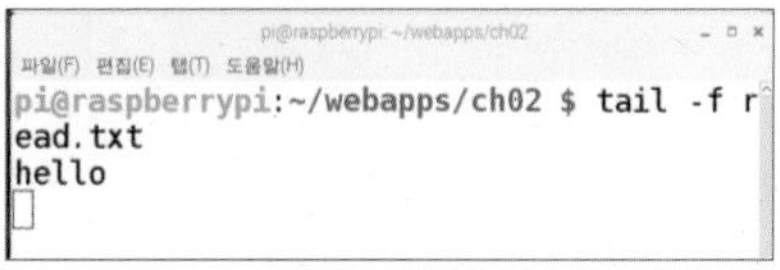

▲ 변경된 첫 번째 터미널

❿ 디렉터리 관련 명령어 요약표

ls	파일 및 디렉터리 리스트
ls -a	모든 파일과 디렉터리 리스트
ls -asl	모든 파일 자세히 리스트
mkdir	디렉터리 만들기
cd 디렉터리	디렉터리 이동
cd	홈 디렉터리로 이동
cd ~	홈 디렉터리로 이동
cd ..	상위 디렉터리로 이동
pwd	현재 디렉터리 확인

04-4 파일 이동, 삭제, 복사 명령어

❶ cp 명령어

• 파일을 복사해주는 명령어입니다.
• cp 〈복사할 대상〉 〈복사될 위치〉

```
$ cd ~/webapps/ch02
$ mkdir test
$ ls
read.txt test
$ cp read.txt test
$ cd test
$ ls
read.txt
```

• 파일을 복사하는데 다른 이름으로 저장하고 싶다면 다음과 같이 합니다.
• cp 〈복사할 대상〉 〈복사될 위치/파일명〉

```
$ cd ~/webapps/ch02
$ ls
read.txt test
$ cp read.txt test/rename.txt
$ cd test
$ ls
read.txt  rename.txt
```

- 내 위치가 어디에 있든 절대경로를 통해 cp명령어를 활용할 수 있습니다.
- cp 〈복사할 대상 절대경로〉 〈복사될 위치 절대경로/파일명〉

```
$ cd /
$ pwd
/
$ cp /home/pi/webapps/ch02/read.txt /home/pi/webapps/ch02/test/change.txt
$ cd /home/pi/webapps/ch02/test
$ ls
change.txt  read.txt  rename.txt
```

❷ mv 명령어

- 파일을 이동하는 명령어입니다.
- mv 〈파일명〉 〈이동할 위치〉

```
$ cd ~/webapps/ch02
$ touch myfile.txt
$ mv myfile.txt test
$ cd test
$ ls
change.txt  myfile.txt  read.txt  rename.txt
```

- mv명령어를 통해 파일명을 변경하고 싶다면 다음과 같이 합니다.
- mv 〈파일명〉 〈다른이름〉

```
$ mv myfile.txt yourfile.txt
$ ls
change.txt  yourfile.txt  read.txt  rename.txt
```

❸ rm 명령어

- 파일을 삭제해주는 명령어입니다.
- rm 〈파일명〉

```
$ cd ~/webapps/ch02
$ ls
read.txt  test
$ rm read.txt
$ ls
test
```

- -r 옵션을 사용하면 디렉터리를 삭제할 수 있습니다.
- rm -r 〈디렉터리명〉

```
$ cd ~/webapps/ch02/test
$ mkdir folder1
$ ls
change.txt  folder1  myfile.txt  read.txt  rename.txt
$ cd ..
$ rm test
rm: cannot remove 'test': 디렉터리입니다
$ rm -r test
```

04-5 파일 찾기 명령어

파일 찾기 명령어는 아주 중요합니다. 리눅스를 처음 사용하다보면 내가 설치한 프로그램이 도대체
어디에 설치되어 있는지 알 길이 없습니다. 실행파일은 어디에 있지? 라이브러리는 어디에 있지?

▲ 내가 설치한 프로그램 위치는?

리눅스의 폴더 구조와 특징을 잘 안다고 하더라도 설치위치를 정확히 알 수는 없습니다. 그래서 설
치한 프로그램의 실행파일은 심볼릭 링크(바로가기)를 /bin 폴더에 만들어 두고 사용하는 경우가 있
습니다. /bin 폴더는 기본적인 환경변수가 설정되어 있는 폴더이기 때문에 /bin 폴더 내부에 있는
실행파일은 어디에서든지 실행할 수 있습니다.

윈도우에서 메모장을 열 때 notepad.exe 파일을 실행시켜야 합니다. 하지만 대부분의 사용자들은 notepad.exe 파일의 위치는 알지 못합니다. 하지만 윈도우에서 그냥 돋보기를 누르고 메모장이라고 검색하면 실행할 수 있습니다.

▲ 메모장

이유가 무엇일까요? 바로 환경변수가 설정되어 있기 때문입니다. 실제로 메모장 프로그램은 c:₩windows/system32/notepad.exe 위치에 있습니다. 메모장 프로그램을 실행하기 위해서는 해당 폴더로 이동하여 실행해야하는 것이 정석이지만 환경변수가 설정되어 있다면 어디에서든지 편하게 호출할 수 있습니다.

❶ which 명령어

• 특정 명령어의 위치를 전체 경로로 찾아주는 명령어입니다.
• which 〈명령어〉

```
$ cd /
$ which rm
/bin/rm
```

• which 명령어를 통해 python3.5 실행파일이 어디있는지 찾아봅시다.

```
$ which python3.5
/usr/bin/python3.5
```

※ which 명령어를 통해 일반 파일을 찾을 수는 없습니다.

❷ whereis 명령어

• 실행파일, 소스파일, man 페이지 파일의 위치를 찾아주는 명령어입니다.
• whereis 〈파일명〉

```
$ whereis python3.5
python3: /usr/bin/python3.5-config /usr/bin/python3.5 /usr/bin/python3.5m
/usr/bin/python3 /usr/bin/python3.5m-config /usr/lib/python3.5
/usr/lib/python3 /etc/python3.5 /etc/python3 /usr/local/lib/python3.5
/usr/include/python3.5 /usr/include/python3.5m /usr/share/python3
/usr/share/man/man1/python3.1.gz
```

❸ find 명령어

• find 명령어를 통해 python3.5라는 이름을 가진 모든 파일과 디렉터리를 찾을 수 있습니다.

```
sudo find / -name python3.5
/home/pi/env/lib/python3.5
/home/pi/.local/lib/python3.5
/usr/bin/python3.5
/usr/share/binfmts/python3.5
/usr/share/doc/python3.5
/usr/share/lintian/overrides/python3.5
/usr/local/lib/python3.5
/usr/lib/python3.5
/usr/include/python3.5
find: ' /proc/774/task/774/net ': 부적절한 인수
find: ' /proc/774/net ': 부적절한 인수
/etc/python3.5
find: ' /run/user/1000/gvfs ': 허가 거부
```

앞에 sudo를 붙이는 이유는 pi사용자가 아닌 root사용자의 권한을 대행 받아서 모든 폴더를 탐색
하기 위해서입니다. /의 의미는 최상단의 / 디렉터리부터 검색해라는 의미입니다. Windows에서
c:₩부터 검색해라는 것과 동일한 의미입니다.

04-6 권한

리눅스(Linux)는 하나의 컴퓨터를 여러 사람이 사용할 수 있는 멀티유저 운영체제(OS)이기 때문에
권한 관리가 매우 중요합니다. 특정 파일이나 디렉터리를 생성한 뒤 그 파일에 접근할 수 있는 권한
을 설정하여 다른 유저가 접근할 수 없게 할 수 있습니다.

ls -l 명령어를 통해 파일을 자세히 살펴보겠습니다.

```
$ cd ~/webapps/ch02
$ sudo touch file1.txt
$ touch file2.txt
$ mkdir folder
$ ls -l
-rw-r--r-- 1 root root 0  9월  8 11:27 file1.txt
-rw-r--r-- 1 pi   pi   0  9월  8 11:27 file2.txt
drwxr-xr-x 2 pi   pi   4096 9월  8 11:29 folder
```

(1) file1.txt 살펴보기

❶ –

- 파일의 타입

– 일반파일	d 폴더	l 링크파일

❷ rw–r––r––

- 퍼미션 정보

r	read 권한	4
w	write 권한	2
x	execute 권한	1
–	권한없음	0

소유자	rw–	6	읽고 쓰는 권한
소유그룹	r––	4	읽기 권한
모든유저	r––	4	읽기 권한

❸ 1

- 링크수

윈도우에 비유하면 "바로가기"와 같습니다. 만드는 방법은 아래와 같습니다.

in [대상파일] [링크파일]

❹ root 〈첫 번째〉

- 소유자

❺ root 〈두 번째〉

- 소유그룹

❻ 0

- 용량

❼ 9월 8 11:27

- 생성날짜

❽ file1.txt

- 파일이름

(2) chmod명령어를 이용하여 file1.txt 권한 변경하기

소유자와 소유그룹이 root이고 다른 모든 유저는 읽기(r--)권한만 있는 상태입니다. 그렇기 때문에 pi 사용자로 해당 파일을 읽는 것은 가능하지만 쓰는 것은 불가능합니다.

❶ file1.txt 파일 읽어보기

nano 에디터를 사용해보겠습니다. nano 에디터는 윈도우에서 메모장과 같다고 보면 됩니다. 기본 적으로 라즈비안에 설치가 되어있습니다.

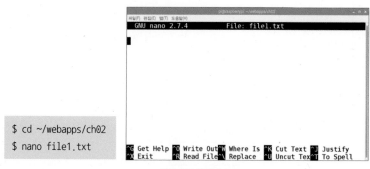

```
$ cd ~/webapps/ch02
$ nano file1.txt
```

▲ nano 에디터로 읽어진 file1.txt

nano 에디터를 통해 file1.txt를 읽었습니다. 읽을 수 있었던 이유는 r의 권한을 가지고 있기 때문입니다.

❷ file1.txt 파일을 수정하기

▲ file1.txt 파일 수정

위와 같이 "hello pi"를 입력하고 Ctrl + X 를 입력한 뒤 Y를 입력하면 해당 파일을 저장한 뒤 터미 널에 돌아올 수 있습니다. 그런데 다음과 같이 저장이 되지 않습니다. 그 이유는 w의 권한이 없기 때 문입니다. 권한을 수정하여 글을 수정할 수 있도록 해보겠습니다.

▲ 수정 권한이 없음

저장하지 않고 nano 에디터를 빠져나오려면 Ctrl + X 를 입력한 뒤 n을 입력하면 됩니다.

❸ file1.txt 권한 수정하기

•수정 권한이 있다면?
chmod 〈수정번호〉〈파일명〉

•수정 권한이 없다면?
sudo chmod 〈수정번호〉〈파일명〉

pi가 file1.txt 파일에 수정권한이 없기 때문에 sudo를 붙입니다. sudo를 붙이면 수퍼유저의 권한을
대행 받을 수 있습니다. 여기서 수퍼유저는 root입니다.

```
$ sudo chmod 646 file1.txt
$ ls -l
-rw-r--rw- 1 root root    0  9월  8 11:27 file1.txt
-rw-r--r-- 1 pi   pi      0  9월  8 11:27 file2.txt
drwxr-xr-x 2 pi   pi   4096  9월  8 11:29 folder
```


file1.txt의 모든 유저권한이 rw-으로 변경된 것을 확인할 수 있습니다.

❹ file1.txt 파일 수정 재시도하기

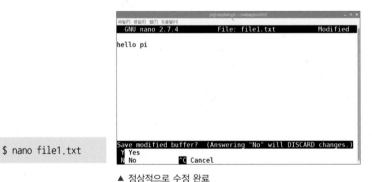

```
$ nano file1.txt
```

▲ 정상적으로 수정 완료

수정이 정상적으로 된 것을 확인할 수 있습니다.

(3) chmod 명령어

chmod는 파일의 권한을 변경해주는 명령어입니다. 숫자를 통해서 권한을 변경할 수 있습니다.
• chmod 〈수정번호〉〈파일명〉
• rwx 3가지 권한을 다 주려면 7을 주면 됩니다.
• r— 권한만 주려면 4를 주면 됩니다.

- -w- 권한만 주려면 2를 주면 됩니다.
- --x 권한만 주려면 1을 주면 됩니다.
- read의 약자 r은 숫자 4로 표현됩니다.
- write의 약자 w는 숫자 2로 표현됩니다.
- execute의 약자 x는 숫자 1로 표현됩니다.

rw-의 권한은 읽고 쓰는 것이 가능하다는 것입니다. rw- 는 r의 4와 w의 2를 더한 값인 6을 주면 됩니다.

r-x의 권한은 읽고 실행하는 것이 가능하다는 것입니다. r-x는 r의 4와 x의 1을 더한 값인 5를 주면 됩니다.

-wx 의 권한을 주려면 숫자 몇을 줘야 할까요? w의 2와 x의 1을 더한 3을 주면 됩니다.

- 소유그룹 권한에 실행 권한을 추가하기

file2.txt의 권한 부분만 살펴보면 퍼미션 정보는 rw-r--r-- 이고 소유자 pi, 소유그룹 pi입니다. 현재 파일의 소유자가 pi이고 현재 내가 로그인한 아이디가 pi이기 때문에 sudo를 앞에 붙일 필요가 없습니다. sudo를 붙이는 이유는 root사용자의 권한을 위임받기 위해서인 것을 명심해주세요.

```
$ chmod 654 file2.txt
$ ls
-rw-r--rw- 1 root root   0  9월  8 11:27 file1.txt
-rw-r-xr-- 1 pi   pi     0  9월  8 11:27 file2.txt
drwxr-xr-x 2 pi   pi  4096  9월  8 11:29 folder
```

(4) chown 명령어

chown 명령어는 파일의 소유자와 소유그룹을 변경할 수 있습니다.

- chown ⟨소유자⟩ ⟨소유그룹⟩ ⟨파일명 or 디렉터리명⟩

현재 file1.txt는 소유자가 root이고 그룹 소유자도 root입니다. 그렇다면 현재 나는 pi로 로그인해 있기 때문에 해당 파일의 소유권을 변경할 권한이 없습니다. sudo 명령어를 통해서 권한을 대행받고 소유권 변경을 해보겠습니다. file1.txt의 그룹 소유자를 pi로 변경해보겠습니다.

```
$ sudo chown root:pi file1.txt
$ ls -l
-rw-r--rw- 1 root pi    0  9월  8 11:27 file1.txt
-rw-r-xr-- 1 pi   pi    0  9월  8 11:27 file2.txt
drwxr-xr-x 2 pi   pi 4096  9월  8 11:29 folder
```

04-7 입출력 재지정 IO Redirection

리다이렉션은 표준 입출력의 방향을 바꿔줍니다. 표준 입력은 키보드, 표준 출력은 모니터이지만 이를 파일로 처리하고 싶을 때 주로 사용합니다.

운영체제 공부를 이제 막 시작한 사람들은 입력하는 모든 명령어 대한 결과가 모니터화면에 출력되는 것을 당연하게 생각합니다. 하지만 이것은 기본 표준 입출력이 모니터라는 것을 의미합니다. 하지만 때때로 표준 입출력을 변경해야 될 때가 있습니다. 표준 입출력을 변경하는 방법에 대해 알아보겠습니다.

(1) 〉 사용법

```
$ ls > readme.txt
$ ls
file1.txt  file2.txt  folder  readme.txt
$ nano readme.txt
```

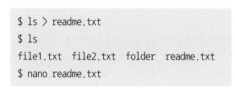

▲ ls의 리다이렉션을 readme.txt로 변경

〉 을 다시 사용하면 이전에 내용은 사라지고 덮어쓰게 됩니다.

```
$ ls -l > readme.txt
$ ls
file1.txt  file2.txt  folder  readme.txt
$ nano readme.txt
```

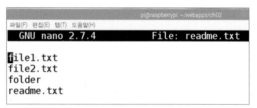

▲ 덮어쓰기 된 readme.txt 파일

(2) 〉〉 사용법

〉〉을 사용하면 기존에 내용에 추가가 됩니다.

```
$ ls >> readme.txt
$ nano readme.txt
```

▲ 추가된 readme.txt 파일

04-8 wget, apt-get, git clone 파일 다운로드

라즈베리 파이는 운영체제로 라즈비안을 사용합니다. 뒤에 붙은 비안은 데비안을 의미합니다. 즉 라즈비안은 데비안 계열의 운영체제입니다. 데비안 계열의 운영체제는 .deb 파일을 다운 받아서 설치할 수 있습니다. 윈도우는 .exe 파일을 다운 받아서 더블 클릭을 이용하여 설치하고 데비안 계열에서는 .deb 파일을 GUI(그래픽모드)에서는 마우스 우클릭 후 패키지 설치하기를 클릭하여 설치가 가능하고 혹은 터미널에서 dpkg라는 명령어를 이용하여 설치가 가능합니다.

dpkg는 데비안 패키지 관리 시스템의 기초가 되는 소프트웨어입니다. dpkg 명령어가 .deb 패키지의 설치, 삭제, 정보 제공을 위해 사용됩니다. dpkg 그 자체는 저레벨의 도구이며, APT와 같은 고급 도구들이 복잡한 패키지 관계와 패키지를 원격에서 받아오는 등의 일을 하게 됩니다.

여러분들이 윈도우에서 작업한 어떤 파일을 라즈베리 파이로 옮기기 위해서는 어떻게 해야 할까요?

• 첫 번째로 생각할 수 있는 것은 이메일을 사용하는 것입니다.

내 이메일로 파일을 전송하고 라즈베리 파이에서 해당 이메일에 접속하여 파일을 내려 받는 것입니다.

▲ 이메일을 이용하여 파일전송

• 두 번째로 생각할 수 있는 것은 원격으로 라즈베리 파이에 접속하는 것입니다.

파일질라나 Winscp같은 원격 접속 프로그램을 이용하면 FTP, SFTP 파일전송 프로토콜을 사용하여 파일을 전송할 수 있습니다. 이 경우는 중간에 무엇인가를 거치지 않고 다이렉트로 라즈베리 파이에 연결되어 파일을 전송할 수 있습니다.

▲ 원격 프로그램 사용하여 파일 전송

• 세 번째로 생각할 수 있는 것은 특정 홈페이지에 파일을 업로드해두고 http 프로토콜을 이용하여 다운로드하는 방법입니다.

예를 들어보겠습니다. 만약에 여러분이 카페를 하나 관리하고 있다고 생각해봅시다. 회원들에게 공지를 하고 싶은데 그 공지 내용을 한글문서로 작성하였기 때문에 한글파일을 업로드 해야 한다면 카페에 게시판에 파일을 업로드 해두면 됩니다. 그러면 회원들은 해당 게시판에서 파일을 다운로드할 수 있을 것입니다.

▲ 카페를 이용한 파일 공유

위에 3가지 방식 중에서 첫 번째 방식과 세 번째 방식이 아주 유사합니다. 첫 번째 방식은 메일서버에 파일을 전송하는 것이고, 세 번째 방식은 http서버 즉 웹서버에 파일을 전송하는 것이기 때문에 1:1이 아닌 중간에 무언가를 거친다는 공통점이 있습니다. 차이가 있다면 이메일은 개인에게 따로따로 전송을 해줘야 하는 번거로움이 있지만 웹서버를 사용하면 파일을 웹서버에 올려두기만 하면 누구나 다운로드할 수 있습니다.

여러분들이 카페 운영자라면 메일로 회원들에게 공지 파일을 보내겠습니까? 아니면 카페 게시판에 공지 파일을 그냥 올려두겠습니까? 아마도 대부분은 카페 게시판에 공지 파일을 올려둘 것입니다.

여러분들이 라즈베리 파이에서 python이라는 프로그램을 다운 받아야 할 때 가장 쉬운 방법은 그래픽모드가 지원하는 운영체제라면 인터넷 창을 열고 해당 사이트로 가서 파일을 다운 받는 것입니다.

라즈베리 파이 4가 사용하고 있는 아키텍쳐는 ARM입니다. 아래의 표를 보시게 되면 어떤 파일을 다운받아야 하는지 알 수 있습니다. i386, amd64와 같은 명칭이 붙어 있는 파일은 다운받아도 라즈비안에 설치할 수 없습니다.

Armhf는 armel 보다 조금 더 빠르지만 armel은 pi를 사용하는 모든 라즈베리 버전(1 포함)을 지원합니다.

• 지원하는 아키텍처
데비안 GUN/리눅스 10릴리스는 8개의 주요아키텍처와 "기종"이라는 각 아키텍처변형을 지원합니다.

아키텍처	데비안의 명칭	서브아키텍처	기종
인텔 X86기반	i386	일반x86 컴퓨터	일반
		Xen PV 도메인전용	xen
AMD64 및 인텔 64	amd64		
ARM	armel	Marvell Kirkwood and Orion	
ARM, 하드웨어 FPU 포함	armhf	멀티플랫폼	armmp
64비트 ARM	arm64		

32비트 MIPS(빅엔디안)	mips	MIPS Malta	4kc-malta
		Cavium Octeon	octeon
64비트 MIPS(리틀엔디안)	mip64el	MIPS Malta	5kc-malta
		Cavium Octeon	octeon
		Loongson 3	loongson-3
32비트 MIPS(리틀엔디안)	mipsel	MIPS Malta	4kc-malta
		Cavium Octeon	octeon
		Loongson 3	loongson-3
Power Systems	ppc64el	IBM POWER8. 또는 그이후시스템	
64 비트 IBM S/390	s390x	VM-reader 및 DASD에서 IPL	generic

▲ 주요 아키텍쳐 정리표

(1) wget을 이용한 다운로드

• wget 〈링크주소〉

파일을 다운 받을 때 해당 홈페이지로 가서 다운을 받아도 되지만, wget이라는 명령어를 통해서 다운 받을 수 있습니다. 어떤 사이트에 들어가도 상관 없습니다. 내가 받고 싶은 파일명에 마우스 우클릭을 하여 링크주소 복사를 하고 해당 주소를 붙여 넣으면 다운 받을 수 있습니다.

아래 주소는 Light Table 이라는 코드 편집기를 다운 받는 링크 주소입니다.

```
$ wget https://github.com/Automattic/simplenote-electron/releases/download/v1.1.7/Simplenote-1.1.7-amd64.deb
```

이 장은 다운로드 하는 방법에 대해서 배우는 장이기 때문에 다운 받은 파일은 삭제해줍니다.

```
$ rm Simplenote-1.1.7-amd64.deb
```

(2) git clone을 이용한 다운로드

• git clone 〈url주소〉

git clone이 무엇인지 알기 위해서는 우선 git에 대한 이해가 필요합니다. 당신이 한글 문서 파일을 하나 작성하고 있다고 가정해봅시다. 이 한글 문서는 여러분 혼자서 작성하는 것이 아닌, 3명의 팀 단위로 작성되고 있는 파일이라고 한다면 어떻게 관리되는 것이 효과적일까요?

첫 번째 방법은 파일을 복사하여 관리하는 것입니다. 하나의 파일을 복사하여 3개의 파일로 만들고 3명의 팀이 각 각의 복사된 파일을 관리합니다. 각 각의 팀원들이 자신의 맡은 부분의 작성을 완료하였다면 그 팀의 리더는 3개의 한글 파일을 합치는 병합 작업을 하게 될 것입니다. 이 병합 작업은 온전히 수동으로 하게 되겠죠.

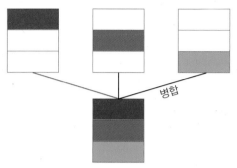

▲ 협업의 첫 번째 방법

두 번째 방법은 하나의 파일을 순차적으로 작성하는 것입니다. A가 파일을 작성하고 있다면 B와 C는 기다리게 됩니다. A가 작성을 완료하면 B가 이어서 작성을 하게 되고 C는 또 기다리게 되겠죠. 마지막으로 B의 작성이 완료되면 C가 작업을 하게 됩니다.

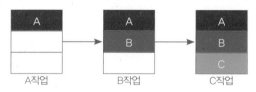

▲ 협업의 두 번째 방법

위의 두 가지 방법을 비교해봤을 때 첫 번째 방법이 효율적이라는 것을 알 수 있습니다. 단점이 있다면 한글 파일이 굉장히 복잡한 성격을 가진 문서라면 병합하는 것이 아주 힘든 작업이 될 수 있다는 것입니다. 하지만 git을 이용한다면 첫 번째 방식의 단점인 병합의 문제를 자동으로 해결해줍니다. 부분적으로 변경된 부분을 파악하여 자동으로 병합해줍니다. 또 한 다음과 같이 버전을 관리해주는 역할도 합니다.

▲ 버전관리를 하는 Git

Git을 간단히 정리하면 아래와 같습니다.

· 여러 사람이 하나의 프로젝트로 협업을 할 수 있는 효과적인 방법을 제시합니다.

· 버전 관리를 가능하게 해줍니다.

이 밖에도 여러 가지 역할들이 많습니다. 새로운 브랜치(branch)를 만들어서 새로운 실험을 해볼 수 도 있습니다. 실험 중 괜찮은 결과가 나오면 그 코드를 병합하기도 하고 실패하면 해당 브랜치 (branch)를 잘라버리면 그만입니다. 또한 분산버전관리이기 때문에 인터넷이 연결되지 않은 환경에 서도 작업이 가능하며 Git을 사용할 경우 중앙 저장소가 폭파되더라도 분산되어 있는 로컬 저장소를 이용해 중앙 저장소를 복원할 수 있습니다.

Git을 통해 개개인이 로컬 저장소를 통해서 작업한 결과를 GitHub에 업로드 할 수 있습니다. 이를 푸시(PUSH)라고 합니다. 푸시된 결과를 다른 사용자가 풀(PULL)하여 다운받아서 하나의 프로젝트 를 협업하여 관리할 수 있습니다.

GitHub는 버전 제어 및 공동 작업을 위한 코드 호스팅 플랫폼입니다. GitHub을 통해 당신과 다른 사람들이 어디서나 프로젝트를 함께 할 수 있게 해줍니다. 여러분이 작업한 소스코드를 동료와 공유 할 수 있는 가장 좋은 방법은 https://github.com 사이트에 저장소를 만드는 것입니다.

여러분이 라즈베리 파이를 통해 CCTV를 구성하고 얼굴을 인식하여 침입자를 감지하는 프로그램을 만들었다고 합시다. 그리고 해당 프로그램이 너무 잘 만들어져서 다른 사람들에게 공개하고 싶다면 GitHub에 업로드하면 됩니다. 혹은 당신의 프로그램이 먼가 조금 아쉬운 부분이 있어서 다른 사람 들에게 공개한 뒤 피드백을 받고 싶다하더라도 GitHub에 공개할 수 있습니다. GitHub에 공개되는 모든 소스는 오픈 소스이기 때문에 누구나 다운로드하여 사용할 수 있습니다.

오픈 소스로 공개하는 이유는 여러 가지가 있습니다. 해당 소스를 공개함으로써 사회적인 공헌을 하 고 싶은 사람도 있을 것이고 중단된 프로젝트를 공개함으로써 누군가가 이어서 프로젝트를 마무리 하기를 원하는 사람도 있을 것입니다. 또는 잘 만들어진 소스코드를 다른 사람에게 검증받고 싶은 사람도 있을 것입니다. 이렇게 GitHub에는 수 많은 오픈 소스가 매일 매일이 셀 수 없는 정도로 공 개되고 있습니다. 공개된 오픈 소스를 다운 받는 방법이 바로 git clone입니다.

▲ DHT11(온도센서) Python라 이브러리

앞의 그림은 온도 센서인 DHT11을 구동하게 해주는 소스 코드입니다. 오픈 소스이기 때문에 누구 나 다운 받을 수 있습니다. 깃허브(https://github.com) 사이트에 접속한 뒤 검색창에서 DHT11을 입력하면 해당 결과를 보실 수 있습니다. 클릭한 뒤 다음과 같이 Download Zip을 하면 소스를 다운 받을 수 있습니다.

▲ git clone을 위한 주소 복사

위와 같이 인터넷 브라우저를 이용하여 다운받는 방법이 있으며 GUI환경이 아닌 CLI환경에서는 터미널에서 명령어를 통해 다운 받아야 합니다. 먼저 Git이 설치되어 있는지부터 확인합니다. 기본적으로 라즈비안 운영체제를 설치하면 Git이 포함되어 있습니다.

```
$ git --version
git version 2.11.0
```

만약에 없다면 다음과 같이 다운 받으면 됩니다.

```
$ sudo apt-get install git
```

Git 설치가 되어 있다면 git clone 명령을 통해 다운 받아 보겠습니다. git clone뒤에 나오는 주소는 위의 그림 clone or download 부분을 클릭하면 나오는 주소입니다.

```
$ git clone https://github.com/szazo/DHT11_Python.git
```
※ Git에 대한 자세한 설명은 13장에서 다룹니다.

(3) apt-get 이용하기

• sudo apt-get install 프로그램명

apt-get 이란 프로그램 패키지를 다운로드 하고 설치하는 명령어 입니다.

apt-get을 이용하는 것은 데비안이 제공하는 공식 저장소를 이용하는 것입니다. apt-get을 하면 다운로드를 받을 수 있는 것뿐만 아니라 자동으로 설치가 진행 되면서 환경변수 설정, 파일 링크 설정, 데몬 설정등이 자동으로 되기 때문에 편리합니다.

apt-get을 통해 다운로드 되는 저장소 목록은 아래와 같습니다. 우리가 사용하는 운영체제는 데비안 계열의 라즈비안이기 때문에 저장소 목록이 우부툰와는 다릅니다.

```
$ nano /etc/apt/sources.list
```

▲ sources.list 파일 내부

데비안 10.1 – 2019년 9월 7일 배포

데비안 9 (stretch) — 현재 안정 배포본

데비안 8 (jessie) — 옛 안정 배포본

데비안 7 (wheezy) — 옛 안정 배포본

데비안 6.0 (squeeze) — 옛 안정 배포본

데비안 GNU/리눅스 5.0 (lenny) — 옛 안정 배포본

데비안 GNU/리눅스 4.0 (etch) — 옛 안정 배포본

데비안 GNU/리눅스 3.1 (sarge) — 옛 안정 배포본

데비안 GNU/리눅스 3.0 (woody) — 옛 안정 배포본

데비안 GNU/리눅스 2.2 (potato) — 옛 안정 배포본

데비안 GNU/리눅스 2.1 (slink) — 옛 안정 배포본

데비안 GNU/리눅스 2.0 (hamm) — 옛 안정 배포본

• 라즈비안 저장소로 브라우저를 열어서 이동합니다.

http://raspbian.raspberrypi.org/raspbian/

• pool/main/s/scrot 경로에 scrot과 관련된 .deb 파일들이 있습니다.

▲ 라즈비안 저장소 경로 1   ▲ 라즈비안 저장소 경로 2   ▲ 라즈비안 저장소 경로 3

▲ 라즈비안 저장소 경로 4

▲ 라즈비안 저장소 경로 5

해당 주소로 접근하여 다운한 뒤 자동으로 설치까지 진행해주는 명령어가 바로 apt-get입니다. 최근에는 apt-get 보다는 apt를 많이 사용하고 있습니다. apt를 사용하든 apt-get을 사용하든 상관없습니다.

• apt-get을 이용하여 다운 받아봅니다.

```
$ sudo apt-get install scrot
```

• scrot 프로그램은 화면 캡쳐 프로그램입니다.
사용법은 다음과 같이 명령어를 입력한 뒤 드래그를 하면 home/pi 경로에 자동으로 사진이 저장됩니다.

```
$ scrot -s
```

04-9 파일 압축

라즈비안에서 tar 명령어를 이용하여 파일을 압축하고 압축을 해제할 수 있습니다. tar로 압축하는
방식에는 두 가지가 있습니다. tar로 압축, tar.gz로 압축할 수 있습니다.
• tar는 파일과 폴더를 하나의 파일로 묶어주는 유틸리티입니다. 주로 백업 용도로 사용합니다.
• tar.gz는 파일 및 폴더들을 묶어서 압축합니다.

❶ tar 압축

```
$ mkdir aaa
$ tar -cvf aaa.tar aaa    // aaa 폴더를 aaa.tar로 압축
```

❷ tar 압축해제

```
$ tar -xvf aaa.tar              // 현재 경로에 aaa.tar 파일 압축풀기
```

❸ tar.gz 압축

```
$ mkdir ccc
$ tar -zcvf ccc.tar.gz ccc     // ccc 폴더를 ccc.tar.gz로 압축
```

❹ tar.gz 압축해제

```
$ tar - zxvf ccc.tar.gz            // 현재 경로에 aaa.tar.gz 파일 압축풀기
```

❺ zip 압축해제

```
$ sudo apt-get install unzip
$ unzip 파일명
```

Raspberry Pi

본 교재에서 라즈베리 파이와 연동을 위한 예제는 파이썬으로 구현을 합니다. 라즈베리 파이는 다양한 언어 파이썬, C, C++, JAVA, 펄, 루비 등을 지원 하지만 그래도 파이썬이 가장 많이 사용이 되고 IoT 및 빅테이터에 사용을 많이 하는 언어이기 때문에 다른 언어보다 파이썬을 다루도록 하겠습니다. 물론 파이썬만 다루는 교재가 아니기 때문에 여기서는 파이썬의 중급 및 고급 기능은 다루지 않고 라즈베리 파이를 사용하기 위해서 최소한의 범위로 설명을 하도록 하겠습니다.

CHAPTER
03

라즈베리 파이를 위한
파이썬 기초 배우기

01 _ 파이썬 시작하기

01-1 파이썬 개요

파이썬은 1991년도 귀도 반 로섬이라는 개발자가 플랫폼 독립적이며 인터프리터식, 객체지향적, 동적 타이핑(dynamically typed)의 특징으로 개발되었고 확장자는 .py, .pyc, .pyd, .pyo 여러 개로 사용되고 있습니다. 또 문법이 매우 쉬워서 초보자들이 처음 프로그래밍을 배울 때 추천되는 언어로 고안이 되었습니다.

> **잠깐만!!**
>
> 인터프리터(interpreter : 해석기)는 프로그래밍 언어의 소스 코드를 바로 실행하는 컴퓨터 프로그램 또는 환경을 말한다. 원시 코드를 기계어로 번역하는 컴파일러와 대비된다.

> **잠깐만!!**
>
> • **정적 타이핑(Static Typing)**
> 자료형(type)을 컴파일 당시에 결정하는 것으로, 변수에 들어갈 값의 형태에 따라 자료형을 사전에 지정해야한다. 컴파일 진행 시 자료형에 맞지 않은 값이 전달되면 컴파일 에러를 발생시킨다. 대표적인 언어로 C, Java, C++, C# 등이 있다. 컴파일 당시에 자료형에 대한 판단을 진행하기 때문에 속도가 빠르며, 타입 에러로 발생하는 문제점을 초기에 발견할 수 있는 장점이 있다.
>
> • **동적 타이핑(Dynamic Typing)**
> 정적 타이핑과 달리 자료형을 컴파일이 아닌 런타임시 결정하는 것으로, 자료형의 명시 없이 변수명만 가지로 선언 및 값을 전달하는 것이 가능하다. 대표적인 언어로 Python, Ruby, Javascript 등이 있다. 런타임 당시에 타입에 대한 결정을 진행하므로 프로그래밍 하는 입장에서 편할 수 있지만, 한 편으로는 런타임 동안 예상치 못한 에러가 발생할 수 있고 이를 발견하는데 큰 어려움을 겪을 수 있다.

현재 사용되고 있는 파이썬의 3.0버전은 2008년 12월 3일자로 발표된 것이고 처음 배우는 프로그래머들은 파이썬3으로 시작하는 것을 권장을 하고 있습니다. 그리고 다른 언어들과 다른 점은 들여쓰기입니다. 다른 언어들은 중괄호를 사용하여 블록을 구분하지만 파이썬은 들여쓰기를 통해서 블록을 구분하는 아주 독특한 문법을 채용하고 있습니다.

외래어 표기법에 따르면 Python은 영어를 기준으로 할 때 한글로 '파이선'으로 적어야 하나, 정식으로 채택된 한글 표기는 파이썬입니다. 또 파이썬으로 웹 사이트 서버를 구현하려고 하면 Python Web Framework인 Django, Flask, Bottle등의 기술이 제공 됩니다.

들여쓰기 예제

```
def factorial(x):
    if x == 0:
        return 1
    else:
        return x * factorial(x - 1)
#이 들여쓰기 의무 규칙 때문에 소스 코드 들여쓰기에 탭(Tab) 문자를 사용하지 않을 것을 매우 강력히 요구한다. 탭 문자는 사용자
나 시스템의 설정에 따라 서로 다른 폭의 공백이 생긴다.
```

01-2 파이썬 Windows 설치하기

파이썬 문법을 하기 전에 먼저 Windows에 파이썬을 설치하도록 하겠습니다. 이번 장에는 파이썬의 문법을 학습을 하는 것이기 때문에 윈도우 환경에서 진행을 하도록 하겠습니다.

01 파이썬 윈도우용 설치 파일을 다운로드하기 위해 파이썬 다운로드 페이지에 접속한 후 [Download Python 버전(여기서는 Python 3.12.5)] 버튼을 클릭합니다.

• https://www.python.org/downloads/

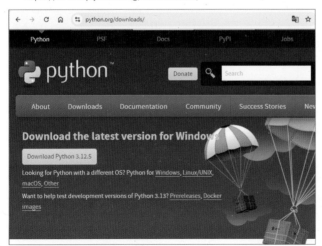

※ 파이썬 버전은 다운로드 시점에 따라 달라질 수 있습니다.(현재 버전 Python 3.12.5)

▲ 파이썬 Windows용 설치 파일 다운로드

02 Add Python.exe를 PATH를 체크하고 'Install Now'를 클릭합니다.설치 할 위치를 잘 보시기 바랍니다. 나중에 필요합니다.

▲ 파이썬 Windows용 설치

03 설치가 완료되면 Windows 프로그램에서 그림과 같이 IDLE(Python 3.12) 파일 위치 열기를 합니다.

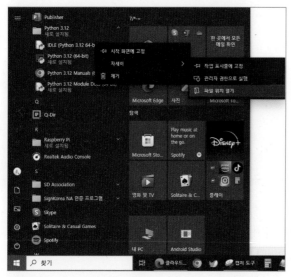

▲ IDLE(Python 3.7) 파일 위치 열기

04 IDLE(Python 3.12) 파일을 그림과 같이 바탕화면에 바로 가기 만들기를 합니다

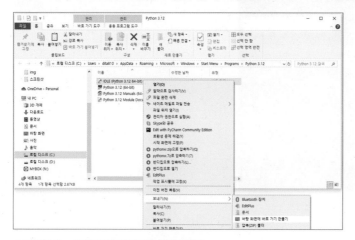

▲ IDLE(Python 3.12) 바탕화면에 바로 가기 만들기

05 IDLE(Python 3.12) 파일을 그림과 같이 바탕화면에 바로 가기 만들기를 합니다.

▲ 바탕화면에 있는 IDLE(Python 3.12) 실행

06 IDLE에서 새로운 파일을 선택합니다.(New File)

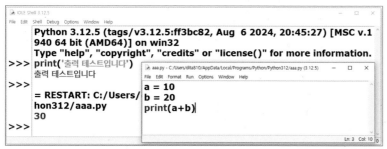

▲ IDLE에서 새로운 파일 생성

07 간단한 코드를 입력하고 그림과 같이 저장 후에 실행을 합니다.

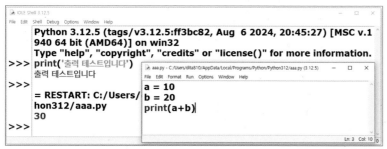

▲ 파이썬 Windows용 설치 이미지

01-3 파이썬의 주석

문법 설명하기 이전에 파이썬에서 사용되는 주석을 먼저 살펴보도록 하겠습니다. 한줄 주석과 여러 줄 주석이 제공됩니다.

01 다음과 같이 저장을 합니다.

실습 파일 : webapps/ch03/comments01.py

```
01 : # 1. 한줄 주석 : # (프로그램을 코딩 중 제일 중요한 단어나 급하게 필요할 때 한줄 주석으로 '#'을 사용해줍니다.
02 : # 2. 여러줄 주석 : '''(홑 따옴표 3개를 사용), """(쌍 따옴표 3개를 사용) 주석을 닫아줄 때도 같이
       홑, 쌍 따옴표 3개를 이용해 닫아주면 됩니다.
03 : '''
04 : 여러줄 주석1
05 : '''
06 : """
07 : 여러줄 주석2
08 : """
09 : print('주석예제입니다.')     #콘솔창에 출력되는 코드입니다.
```

주석예제입니다.
01   : 한줄 주석은 #을 주석 앞에 붙이면 됩니다.
03~05 : 여러 줄 주석입니다. '''(홑 따옴표 3개)를 주석 앞에 붙이면 됩니다. 그리고 주석이 끝나는 위치에 '''(홑 따옴표 3개)를 붙이면 됩니다.
06~08 : 여러 줄 주석입니다. """(쌍 따옴표 3개)를 주석 앞에 붙이면 됩니다. 그리고 주석이 끝나는 위치에 """(쌍 따옴표 3개)를 붙이면 됩니다.

02 _ 파이썬 자료형

프로그램의 기본이자 핵심 단위가 바로 자료형입니다. 예를 들면, 계산 프로그램을 만들려면 어떤 것을 계산할지부터 알아야 하고, 데이터베이스 프로그램을 만들려면 어떤 자료를 저장할지부터 알아야 합니다. 여기서 쓰이는 숫자, 문자열 등 자료 형태로 사용하는 모든 것을 자료형이라 합니다. 그리고 파이썬에서 변수의 자료형을 확인하고 싶을 때는 type()이란 함수를 이용하면 됩니다.

파이썬의 자료형

- 숫자형
- 문자열 자료형
- 리스트 자료형
- 튜플 자료형
- 딕셔너리 자료형

02-1 숫자형

정수 및 실수를 표현하는 타입입니다.
숫자형 변수를 선언하고 출력하는 예제입니다.

01 다음과 같이 저장을 합니다.

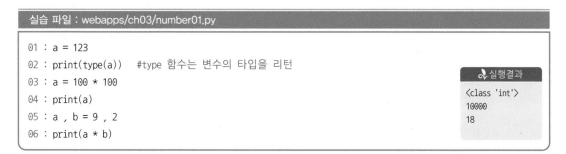

실습 파일 : webapps/ch03/number01.py

```
01 : a = 123
02 : print(type(a))    #type 함수는 변수의 타입을 리턴
03 : a = 100 * 100
04 : print(a)
05 : a , b = 9 , 2
06 : print(a * b)
```

실행결과
```
<class 'int'>
10000
18
```

01 : 정수 a를 선언하고 100을 할당합니다.
02 : a가 어떤 타입인지 출력을 합니다.
05 : a는 9 b는 2로 각각 값을 할당합니다.

02-2 문자형

문자열을 표현하는 타입입니다.

다음은 두 가지 방법으로 문자열 변수를 선언하는 예제입니다.

01 다음과 같이 저장을 합니다.

> 실습 파일 : webapps/ch03/str01.py

```
01 : a = "파이썬 만세"        #쌍 따옴표로 문자열 값을 선언
02 : print(a)
03 : print(type(a))         #type 함수는 변수의 타입을 리턴
04 : b = 'python go'        #홀 따옴표로 문자열 값을 선언
05 : print(b)
```

실행결과
```
파이썬 만세
<class 'str'>
python go
```

01 : a를 문자열 타입으로 쌍 따옴표를 사용하여 선언합니다.
04 : b를 문자열 타입으로 홀 따옴표를 사용하여 선언합니다.

02-3 리스트

리스트는 여러 개의 값들을 하나의 변수로 묶어서 사용하는 타입니다. 요소에 값들은 변경 가능합니다.
이 예제는 리스트 사용하지 않고 숫자형 변수 4개를 선언하여 입력 받은 값들의 합을 출력하는 예제입니다.

01 다음과 같이 저장을 합니다.

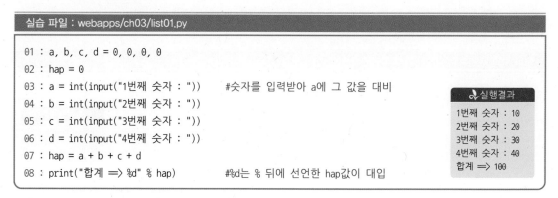

> 실습 파일 : webapps/ch03/list01.py

```
01 : a, b, c, d = 0, 0, 0, 0
02 : hap = 0
03 : a = int(input("1번째 숫자 : "))        #숫자를 입력받아 a에 그 값을 대비
04 : b = int(input("2번째 숫자 : "))
05 : c = int(input("3번째 숫자 : "))
06 : d = int(input("4번째 숫자 : "))
07 : hap = a + b + c + d
08 : print("합계 ==> %d" % hap)             #%d는 % 뒤에 선언한 hap값이 대입
```

실행결과
```
1번째 숫자 : 10
2번째 숫자 : 20
3번째 숫자 : 30
4번째 숫자 : 40
합계 ==> 100
```

01　　　 : 4개의 숫자형 변수를 선언하고 각각의 값들을 0으로 대입합니다.
03~06 : 4개의 숫자를 입력받아서 그 값들을 각각 a, b, c, d에 그 값들을 줍니다.
07~08 : 4개의 숫자를 합쳐서 출력을 합니다.

리스트 변수를 선언하여 list01.py와 같은 기능을 만들어 보는 예제입니다.

01 다음과 같이 저장을 합니다.

실습 파일 : webapps/ch03/list02.py

```
01 : aa = [0, 0, 0, 0]              #숫자 4개를 저장하는 리스트 변수
02 : hap = 0
03 : aa[0] = int(input("1번째 숫자 : "))   #사용자가 입력한 숫자를 리스트의 첫 번째 요소에 대입
04 : aa[1] = int(input("2번째 숫자 : "))
05 : aa[2] = int(input("3번째 숫자 : "))
06 : aa[3] = int(input("4번째 숫자 : "))
07 : hap = aa[0] + aa[1] + aa[2] + aa[3]
08 : print("합계2 ==> %d" % hap)      #입력받은 4개의 값들을 합쳐서 콘솔창에 출력
```

실행결과
```
1번째 숫자 : 1
2번째 숫자 : 2
3번째 숫자 : 3
4번째 숫자 : 4
합계2 ==> 10
```

01   : 숫자 4개를 저장하는 리스트 변수를 선언합니다.
03~06 : 4개의 숫자를 입력받아서 리스트 변수 각각의 요소에 그 값들을 대입합니다.

리스트 변수를 선언하고 고정된 요소의 개수가 아닌 유동적인 요소가 만들어지는 예제입니다.

01 다음과 같이 저장을 합니다.

실습 파일 : webapps/ch03/list03.py

```
01 : aa =[]              #요소가 0개인 리스트 변수를 선언
02 : aa.append(0)        #값이 0인 요소 하나를 추가
03 : aa.append(0)
04 : aa.append(0)
05 : aa.append(0)
06 : print(len(aa))      #리스트 변수의 크기를 출력
07 : print(aa)           #요소의 값들을 출력
08 : bb = []
09 : for i in range(0, 100): #반복문 for문을 선언
10 :     bb.append(i)        #i값을 리스트에 요소로 추가
11 : print(bb)
```

실행결과
```
4
[0, 0, 0, 0]
[0, 1, 2, 3, 4, 5, 6, 7, 8, 9, 10, 11,
12, 13, 14, 15, 16, 17, 18, 19, 20, 21,
22, 23, 24, 25, 26, 27, 28, 29, 30, 31,
32, 33, 34, 35, 36, 37, 38, 39, 40, 41,
42, 43, 44, 45, 46, 47, 48, 49, 50, 51,
52, 53, 54, 55, 56, 57, 58, 59, 60, 61,
62, 63, 64, 65, 66, 67, 68, 69, 70, 71,
72, 73, 74, 75, 76, 77, 78, 79, 80, 81,
82, 83, 84, 85, 86, 87, 88, 89, 90, 91,
92, 93, 94, 95, 96, 97, 98, 99]
```

02~05 : 요소의 값이 0인 숫자를 aa 리스트에 추가를 합니다.
06   : len 함수를 사용하여 aa 리스트의 요소의 크기를 출력합니다.
09~10 : 반복문 for문을 이용하여 시작은 0에서 99까지 그 값을 bb 리스트 요소에 추가를 합니다. 반복문에 대한 설명을 뒤에서 하도록 하겠습니다.
11   : bb 리스트를 출력하면 0부터 99까지 대입된 요소의 값들이 출력됩니다.

리스트에서 요소 값을 가져오기 위한 다양한 위치 값(index 값 , 인덱스 값)을 적용한 예제입니다.

01 다음과 같이 저장을 합니다.

실습 파일 : webapps/ch03/list04.py

```
01 : aa = [10, 20, 30, 40]        #리스트 변수를 선언
02 : print("aa[-1]은 %d, aa[-2]는 %d" % (aa[-1], aa[-2]))
                                 #% 뒤에 있는 aa[-1]은 첫 번째 %d aa[-2] 두 번째 %d에 대입
03 : print(aa[0:2])              #aa 리스트의 첫 번째부터 두 번째 요소 값을 출력
04 : print(aa[2:4])              #aa 리스트의 세 번째부터 네 번째 요소 값을 출력
05 : print(aa[0:])              #aa 리스트의 첫 번째부터 끝까지 요소 값을 출력
```

실행결과

```
aa[-1]은 40, aa[-2]는 30
[10, 20]
[30, 40]
[10, 20, 30, 40]
```

02　　　: aa[-1]은 뒤에서 첫 번째 요소 값을 의미하고 aa[-2]는 뒤에서 두 번째 요소값을 의미합니다.
03~05 : aa 리스트의 범위를 지정하여 출력을 합니다.

리스트에서 다양하게 사용 할 수 있는 함수를 적용한 예제입니다.

01 다음과 같이 저장을 합니다.

실습 파일 : webapps/ch03/list05.py

```
01 : aa = [30, 10, 20]
02 : print("현재의 리스트 : %s" % aa)
                                #aa 리스트 전체 출력은 문자열로 인식하므로 %s는 aa 리스트를 대입
03 : aa.append(40)                              #요소를 하나 추가
04 : print("append 후의 리스트 : %s" % aa)      #요소 추가 후에 aa 리스트 출력
05 : aa.pop()                                   #aa 리스트의 제일 마지막 요소를 뺀다.
06 : print("pop 후의 리스트 : %s" % aa)         #추가 후에 다시 요소를 빼고 나서 출력
07 : aa.sort()                                  #리스트 요소 값들을 오름차순으로 정렬
08 : print("sort 후의 리스트 : %s" % aa)        #정렬 후에 출력
09 : aa.reverse()                               #리스트 요소 값들을 역순으로 정렬
10 : print("reverse 후의 리스트 : %s" % aa)     #역순 정렬 후에 출력
11 : aa.insert(2, 222)                          #aa 리스트에 세 번째 위치에 222값을 추가
12 : print("insert(2, 222) 후의 리스트 : %s" % aa)  #세 번째 위치에 추가 후에 출력
13 : print("20값의 위치 : %d" % aa.index(20))   #20이라는 요소 값이 있는 위치 출력
14 : aa.remove(222)                             #222 요소 값을 리스트에서 삭제
15 : print("remove(222) 후의 리스트 : %s" % aa)  #222 요소 값 삭제 후에 출력
16 : aa.extend([77,88,77])                      #다른 리스트를 확장
17 : print("extend([77,88,77]) 후의 리스트 : %s" % aa)  #리스트 확장 후에 출력
18 : print("77값의 개수 : %d" % aa.count(77))    #aa 리스트에 77 요소 값이 몇 개 있는지 출력
```

02 : aa 리스트 요소 값 하나는 정수형으로 인식을 하지만 aa 리스트 전체는 문자열로 인식을 합니다.

02~18 : 리스트에 사용 할 수 있는 함수를 사용하고 그 후에 결과를 확인하기 위해 출력을 합니다.

파이썬에서는 다차원 리스트가 지원이 됩니다. 2차원 리스트를 선언하고 2차원 리스트 요소 값을 출력하는 예제입니다.

01 다음과 같이 저장을 합니다.

실습 파일 : webapps/ch03/list06.py

```
01 : aa = [[1,2,3,4],
02 :       [5,6,7,8],
03 :       [9,10,11,12]]
04 : print(aa[0][0])       #aa 리스트의 첫 번째 리스트의 첫 번째 요소 출력
05 : print(aa[0])          #aa 리스트 첫 번째 리스트 전체 출력
06 : print(aa[1][2])       #aa 리스트의 두 번째 리스트의 세 번째 요소 출력
```

♪ 실행결과

```
1
[1, 2, 3, 4]
7
```

01~03 : 정수형 2차원 리스트를 선언합니다.

04 : 다차원 리스트는 리스트 안에 리스트를 선언을 하는 구조입니다. 첫 번째 0은 첫 번째 리스트를 의미하고 두 번째 0은 첫 번째 리스트에 첫 번째 요소를 의미합니다.

05 : 첫 번째 리스트 전체는 출력하기 위한 코드입니다.

06 : 첫 번째 1은 두 번째 리스트를 의미하고 두 번째 2은 두 번째 리스트에 세 번째 요소를 의미합니다.

02-4 튜플

리스트와 거의 유사한 기능을 가지고 있지만 리스트는 요소 값을 변경 할 수 있지만 튜플은 한 번 값을 정하면 내부의 값을 바꿀 수가 없습니다. 읽기 전용이라고 생각을 하면 됩니다.

문자열과 튜플 타입 관계를 보여주는 예제입니다.

01 다음과 같이 저장을 합니다.

```
01 : str = "파이썬 문자열"           #문자열 변수를 선언
02 : print(str[0])                  #첫 번째 자리의 문자 출력
03 : print(str[-1])                 #뒤에서 첫 번째 자리의 문자 출력
04 : #str[-1] = '렬'                #뒤에서 첫 번째 자리의 문자값 수정(오류)
05 : card = 'red', 4, 'python', True #card 튜플을 선언
06 : print(card)                    #card 튜플 전체 출력
07 : print(card[1])                 #card 튜플의 첫 번째 요소 출력
08 : #card[0] = 'blue'              #card 튜플 첫 번째 요소 값 수정(오류)
```

실행결과
```
파
열
('red', 4, 'python', True)
4
```

01~04 : 문자열을 선언하였습니다. 내부적으로 문자열은 튜플 타입의 변수로 선언이 됩니다. 그렇기 때문에 04라인에서 뒤에서 첫 번째 문자를 수정하려고 하면 에러가 발생 됩니다. 튜플은 한번 선언된 요소 값은 수정 할 수 없기 때문입니다.

05 : 다양한 타입의 요소 값들로 card 튜플을 선언합니다.

08 : card 튜플에 첫 번째 요소 값을 'red'에서 'blue'로 수정 하면 에러가 발생 됩니다.

문자열과 튜플에 관계를 설명하기 위한 예제입니다.

01 다음과 같이 저장을 합니다.

```
01 : one = '하나'         #문자열 선언
02 : print(type(one))    #one 변수의 타입 출력
03 : one = "원"           #문자열 값 전체를 변경
04 : print(one)          #수정된 문자열 출력
05 : two = '둘'           #문자열 선언
06 : print(type(two))    #two 변수의 타입 출력
07 : #two[0] = '투'       #two 변수의 첫 번째 요소 값 변경(오류)
08 : print(two[0])       #two 변수의 첫 번째 요소 값 출력
```

실행결과
```
<class 'str'>
원
<class 'tuple'>
둘
```

02 : type 함수를 사용하여 변수의 타입을 출력합니다.

03 : one 문자열 값 전체의 변경을 가능합니다.

06 : two 문자열의 타입을 type 함수를 사용하여 출력합니다.

07 : two 문자열 첫 번째 요소 값을 변경하려고 하면 에러가 발생 됩니다. two 전체는 문자열이 되지만 위치 값으로 리턴 받은 문자들은 튜플 타입이 되기 때문에 수정이 불가능합니다.

튜플 변수로 선언된 각각의 요소 값들을 하나의 변수로 리턴 받는 예제입니다.

01 다음과 같이 저장을 합니다.

실습 파일 : webapps/ch03/tuple03.py

```
01 : card = 'red', 4, 'python', True    #card 튜플를 다양한 타입의 요소로 선언
02 : a ,b, c, d = card                  #card의 4개의 요소 값들을 a~d 변수에 할당
03 : print(a)
04 : print(b)
05 : print(c)
06 : d = False                          d 변수의 값을 수정
07 : print(d)
```

실행결과
```
red
4
python
False
```

01~02 : 4개의 다양한 타입의 요소 값이 있는 card 튜플 변수를 선언하고 각각의 요소 값들을 a, b, c, d 변수에 각각 할당합니다.

06　　 : 튜플에 요소 값은 수정 할 수 없지만 d 변수는 튜플이 아니고 boolean 타입의 변수이므로 값은 수정이 가능합니다.

02-5 딕셔너리

key값과 value값이 한 쌍으로 저장되는 타입입니다. 그리고 value값은 튜플과 다르게 변경이 가능합니다.

01 다음과 같이 저장을 합니다.

실습 파일 : webapps/ch03/dic01.py

```
01 : dict = {'번호':10, '성명':'장동건', '나이':23, '사는곳':'서울'}
                            #딕셔너리 타입 변수 선언
02 : print(dict)
03 : print(type(dict))          #dic 변수의 타입을 출력
04 : print(dict['나이'])         #나이 key값으로 value값 출력
05 : dict['나이'] = 24           #나이 키 값 항목 변경
06 : print(dict['나이'])
07 : dict['직업'] = '배우'        #직업이라는 키 값과 배우라는 value라는 항목 추가
08 : print(dict)
09 : print(dict.keys())         #키 값 전체 반환
10 : print(dict.values())       #값 전체 반환
11 : print('사는곳' in dict)     #키 값 존재 여부
12 : del dict['사는곳']          #키 값 삭제
13 : print('사는곳' in dict)     #dict에 사는곳이라는 키 값 존재 여부 출력
14 : print(dict)
```

```
{'번호': 10, '성명': '장동건', '나이': 23, '사는곳': '서울'}
<class 'dict'>
23
24
{'번호': 10, '성명': '장동건', '나이': 24, '사는곳': '서울', '직업': '배우'}
dict_keys(['번호', '성명', '나이', '사는곳', '직업'])
dict_values([10, '장동건', 24, '서울', '배우'])
True
False
{'번호': 10, '성명': '장동건', '나이': 24, '직업': '배우'}
```

01 : 딕셔너리 변수를 선언합니다. '번호', '성명', '나이', '직원' 이런 값들이 key값이고 '10', '장동건', '23', '서울' 이런 값들이 value값입니다.

05 : 만약 '나이'라는 키 값이 없다면 새로운 항목이 추가가 되지만 기존에 있는 항목이기 때문에 value값만 수정 됩니다.

07 : '직업', '배우'(key, value) 항목을 dict 딕셔너리에 추가를 합니다.

09~10 : 전체 키 값과 전체 value값을 출력합니다.

11~13 : '사는곳'이라는 키 값의 존재여부를 출력하고 12라인에서 삭제를 한 후에 다시 '사는곳'이라는 키 값의 존재하는 지 출력을 하고 있습니다.

03 _ 파이썬 제어문

제어문은 프로그램의 실행여부, 순서, 방식을 제어하는 문장입니다. 파이썬도 다른 언어들과 같이 동일하게 제어문이 제공되지만 같은 점도 있고 다른 점도 몇 가지가 있습니다.

03-1 if문

영어 if의 뜻은 "(만약) ~하면"입니다. 파이썬에서의 if도 마찬가지로 '만약 지정한 조건에 맞아 떨어지면 지정한 코드를 실행하라'의 뜻을 가지고 있습니다.

if문 및 else문 그리고 elif문 설명을 위한 예제입니다.

01 다음과 같이 저장을 합니다.

실습 파일 : webapps/ch03/if01.py

```
01 : a = 23
02 : if a < 50:                              #if문을 선언합니다.
03 :     print('50보다 작군요')              #if문에 조건이 맞으면 출력
#if else문
04 : if a < 20:
05 :     print('20보다 작군요')
06 : else:
07 :     print('20보다 크군요')
#elif문
08 : age = int(input('현재 나이를 입력합니다. '))     #사용자가 입력한 값을 정수로 리턴
09 : if age < 10:
10 :         print('유년층 입니다.')
11 : elif age < 20:
12 :         print('10대입니다.')
13 : elif age < 30:
14 :         print('20대입니다.')
15 : elif age < 40:
16 :         print('30대입니다.')
17 : else:
18 :     print('장년층입니다')
```

> **실행결과**
>
> 50보다 작군요
> 20보다 크군요
> 현재 나이를 입력합니다. 27
> 20대입니다.

02~03 : 다른 언어들은 중괄호를 사용하여 블록을 구분하지만 파이썬은 들여쓰기를 통해서 블록을 구분하는 아주 독특한 문법을 채용하고 있습니다. a가 50보다 적으면 조건에 맞는 내용을 출력합니다.

04~07 : if~else문 사용하여 a가 20보다 큰지 적은지 조건에 맞는 내용을 출력합니다.

09~18 : elif문으로 다른 언어에서는 else if으로 사용하지만 파이썬에서는 좀 특이하게 제공이 됩니다. 여러 가지 조건에 존재할 때 사용되는 조건문 입니다. 입력된 age값에 따라서 조건에 맞는 내용을 출력합니다.

03-2 for문

for문은 특정 코드를 지정한 횟수만큼 반복하는 문장입니다. 반복하는 기준은 변수의 크기나 숫자, 문자열의 길이 등 다양한 기준이 사용될 수 있습니다.

for문을 다양한 형태로 선언한 예제입니다.

01 다음과 같이 저장을 합니다.

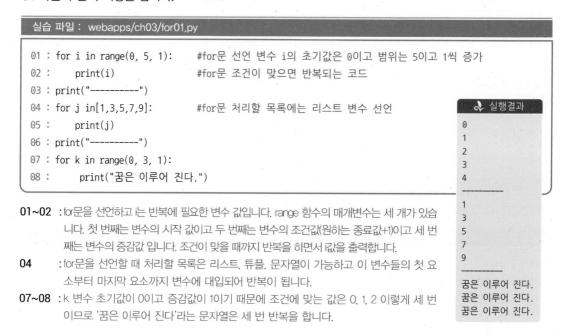

실습 파일 : webapps/ch03/for01.py

```
01 : for i in range(0, 5, 1):      #for문 선언 변수 i의 초기값은 0이고 범위는 5이고 1씩 증가
02 :     print(i)                   #for문 조건이 맞으면 반복되는 코드
03 : print("----------")
04 : for j in[1,3,5,7,9]:          #for문 처리할 목록에는 리스트 변수 선언
05 :     print(j)
06 : print("----------")
07 : for k in range(0, 3, 1):
08 :     print("꿈은 이루어 진다.")
```

실행결과
```
0
1
2
3
4
----------
1
3
5
7
9
----------
꿈은 이루어 진다.
꿈은 이루어 진다.
꿈은 이루어 진다.
```

01~02 : for문을 선언하고 는 반복에 필요한 변수 값입니다. range 함수의 매개변수는 세 개가 있습니다. 첫 번째는 변수의 시작 값이고 두 번째는 변수의 조건값(원하는 종료값+1)이고 세 번째는 변수의 증감값 입니다. 조건이 맞을 때까지 반복을 하면서 값을 출력합니다.

04 : for문을 선언할 때 처리할 목록은 리스트, 튜플, 문자열이 가능하고 이 변수들의 첫 요소부터 마지막 요소까지 변수에 대입되어 반복이 됩니다.

07~08 : k 변수 초기값이 0이고 증감값이 1이기 때문에 조건에 맞는 값은 0, 1, 2 이렇게 세 번이므로 '꿈은 이루어 진다'라는 문자열은 세 번 반복을 합니다.

for문을 이용하여 여러 가지 질문에 대한 답변을 구현하는 예제입니다.

01 다음과 같이 저장을 합니다.

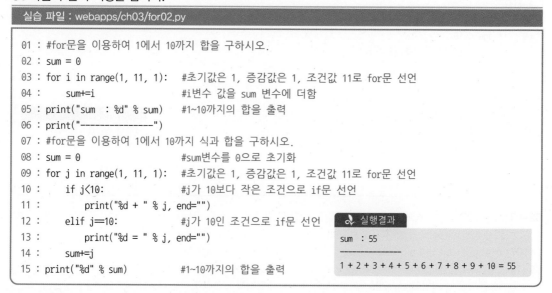

실습 파일 : webapps/ch03/for02.py

```
01 : #for문을 이용하여 1에서 10까지 합을 구하시오.
02 : sum = 0
03 : for i in range(1, 11, 1):     #초기값은 1, 증감값은 1, 조건값 11로 for문 선언
04 :     sum+=i                     #i변수 값을 sum 변수에 더함
05 : print("sum  : %d" % sum)      #1~10까지의 합을 출력
06 : print("--------------")
07 : #for문을 이용하여 1에서 10까지 식과 합을 구하시오.
08 : sum = 0                        #sum변수를 0으로 초기화
09 : for j in range(1, 11, 1):     #초기값은 1, 증감값은 1, 조건값 11로 for문 선언
10 :     if j<10:                   #j가 10보다 작은 조건으로 if문 선언
11 :         print("%d + " % j, end="")
12 :     elif j==10:                #j가 10인 조건으로 if문 선언
13 :         print("%d = " % j, end="")
14 :     sum+=j
15 : print("%d" % sum)             #1~10까지의 합을 출력
```

실행결과
```
sum  : 55
--------------
1 + 2 + 3 + 4 + 5 + 6 + 7 + 8 + 9 + 10 = 55
```

03~04 : 1에서 10까지 반복을 하는 for문을 선언하고 i값을 sum에 더함으로써 sum은 1에서 10까지 합계의 값이 계산이 되는 반복문 입니다.

09~14 : 1~10까지의 합계와 계산되는 식까지 요구되는 for문입니다. if문과 elif문을 사용하여 1에서 9까지는 숫자 뒤에 '+' 표현되고 10은 숫자 뒤에 '=' 표현되는 코드입니다.

03-3 while문

조건부 반복문 입니다. if문의 반복문 형태라고 할 수 있습니다. 조건을 지정하고 조건이 true일 때 실행되며, 조건이 false가 될 때까지 반복합니다. 따라서 조건이 false가 되지 않으면 무한루프(무한반복)가 발생하게 됩니다.

일반적인 while문 선언과 while안에 if문을 중첩으로 선언한 예제입니다.

01 다음과 같이 저장을 합니다.

실습 파일 : webapps/ch03/while01.py

```
01 : str = "꿈은 이루어 진다."                    #반복하고 싶은 문자열 선언
02 : i = 0
03 : while i<3:                                  #while문을 선언
04 :     print(str)
05 :     i = i + 1                               #i값을 1씩 증가
06 : print("---------------------------------")
07 : #while문으로 입력한 숫자만큼 str을 반복 출력하시오.
08 : i = int(input("반복 횟수 숫자를 입력합니다. "))   #사용자가 입력한 값을 정수로 리턴
09 : j = 1
10 : flag = True
11 : while flag:
12 :     j = j + 1             #j값을 1씩 증가
13 :     if i < j:            #만약 j가 i보다 크다는 조건의 if문 선언
14 :         flag = False     #flag 변수에 False값 대입
15 :     print(str)
```

실행결과

꿈은 이루어 진다.
꿈은 이루어 진다.
꿈은 이루어 진다.

반복 횟수 숫자를
입력합니다. 5
꿈은 이루어 진다.
꿈은 이루어 진다.
꿈은 이루어 진다.
꿈은 이루어 진다.
꿈은 이루어 진다.

03~05 : while문을 선언하고 파이썬의 특징인 들여쓰기를 통해서 중괄호 없이 사용하는 블록을 05라인까지 while문을 실행합니다.

11~15 : while문을 선언하고 조건을 boolean 타입의 변수로 지정하여 13라인에서 if문을 조건이 맞으면 boolean 타입의 변수를 False로 대입하여 반복을 종료하는 코드입니다.

03-4 break문

break는 반복문을 종료시킵니다. 반복문에 break를 기술할 경우 해당 반복문의 코드는 실행되지 않고 반복문을 빠져 나오게 됩니다.

for문과 while문에 break를 사용하여 반복을 종료하는 예제입니다.

01 다음과 같이 저장을 합니다.

실습 파일 : webapps/ch03/break01.py

```
01 : #for문과 break문을 이용하여 1에서 20까지 합이 100 보다 가장 가깝고 작은 합을 구하시오.
02 : sum , i = 0, 0                        #sum과 i를 변수를 각각 선언
03 : for i in range(1, 20, 1):             #초기값이 1이고 증감값이 1이면 19까지 반복
04 :     sum+=i
05 :     if sum>100:
06 :         break;                        #break 뒤에 ;을 사용
07 : sum-=i                               #현재의 i값을 마이너스
08 : print("%d" % sum)
09 : print("----------------")
10 : #while문과 break문을 이용하여 입력한 1에서 숫자만큼 합을 구하시오.
11 : sum, i = 0, 0
12 : j = int(input("숫자를 입력합니다. "))    #사용자가 입력한 값을 정수로 리턴
13 : while True:
14 :     if i<j:
15 :         i = i + 1
16 :         sum+=i;
17 :     elif i==j:
18 :         break
19 : print("1에서 %d까지의 합은 %d입니다." % (j, sum))
```

> ✄ 실행결과
>
> 91
> ────────────
> 숫자를 입력합니다. 5
> 1에서 5까지의 합은 15입니다.

03~06 : for문을 사용해서 1에서19까지 합을 구하지만 조건이 그 합계가 100을 넘게 되면 반복문을 종료시키기 위해서 06라인에 break를 사용하였습니다.

07 : 문제의 정답은 합이 100 보다 가장 가깝고 작은 합을 구하는 것이기 때문에 마지막에 더해준 i값을 빼줍니다.

13~18 : 사용자가 반복하고 싶은 값(i)을 입력하고 17라인에서 i과 j가 같으면 while문을 빠져 나오기 위해서 18라인에서 break를 사용하였습니다.

04 _ 파이썬 함수 사용법

함수는 순차적으로 진행되는 프로그램에서 일종의 중간 프로그램 같은 역할을 합니다. 그리고 대부분이 입력 값에 대해 어떠한 처리를 진행하고 결과 값을 제공을 합니다. 파이썬은 내장 함수로도 제공이 되고 또 사용자가 함수를 선언해서 사용 할 수 있습니다. 앞에서 콘솔창에 출력을 하는 기능인 print가 내장 함수로 제공되는 것입니다.

04-1 함수 선언하기

기본적인 함수를 선언하고 간단하게 함수를 호출하는 예제입니다.

01 다음과 같이 저장을 합니다.

실습 파일 : webapps/ch03/def01.py

```
01 : def mydef01():                          #인수 없는 함수 선언
02 :     print("함수를 선언합니다.")          #들여쓰기를 통해 함수 구현 부분
03 : mydef01()                               #함수를 호출
04 : def mydef02(str="인수함수를 선언합니다."):  #인수 있는 함수 선언
05 :     print(str)                          #인수로 받은 변수를 출력
06 : mydef02()
07 : mydef02("인수를 넣습니다.")
```

실행결과
```
함수를 선언합니다.
인수함수를 선언합니다.
인수를 넣습니다.
```

01~02 : mydef01 인수 없는 함수를 선언합니다. 02는 함수 구현부입니다.
04~05 : mydef02 인수 있는 함수를 선언합니다. str는 인수로써 기본 값을 가지고 있는 문자열 변수입니다.
06 : 인수 없이 mydef02 함수를 호출하면 str의 기본 값의 문자열로 사용이 됩니다.
07 : 문자열 인수를 넣어서 mydef02 함수를 호출 하였습니다. 인수는 str 변수에 대입됩니다.

04-2 함수 인수 사용하기

여러 개의 인수를 입력받아서 계산을 하는 함수를 선언하는 예제입니다.

01 다음과 같이 저장을 합니다.

실습 파일 : webapps/ch03/def02.py

```
01 : def mydef01():
02 :     i = 10
03 :     j = 20
```

```
04 :     print(i+j)
05 : mydef01()
06 : def mydef02(i, j):
07 :     print(i+j)
08 : mydef02(10, 20)
09 : # 계산할 숫자를 두 개 입력합니다.
10 : def mydef03(i, j , p):                          #세 개의 인수를 받는 함수 선언
11 :     if p == '+':
12 :         print(i+j)
13 :     elif p == '-':
14 :         print(i-j)
15 :     elif p == '*':
16 :         print(i*j)
17 :     elif p == '/':
18 :         print(i/j)
19 : n = int(input("첫 번째 숫자를 입력합니다. "))      #사용자가 첫 번째 숫자를 입력
20 : m = int(input("두 번째 숫자를 입력합니다. "))      #사용자가 두 번째 숫자를 입력
21 : p = input("연산자를 입력하세요(+,  -,  *,  /) ")   #사용자가 연산자를 입력
22 : mydef03(n, m, p)       #첫 번째 , 두 번째 , 연산자를 입력 받아서 함수 호출
```

> **▶ 실행결과**
> 30
> 30
> 첫 번째 숫자를 입력합니다.30
> 두 번째 숫자를 입력합니다.10
> 연산자를 입력하세요(+, -, *, /) *
> 300

01~04 : 인수 없는 함수를 선언합니다.

07~08 : 두 개의 숫자 인수를 받아서 계산을 하고 출력까지 하는 함수를 선언합니다.

10~18 : 세 개의 인수를 받는 함수를 선언합니다. 첫 번째와 두 번째 인수는 계산 할 숫자를 입력받고 세 번째는 인수는 연산자를 입력받습니다.

05 _ 파이썬 클래스와 모듈

05-1 클래스

클래스(class)는 프로그래밍 과정에서 객체를 정의하는 데이터와 이를 활용하는 기능을 가질 수 있는 구조를 의미합니다. 각 클래스는 객체의 상태를 정의할 수 있는 속성(attributes)과 객체의 기능을 정의하는 메서드(methods)를 가질 수 있는 구조 입니다.

객체의 속성과 객체의 기능인 메소드가 있는 클래스를 선언하고 그 클래스를 사용하여 객체를 생성하는 예제입니다.

01 다음과 같이 저장을 합니다.

실습 파일 : webapps/ch03/class01.py

```
01 : class AutoMobile:                     #클래스 선언
02 :     name = ""                         #객체의 문자열 속성 선언
03 :     velocity = 0                      #객체의 숫자 속성 선언
04 :     def velocityPlus(self):           #객체의 기능인 메소드 선언
05 :         self.velocity = self.velocity + 1
06 :         print("속도는 %d 입니다." % self.velocity)
07 :     def velocityDw(self):             #객체의 기능인 메소드 선언
08 :         self.velocity = self.velocity - 1
09 :         if self.velocity < 0:
10 :             self.velocity = 0
11 :         print("속도는 %d 입니다." % self.velocity)
12 : ac = AutoMobile()                     #객체 생성
13 : ac.velocityPlus()                     #메소드 호출
14 : ac.velocity = 20                      #객체 속성에 값을 대입
15 : ac.velocityDw()                       #메소드 호출
```

실행결과

속도는 1 입니다.
속도는 19 입니다.

01 : 클래스 AutoMobile을 선언 합니다.
02~03 : 두 개의 객체 속성인 변수를 선언합니다.
04~11 : 객체의 기능을 담당하는 메소드를 2개 선언합니다.
01~11 : 2개의 객체 속성과 2개의 메소드를 가진 클래스를 선언 합니다.
12 : 01~11라인에서 선언된 AutoMobile 클래스를 객체 생성하고 생성된 객체는 ac 변수로 접근해서 사용 합니다.
13~15 : 생성된 객체의 메소드와 속성을 ac라는 변수로 접근하여 호출하고 있습니다.

객체 생성 시 호출되는 특수 내장 함수인 __init__()과 self 기능을 사용한 예제입니다.

01 다음과 같이 저장을 합니다.

실습 파일 : webapps/ch03/class02.py

```
01 : class AutoMobile:
02 :     name = ""
03 :     velocity = 0
04 :     def __init__(self, str):
        #객체 생성 시 호출되는 특수 내장 함수, self는 객체 자신을 의미
05 :         self.name = str #str 문자열을 02라인의 name에 대입
06 :     def velocityPlus(self):
07 :         self.velocity = self.velocity + 1
08 :     def velocityDw(self):
09 :         self.velocity = self.velocity - 1
10 :         if self.velocity < 0:
11 :             self.velocity = 0
12 : ac = AutoMobile("소나타")          #문자열을 매개변수로 객체를 생성
13 : ac.velocity = 20
14 : ac.velocityPlus()
15 : print(ac.name+"의 속도는 %d 입니다." % ac.velocity)
```

🔖 실행결과
소나타의 속도는 21 입니다.

04~05 : __init__() 함수는 12라인에서 객체를 생성할 때 내부적으로 호출되는 특수 함수입니다. self는 객체를 생성했을 때 자기 자신을 뜻하는 의미 입니다.

12 : 문자열 매개변수로 AutoMobile 객체를 생성합니다. 내부적으로는 __init__() 함수를 호출합니다. 매개변수의 문자열은 name 변수의 값으로 대입됩니다.

05-2 모듈

모듈은 미리 작성된 함수 코드를 모아 놓은 파이썬 파일입니다. 파이썬에서는 모듈화를 통해서 미리 구현된 다양한 라이브러리를 사용할 수 있습니다. 또는 직접 모듈을 개발할 수도 있으며 파이썬 개발환경이 기본적으로 제공하고 있는 다양한 파이썬 모듈을 사용할 수 있습니다.

간단한 일반 함수 두 개를 포함하고 있는 모듈을 만드는 예제입니다.

01 다음과 같이 저장을 합니다.

실습 파일 : webapps/ch03/module01.py

```
01 : def mydef01():                  #함수 선언
02 :     print("일반 함수입니다.")
03 : def mydef02(n, m):              #매개변수 있는 함수 선언
04 :     print(n*m)
```

일반 함수 두 개를 선언한 module01.py 모듈을 사용한 예제입니다.

01 다음과 같이 저장을 합니다.

실습 파일 : webapps/ch03/module02.py

```
01 : import module01          #module01 모듈을 가져옵니다.
02 : import sys               #내장모듈 sys를 가져옵니다.
03 : import math              #내장모듈 math를 가져옵니다.
04 : module01.mydef01()       #module01.py에서 선언한 mydef01()을 호출
05 : module01.mydef02(10, 20) #module01.py에서 선언한 mydef02()을 호출
06 : print("---------------------")
07 : print(sys.builtin_module_names)  #시스템에서 제공하는 내장모듈 리스트
08 : print(round(3.14))       #math 모듈에서 제공하는 round 함수
```

실행결과

```
일반 함수입니다.
200
---------------------
('_abc', '_ast', '_bisect', '_blake2', '_codecs', '_codecs_cn', '_codecs_hk', '_codecs_iso2022', '_codecs_jp', '_codecs_kr', '_
codecs_tw', '_collections', '_contextvars', '_csv', '_datetime', '_functools', '_heapq', '_imp', '_io', '_json', '_locale', '_
lsprof', '_md5', '_multibytecodec', '_opcode', '_operator', '_pickle', '_random', '_sha1', '_sha256', '_sha3', '_sha512', '_
signal', '_sre', '_stat', '_string', '_struct', '_symtable', '_thread', '_tracemalloc', '_warnings', '_weakref', '_winapi',
'array', 'atexit', 'audioop', 'binascii', 'builtins', 'cmath', 'errno', 'faulthandler', 'gc', 'itertools', 'marshal', 'math',
'mmap', 'msvcrt', 'nt', 'parser', 'sys', 'time', 'winreg', 'xxsubtype', 'zipimport', 'zlib')
```

01 : module01.py에서 파일명이 모듈명입니다. module01 선언한 함수를 사용하기 위해 가져오기를 선언합니다.

02~03 : 파이썬에서 제공하는 내장모듈(sys, math)을 가져오기를 선언합니다.

04~05 : module01.py에서 선언한 함수를 두 개를 호출합니다. 01라인에서 module01을 가져오기를 했기 때문에 가능합니다.

07 : 시스템에서 제공하는 내장모듈 리스트 sys 모듈에서 제공되는 builtin_module_names 기능으로 출력합니다.

08 : math 모듈에서 제공되는 반올림 기능의 round 함수를 호출합니다.

05-3 라이브러리

라이브러리는 모듈과 모듈을 모여서 만든 개념이라고 생각하면 됩니다. 파이썬을 설치하면 자동적으로 내장모듈을 제공하지만 외부에서 제공되는 모듈도 존재를 합니다. 외부에서 제공되는 모듈을 사용하려면 외부 라이브러리 설치를 해야 합니다.

requests라는 외부 라이브러리를 설치하도록 하겠습니다. requests는 웹에 대해 요청을 해서 데이터를 가져오는 역할을 하는 라이브러리입니다.

▲ 외부 라이브러리 설치를 위한 실행 파일 위치

잠깐만!!

C:₩Users₩it₩AppData₩Local₩Programs₩Python₩Python37-32₩Scripts₩pip3 install requests
₩User 뒤에 it는 컴퓨터 사용자의 이름이므로 만약 본인의 컴퓨터가 Jung이면 C:₩Users₩Jung₩AppData... 이런 식으로 접근을 해야 합니다.

cmd에서 다음과 같이 명령어를 입력하여 requests 설치를 진행합니다.

```
pip3 install requests
```

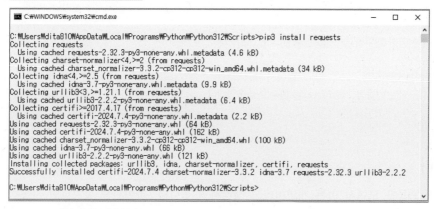

▲ requests 외부 라이브러리 설치

requests를 사용하여 지정한 url의 요청 정보를 출력하는 예제입니다.

01 다음과 같이 저장을 합니다.

실습 파일 : webapps/ch03/requests01.py

```
01 : import requests          #requests 라이브러리를 가져옵니다.
02 : url = 'http://jspstudy.co.kr'   #테스트 하고 싶은 url 선언
03 : movie = requests.get(url)       #요청 정보를 리턴
04 : print(movie.text)              #요청된 html 파일을 출력
```

실행결과

```
<!DOCTYPE HTML>
<html lang="ko">
<head>
<meta charset="utf-8">
<meta http-equiv="X-UA-Compatible" content="IE=edge" />
<link rel="shortcut icon" href="favicon.ico">
<title>JSPStudy</title>
<!-- smartEditor시작 -->
<script type="text/javascript" src="../se2/js/HuskyEZCreator.js" charset="utf-8"></script>
<script type="text/javascript" src="../se2/photo_uploader/plugin/hp_SE2M_AttachQuickPhoto.js" charset="utf-8"></script>
<!-- smartEditor끝-->
.......생략
```

01~04 : requests 외부라이브러리는 import하여 테스트 하고 싶은 url로 요청을 하여 html 코드를 리턴 받아서 콘솔 화면을 출력을 합니다.

3장의 내용만으로는 파이썬을 다 이해하기에는 턱없이 부족하지만 본 교재는 라즈베리 파이와 IoT 연동의 목적의 교재이므로 좀 더 파이썬을 깊고 넓게 공부를 하시려면 파이썬 전용 교재로 공부하시기 바랍니다.

Raspberry Pi

라즈베리 파이를 이용하여 LED, LCD, 각종 센서 등 여러 부품을 제어하기 위하여 기초적인 전자회로 이론 및 각 부품의 데이터시트를 활용하여 회로를 분석하는 방법을 익히도록 하겠습니다.

라즈베리 파이를 위한
전자 기초 배우기

01 _ 알기 쉬운 전자회로

다음 전기 회로 그림과 같이 간단히 배터리와 전구를 전선으로 연결하면 배터리에 저장된 전기 에너지가 흘러서 전구를 밝히는 빛에너지로 바뀌는 것을 알 수 있습니다. 이때 전구가 전기에너지를 소모 하므로 부하라고 하고 부하는 전류의 흐름을 방해하는 역할을 하는 저항이라고도 할 수 있습니다. 여기서 만약 전선이 중간에 끊어져 있다면 전류가 흐를 수 없어서 열린회로(Open Circuit)라고 부르고 반대로 전선이 연결되어 있는 경우 닫힌회로(Closed Circuit) 또는 폐회로라고 합니다. 전기회로는 닫힌회로를 의미합니다.

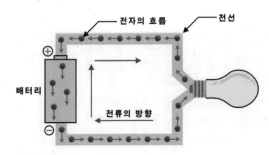

▲ 전기 회로

구분	기호	단위
전압	V(Voltage)	V(볼트)
전류	I(Intensity)	A(암페어)
저항	R(Resistance)	Ω(옴)

▲ 기호 및 단위

• **전류** : 강에 물이 흐르는 것과 같이 전선을 통해 흐르는 전기의 양을 나타냅니다. 전자의 흐름과는 방향이 반대이고, 단위는 암페어(A)로 표시합니다.

• **전압** : 전류가 흐를 때의 힘, 즉 전류의 압력이라고 할 수 있습니다. 전압이란 수압과 같은 것으로, 물이 높은 곳에서 낮은 곳으로 흐르는 것처럼 전류도 전압이 높은 곳에서 낮은 곳으로 흐릅니다. 그리고 전압을 '전위차' 라고도 부릅니다. 단위는 볼트(V)로 표시합니다.

※ 전위는 전하의 위치에너지이고, 전하는 전기를 표시하는 최소단위이다.

• **저항** : 전기의 흐름을 어렵게 만드는 방해 요소를 의미합니다. 저항이 작아 전기가 잘 흐르는 물질을 도체라고 하며, 저항이 커서 전기가 잘 흐르지 않는 물질을 부도체라고 하며 그 중간영역을 반도체라고 합니다. 단위는 옴(Ω)으로 표시합니다.

그러므로 전압이 높을수록, 저항이 작을수록 전류가 많아져서 전기의 힘은 커진다고 할 수 있습니다.

01-1 옴(Ohm)의 법칙

앞에서 배운 전압(V), 전류(I), 저항(R) 의 상관관계를 표현한 공식으로 다음과 같은 옴의 법칙을 나타낼 수 있습니다.

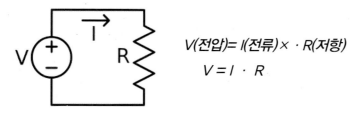

$V(전압) = I(전류) \times \cdot R(저항)$

$V = I \cdot R$

▲ 옴의 법칙

예를 들어서, 그림 4-3 과 같은 회로에서 1V 전압으로 1A 전류가 흐른다고 하면 저항의 값은 R = V / I = 1V / 1A 와 같아서 1 Ω이 됩니다.

실습 예제 4.1

어떤 회로에 전압 12[V] 배터리를 연결하고 회로의 저항을 측정해 보니 6[Ω]가 나왔다. 회로의 전류는 얼마입니까?

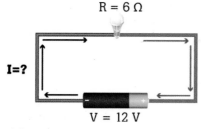

R = 6 Ω

I=?

V = 12 V

▲ 예제 4.1

TIP

단락과 단선

단선(Open) : 저항이 무한대로서 전류가 흐르지 않는 상태로 단선, Open이라고 부릅니다.
단락(Short) : 저항이 0에 가까워 높은 전류가 흘러서 합선, Short, 단락이라고 부릅니다.
　　　　　(테스트하는 경우에 절대로 +선과 − 선이 합선되지 않게 합니다.)

01-2 키르히호프(Kirchhoffs)의 법칙

(1) 전류의 법칙

키르히호프의 전류의 법칙은 전류가 흐르는 회로의 한 분기점에서 들어오는 전류의 합과 나가는 전류의 합은 같음을 의미합니다.

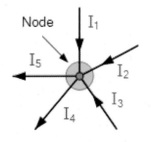

$$\Sigma \text{ IIN} = \Sigma \text{ IOUT}$$

$$I_1 + I_2 + I_3 = I_4 + I_5$$

: 폐회로의 접속점(Node)를 통해 들어오는 전류와 나가는 전류의 합은
같다.

※ Node : 노드는 회로에서 전선이나 저항 같은 부품들로 연결된 교차점이다.

▲ 전류법칙

(2) 전압의 법칙

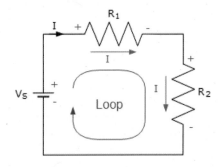

▲ 전압법칙

폐회로의 전원전압의 합은 폐회로내의 전압강화의 합과 같다.

위의 그림에서 전원전압은 Vs 하나만 있고 전압강화는 R1이나 R2에 걸리는 전압을 의미합니다. 그
래서 식으로 나타내면 다음과 같습니다.

Vs = V1 + V2 = IR1 +IR2 = I(R1 +R2)

Vs = IRt (Rt : 폐회로 내 전체저항)

Rt = (R1 + R2)

실습 예제 4.2

그림 4-7에서 회로에 흐르는 전류 I의 값과 R2에 걸리는 전압강화 V2 값은 ?

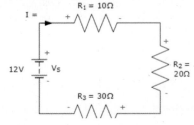

▲ 예제 4.2

02 _ 데이터시트와 회로를 참고하여 전자 부품 알아보기

02-1 브레드보드

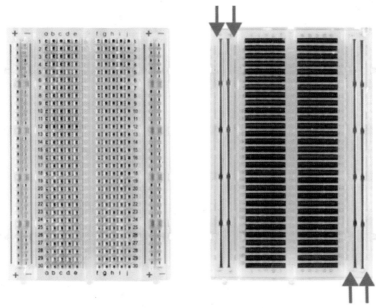

▲ 브레드보드

위의 그림처럼 양쪽 가장자리 부분의 + - 표시는 전원을 연결하는 곳으로 전원을 연결하면 되고 가운데 부분들은 가로로 5칸씩 연결되어 있고 이 가운데 부분에 전선, 부품 등을 꽂아서 연결하여 회로를 만듭니다.

02-2 저항

전기저항은 도체에서 전류의 흐름을 방해하는 정도를 나타내는 물리량입니다. 전기 회로 이론에서는 간단히 줄여 저항이라고 부릅니다. 예를 들어서 100 옴의 저항을 기호로 나타내면 다음 그림과 같습니다.

R = 100Ω   or   R = 100Ω

▲ 저항 기호

(1) 저항의 용량을 읽는 방법

브레드보드에 사용하는 다음 그림과 같은 고정저항은 저항의 용량을 저항 표면의 색 띠로 표시되어 있어서 색깔을 보고 저항의 용량을 판단할 수 있습니다.

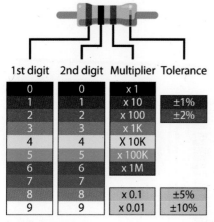

▲ 저항 Color Code

보통 저항의 금색 띠가 있는 부분이 뒷부분으로 앞부분부터 띠의 색깔을 보고 숫자를 판별 할 수 있습니다. 첫 번째 띠와 두 번째 띠는 숫자를 나타내는데 각각 십의자리 수와 일의 자리수를 나타내고 세 번째 띠는 10의 n승을 곱하는 배수입니다.

예를 들어서 갈색 검은색 갈색 금색 띠의 저항이 있으면 10(갈 검) X 10(갈) = 100 Ω을 의미 합니다. 다음 그림을 보고 저항용량이 얼마인지 확인해봅니다.

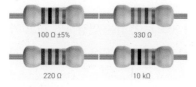

▲ 저항 용량

02-3 LED

▲ LED와 기호

LED란 「발광 다이오드」로 일컬어지는 반도체로, "Light Emitting Diode"의 약자입니다. 발광 다이오드는 전류가 흐르면 빛을 내는 다이오드란 뜻입니다.

LED는 우리 주위에서 쉽게 볼 수 있는 전자 부품인데 보통 전자제품에서 제품이 켜지거나 동작중임을 나타내는 인디케이터로 많이 사용됩니다. 또한 LED를 여러 개를 합쳐서 만든 FND(Flexible Numeric Display)는 숫자를 표현하는 용도로 많이 쓰입니다.

LED의 기호는 위의 4-12의 그림처럼 사용 합니다. 기호를 자세히 보면 삼각형 모양과 삼각형 꼭대기에 __ 기호가 있는 쪽이 (−)극을 의미하고 반대쪽이 (+) 극을 나타냅니다.

▲ LED의 극성

실제 LED를 자세히 보면 한쪽 다리가 다른 쪽 보다 길게 생겼는데 긴 쪽이 + 극(Anode)을 나타냅니다. 반대로 짧은 쪽이 − 극(Cathod)이고 극성에 맞게 연결해야만 합니다.

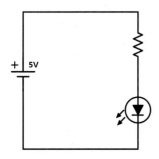

▲ LED 연결 회로도

위의 그림 4-15의 회로를 보고 브레드보드에 LED를 켜는 회로를 만들어 보겠습니다.

먼저 브레드보드에 전원을 연결 합니다. 5V전원을 가진 어댑터 등이 없으면 라즈베리 파이의 5V 전원을 이용해도 되겠습니다. 우선 라즈베리 파이의 전원을 연결하고 다음과 같이 브레드보드에 연결합니다.

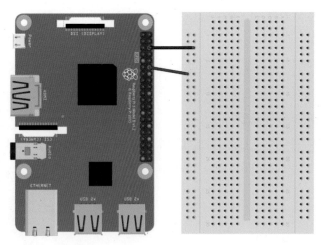

▲ 브레드보드 5V 연결

위의 4-16의 그림처럼 5V 전원을 브레드보드의 양쪽 사이드에 있는 곳에 연결하면 회로를 만들 때 (+ -)전원을 쉽게 연결 할 수 있습니다.

※ 주의 : 항상 + - 전원이 직접적으로 연결되어 쇼트가 나지 않도록 주의 합니다.

그림 4-15의 회로도에서 LED를 켜기 위해서는 LED의 특성과 저항의 용량을 선택해야 합니다. 그러기 위해서 우선 LED의 데이터시트(Datasheet)를 찾아 봐야 합니다. 데이터시트란 각 전자부품의 사용설명서와 같습니다. 같은 종류의 부품이라고 해도 부품의 제조사에 따라서 데이터시트가 다를 수 있기 때문에 전자부품을 사용하기 위해서 데이터시트를 우선적으로 찾는 것이 중요합니다.

Absolute Maximum Ratings: (Ta=25℃) .

ITEMS	Symbol	Absolute Maximum Rating	Unit
Forward Current	I_F	20	mA
Peak Forward Current	I_{FP}	30	mA
Suggestion Using Current	I_{su}	16-18	mA
Reverse Voltage (V_R=5V)	I_R	10	uA
Power Dissipation	P_D	105	mW
Operation Temperature	T_{OPR}	-40 ~ 85	℃
Storage Temperature	T_{STG}	-40 ~ 100	℃
Lead Soldering Temperature	T_{SOL}	Max. 260℃ for 3 Sec. Max. (3mm from the base of the expoxy bulb)	

▲ Forward Current

LED의 정확한 특성을 알기 위해서 LED의 데이터시트를 찾아보면 다음과 같은 표를 볼 수 있습니다. Absolute Maximum Ratings은 제품의 최대정격으로 그 이하로 사용해야 안전하다고 제조사에서 정해놓은 규격입니다. 표의 첫 번째 항목은 Forward Current 로 LED의 최대 허용 전류로써 20ma 이하로 사용하라는 것이고 기호를 IF로 나타냅니다.

그리고 아래 표에서 다른 항목을 보면 Forward Voltage 즉, 순방향 전압이 전류가 20ma 일 때 1.8V~2.2V 라는 것입니다.

ITEMS	Symbol	Test condition	Min.	Typ.	Max.	Unit
Forward Voltage	V_F	I_F=20mA	1.8	---	2.2	V
Wavelenength (nm) or TC(k)	$\Delta \lambda$	I_F=20mA	620	---	625	nm
*Luminous intensity	I_V	I_F=20mA	150	---	200	mcd
50% Viewing Angle	$2 \theta 1/2$	I_F=20mA	40	---	60	deg

▲ Forward Voltage

데이터시트를 보고 이 LED 의 특성이 전류 20mA 일 때 순방향 전압 약 2V 인 것을 알 수 있습니다.

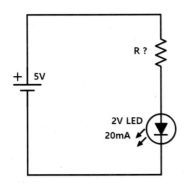

▲ LED 회로

LED에 순방향 전압 2V가 걸리기 때문에 전원 5V 에서 저항에 걸리는 전압은 (5V −2V = 3V) 즉, 3V 가 됩니다. 그런데 정격 전류는 20mA 이므로 옴의 법칙에 의해 R = V / I = 3V / 0.02A = 150 Ω 입니다. 그러므로 저항은 150Ω 이상으로 약 150Ω ~ 220Ω 정도로 고르면 됩니다.

이제 실제로 브레드보드에 다음 그림과 같이 연결 합니다.

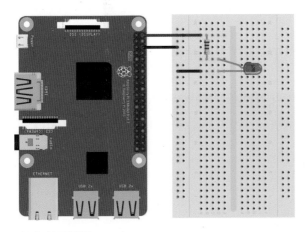

▲ 브레드보드에 연결

02-4 푸시 버튼 스위치

▲ Tact 스위치와 연결 방법

그림의 Tact 스위치는 4개의 핀들 중에 거리가 먼 핀들이 연결되어 있고 스위치를 누르면 모든 핀들이 연결되는 구조입니다.

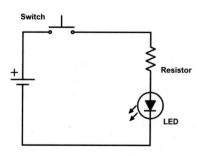

▲ 스위치 연결 회로도

실습 예제 4.3

위의 스위치 연결 회로도 그림을 보고 실제 브레드보드에 스위치를 추가하여 스위치를 눌렀을 때 LED의 불이 들어오는지 확인해 봅니다.

02-5 콘덴서

축전기(Capacitor : 커패시터) 또는 콘덴서(condenser) 라고 부르며 전기를 저장할 수 있는 장치입니다. 내부에 두개의 도체 판이 서로 마주보고 있는 구조로 되어 있고 여기에 직류전압을 걸면 음극에는 (−) 전하가 양극에는 (+) 전하가 모여서 전기 에너지가 저장됩니다. 이렇게 전기 에너지가 저장되는 동안에는 전류가 흐르는데 콘덴서의 용량만큼 저장된 이후에는 전류가 흐르지 않습니다.

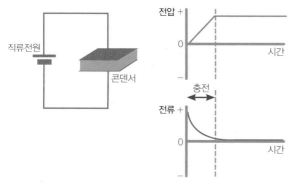

▲ 콘덴서에 직류전원 연결

콘덴서에 직류 전원을 연결하면 일정시간동안 충전되다가 전류가 흐르지 않는데, 만약 교류 전원을
연결하면 어떻게 될까요?

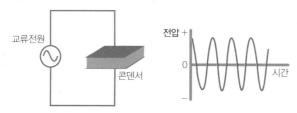

▲ 콘덴서에 교류전원 연결

위의 그림과 같이 교류전원을 연결하면 콘덴서는 충전과 방전을 반복하면서 전류가 흐르게 됩니다.
그래서 콘덴서의 특성이 직류는 차단하고 교류는 통과하는 것입니다.

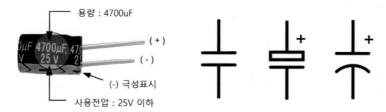

▲ 전해 콘덴서와 콘덴서 기호

콘덴서의 종류는 다양하게 많은데 그중에 많이 쓰이는 전해 콘덴서를 살펴보면 위의 사진처럼 콘덴
서 표면에 용량과 극성표시, 사용전압이 표시되어 있습니다.

콘덴서는 극성이 있는 콘덴서와 극성이 없는 콘덴서가 있는데 극성이 있는 콘덴서는 오른쪽 두 개처
럼 (+)극을 표시하여 표기해 나타냅니다.

콘덴서의 용량은 패럿 (farad, 기호 : F)로 나타냅니다.

패럿은 전기용량의 단위로, 영국의 물리학자인 마이클 패러데이의 이름을 따서 지어졌습니다.

1 패럿(F)은 콘덴서에 1 볼트(V)의 전위차를 걸어 주었을 때 1쿨롱(coulomb)의 전하를 충전시키는 전기 용량입니다.

보통 콘덴서의 용량은 피코, 나노, 마이크로 패럿으로 표기합니다.

마이크로 패럿 : Microfarad （μF） 1μF = 1/1,000,000 = 0.000001 = 10–6 F

나노 패럿 :Nanofarad （nF） 1nF = 1/1,000,000,000 = 0.000000001 = 10–9 F

피코 패럿 :Picofarad （pF） 1pF = 1/1,000,000,000,000 = 0.000000000001 = 10–12 F

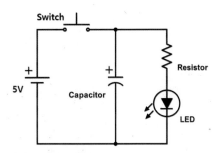

▲ 콘덴서 연결 회로도

실습 예제 4.4

위의 그림처럼 회로도를 보고 브레드보드에 실제 만들어서 스위치를 잠깐 동안 눌렀다가 떼면 LED가 어떻게 되는지 확인해 보고 그 이유를 생각해 봅시다.

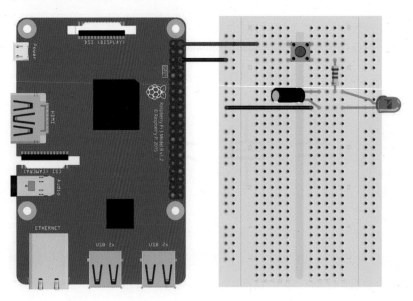

▲ 예제 4.4

02-6 트랜지스터(Transistor)

▲ 여러 종류의 트랜지스터

트랜지스터(transistor)는 게르마늄, 규소 등의 반도체를 이용하여 전자 신호 및 전력을 증폭하거나 스위칭 하는데 사용되는 반도체소자입니다. 간단히 말해서 트랜지스터의 기능은 크게 두 가지로 나눌 수 있습니다.

❶ 증폭기능
❷ 스위치 기능

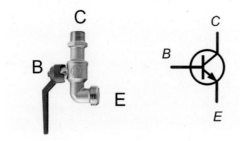

▲ 밸브와 트랜지스터 비교

트랜지스터는 3개의 다리(PIN)가 있는데 각 부분을 다음과 같이 물이 지나가는 파이프의 밸브에 비유할 수 있습니다.

• 콜렉터(Collector) : 밸브의 물이 들어가는 입구
• 에미터(Emitter) : 밸브의 물이 나가는 출구
• 베이스(Base) : 밸브를 열어주는 손잡이

동작은 밸브를 열면 콜렉터를 통해 물(전류)이 에미터로 흐르게 됩니다.

베이스에서 밸브를 조금만 돌려도 물은 많이 나오게 되는 것을 증폭 기능이라고 하고

밸브를 전혀 돌리지 않을 때 물은 차단되고(OFF) 밸브를 끝까지 열어서(ON) 물이 최대한 나오게 될 때 스위치 기능이라고 합니다. 실제로 밸브를 여는 힘은 베이스에서 에미터로 흐르는 전류 IB의 크기에 따라 결정되는데 잠긴 상태에서 전류 IB 가 일정 이상 커질때까지 밸브가 전혀 열리지 않는 상

태가 Cut-off 모드이고 이때 콜렉터에서 에미터로 흐르는 전류는 0이고 오픈 상태입니다. 반면에 전류 IB가 충분히 클 때는 Saturation 모드라 부르고 콜렉터에서 에미터는 쇼트상태입니다. 그러므로 Saturation 모드에서는 아무리 전류 IB를 많이 흘려도 콜렉터에서 에미터로 흐르는 전류는 IB 와 상관없이 외부회로의 저항에 따라서 결정됩니다.

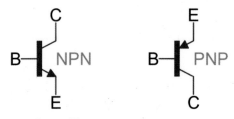
▲ NPN 과 PNP 타입

트랜지스터는 NPN 과 PNP 종류가 있는데 NPN은 베이스에서 에미터로 전류가 흐르면 동작하며 PNP 는 에미터에서 베이스로 전류가 흐르면 동작한다는 표시입니다.

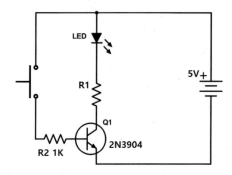
▲ 트랜지스터 동작회로

실습 예제 4.5

위 트랜지스터 동작원리 그림처럼 회로도를 보고 브레드보드에 실제 만들어서 스위치를 눌러서 트랜지스터를 동작시켜서 LED의 불을 켜고 꺼 봅시다.

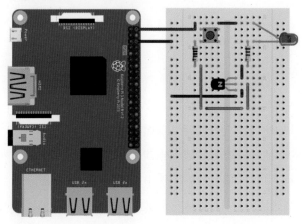
▲ 실습 4.5

02-7 다이오드(Diodes)

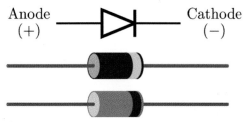

▲ 다이오드의 기호와 모양

다이오드는 애노드(+극)에서 캐소드(-극)으로 전류를 흐르게 하고 그 반대로는 전류가 흐리지 않게 합니다. 즉, 순방향으로는 전류가 잘 흐르지만 반대로 역방향으로는 전류가 흐르지 않도록 막습니다.

이상적인 다이오드 특성		
동작모드	On(순방향)	Off(역방향)
전류의 흐름	I 〉 0	I = 0
회로 특징	Short circuit	Open circuit

❶ 순방향 전압강화(Forward voltage : VF)

다이오드의 중요한 특성으로 순방향으로 연결해서 전류가 흐를 때 다이오드에서 전압이 0.2V ~0.7V 정도 전압 강하가 일어납니다. 예를 들어서 5V 전원에 VF가 0.7V인 다이오드를 순방향으로 연결하면 5V전원은 다이오드를 지난 후에 4.3V가 됩니다.

❷ 다이오드의 항복전압(Breakdown Voltage)

역방향으로 전압이 걸릴 때 역 전압이 매우 크면 다이오드가 견디지 못하고 역방향으로 전류를 흘리게 되는데 이때 걸리는 역 전압을 항복전압 이라고 합니다.

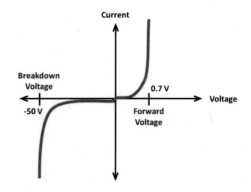

▲ 다이오드 특성

실제 다이오드 데이터시트를 찾아보겠습니다.

1N4148 이란 다이오드의 데이터시트를 찾기 위해서 구글 검색으로 1N4148을 검색해 보면 PDF로
여러 회사의 1N4148 제품의 데이터시트가 나옵니다.

▲ 1N4148 검색

그중에 하나를 선택해 보면 다음과 같은 데이터시트를 볼 수 있습니다.

ELECTRICAL CHARACTERISTICS (T_{amb} = 25 °C, unless otherwise specified)						
PARAMETER	TEST CONDITION	SYMBOL	MIN.	TYP.	MAX.	UNIT
Forward voltage	I_F = 10 mA	V_F			1000	mV
Reverse current	V_R = 20 V	I_R			25	nA
	V_R = 20 V, T_j = 150 °C	I_R			50	µA
	V_R = 75 V	I_R			5	µA
Breakdown voltage	I_R = 100 µA, t_p/T = 0.01, t_p = 0.3 ms	$V_{(BR)}$	100			V
Diode capacitance	V_R = 0 V, f = 1 MHz, V_{HF} = 50 mV	C_D			4	pF
Rectification effiency	V_{HF} = 2 V, f = 100 MHz	$η_r$	45			%
Reverse recovery time	I_F = I_R = 10 mA, i_R = 1 mA	t_{rr}			8	ns
	I_F = 10 mA, V_R = 6 V, i_R = 0.1 x I_R, R_L = 100 Ω	t_{rr}			4	ns
ABSOLUTE MAXIMUM RATINGS (T_{amb} = 25 °C, unless otherwise specified)						
PARAMETER	TEST CONDITION	SYMBOL	VALUE		UNIT	
Repetitive peak reverse voltage		V_{RRM}	100		V	
Reverse voltage		V_R	75		V	
Peak forward surge current	t_p = 1 µs	I_{FSM}	2		A	
Repetitive peak forward current		I_{FRM}	500		mA	
Forward continuous current		I_F	300		mA	
Average forward current	V_R = 0	$I_{F(AV)}$	150		mA	
Power dissipation	l = 4 mm, T_L = 45 °C	P_{tot}	440		mW	
	l = 4 mm, T_L ≤ 25 °C	P_{tot}	500		mW	

▲ 1N4148 다이오드의 데이터시트

위의 데이터시트에서는 보면 Forward voltage(VF)가 최대 1V 정도로 나타나 있습니다. 이 다이오
드의 항복전압(Breakdown voltage)은 100V로써 역방향으로 100V 이상이 걸리면 역방향으로 전류
가 흐르게 됩니다. 또한, 연속적으로 사용가능한 전류(Forward continuous current)는 300mA 이
하로 회로 설계 시에 300mA 이상의 전류가 흐른다면 보다 더 큰 전류를 사용가능한 다이오드로 교
체해야 합니다.

(1) 다이오드의 종류

▲ 다이오드 종류와 기호

❶ 범용 다이오드

범용 다이오드는 신호 다이오드(signal diodes)와 정류 다이오드(rectifier diodes)로 나눌 수 있는데 정류 다이오드는 신호 다이오드에 비해 높은 전압과 높은 전류를 사용할 수 있어 전원 회로 등에 많이 사용합니다.

❷ 발광 다이오드 (LED, Light-Emitting Diodes)

LED는 순방향 전압이 걸렸을 때 빛을 내는 다이오드로 VF는 일반 다이오드보다 커서 1.2~3V 정도이고 LED의 색깔 등에 따라 틀립니다.

❸ 쇼트키 다이오드(Schottky Diodes)

쇼트키 다이오드는 일반 다이오드보다 VF가 낮아서 0.15 ~ 0.45V 정도 입니다. 일반적인 실리콘 다이오드의 0.7V 에 비해 낮아서 역 전압을 방지하는 회로에서 전압강하가 낮도록 쇼트키 다이오드를 사용할 수 있습니다.

❹ 제너 다이오드(Zener Diodes)

제너 다이오드는 특이하게 항복전압을 이용하는 방식으로 사용하는데 역방향 항복전압이 일정해서 다른 다이오드와는 다르게 역방향으로 전압을 걸어서 사용합니다. 제너전압 이라고 불리는 특정 전압에 도달하면 전류에 상관없이 전압을 일정하게 유지하는 특성이 있어서 정전압을 만들거나 과전압으로부터 회로를 보호하는 용도로 사용합니다.

Raspberry Pi

파이썬 프로그래밍으로 라즈베리 파이의 GPIO를 제어해 보고 각종 센서 및 부품을 라즈베리 파이에 연결하여 동작시키는 방법을 알아보겠습니다.

라즈베리 파이
GPIO 및 센서 활용하기

01 _ GPIO 제어 및 테스트

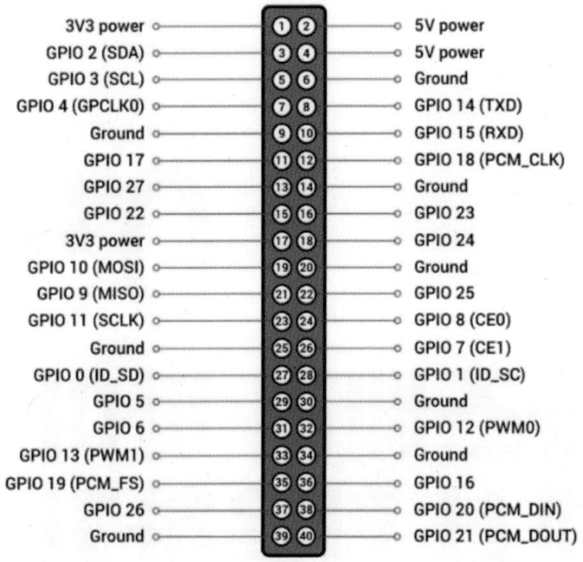

▲ 라즈베리 파이 5 GPIO PINOUT

라즈베리 파이의 2열의 헤더 핀들은 위의 그림과 같은 핀 배열을 가집니다. GPIO란 General Purpose Input Output의 약자로써 마이크로프로세서가 주변장치와 통신하기 위해 범용으로 사용되는 입출력(I/O) 포트[1]를 나타냅니다. GPIO 핀은 입력 또는 출력으로 설정하여 사용할 수 있습니다. GPIO 핀들 외에 5V 와 3.3V 의 전원용 핀이 각각 2개씩 있고 그라운드(GND) 핀들이 8개가 있습니다. GND핀들은 모두 연결되어 있으므로 어떤 것을 써도 상관없습니다. 라즈베리 파이의 GPIO 핀들은 3.3V를 기본 전압으로 사용하므로 3.3V가 아닌 5V 전압을 연결 할 때는 전압레벨을 3.3V로 낮춰야 하니 주의해야 합니다.

- 출력(Outputs) : GPIO를 출력으로 설정해서 low(0V) 나 High(3.3V)로 출력 합니다.
- 입력(Inputs) : GPIO를 입력으로 설정하여 전압 3.3V 를 입력받아 High 신호로 읽고 0V 입력을 받으면 Low 신호로 읽습니다.

그 외에 GPIO의 다른 기능으로 I2C, SPI, UART를 사용할 수 있는 핀들이 있는데 나중에 하나하나 살펴보겠습니다.

---

1) 포트(Port) : 전기적 신호 데이터가 오가는 통로

01-1 LED 실습

라즈베리 파이의 GPIO 출력을 제어하기 위해서 LED를 ON OFF 시켜 보겠습니다.

(1) 브레드보드 연결하기

• 준비물 : 저항 1KΩ , LED

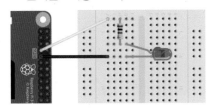

라즈베리 파이	LED
GPIO 4	+ 저항
GND	−

▲ LED 켜기 실습의 브레드보드 연결

위의 그림과 같이 브레드보드를 꾸미고 GPIO 4번 핀에 저항과 LED를 연결하겠습니다.

(2) 파이썬 프로그래밍 준비하기

파이썬으로 라즈베리 파이의 GPIO를 제어하기 위한 모듈로 가장 많이 쓰이는 RPI.GPIO를 사용해서 LED를 켜 보겠습니다. RPI.GPIO 모듈은 기본적으로 라즈비안 OS 설치 시 포함되어 있기 때문에 새로 설치할 필요는 없습니다.

❶ 지니(Geany) 프로그램 사용

우선 Python 프로그램을 작성하기 위해 라즈비안에 기본적으로 설치되어 있는 지니(Geany)프로그램을 실행합니다. 지니는 통합개발환경(IDE, Integrated Development Environment)으로 파이썬으로 스크립트를 작성하고 프로그램 실행까지 할 수 있습니다. 지니 프로그램을 사용하기 전에 간단히 설정할 것이 있는데, 프로그램 컴파일과 실행을 python3로 하기 위해서 다음과 같이 메뉴의 제작 => 빌드 설정으로 이동하여 설정합니다.

• Complie에서 python3으로 변경
• Execute에서 python3으로 변경

Geany로 프로그램 설정) ▶

LED_Blink.py 파일을 만들어 보겠습니다. webapps 폴더내에 ch05 폴더를 만들어 LED_Blink.py 를 저장합니다.

- 실습 파일 : /home/pi/webapps/ch05

❷ RPi.GPIO 라이브러리 사용법

한글주석을 위해 코드의 최상단에 "#-*- coding: utf-8 -*-"를 추가합니다.

```
#-*- coding:utf-8 -*-
```

라즈베리 파이로 하드웨어를 제어하기 위해 제일먼저 RPI.GPIO 모듈과 LED 켜고 끄는 시간을 설 정하기 위해 time 모듈을 다음과 같이 import 명령어로 불러 옵니다.

```
import RPi.GPIO as GPIO
import time
```

as 명령어로 RPI.GPIO 모듈 이름을 GPIO로 요약해서 쉽게 사용할 수 있습니다.

GPIO의 핀번호 설정은 두 가지가 있는데 BOARD 모드와 BCM 모드가 있습니다. BOARD 모드는 2 열 헤더 핀의 번호를 순서대로 나열한 것이고 BCM 모드는 약속된 GPIO 번호로 표시하는 것입니다. 여기서는 BCM 모드를 사용하겠습니다.

```
GPIO.setmode(GPIO.BOARD)
GPIO.setmode(GPIO.BCM)
```

사용하고자 하는 GPIO 채널을 출력으로 설정합니다.

```
GPIO.setup(channel, GPIO.OUT)     => 출력으로 사용하고자 할 때
```

GPIO 모드를 out으로 설정한 이후에 다음과 같이 사용합니다.

```
GPIO.output(channel, 1)          =>  High(3.3V)를 출력합니다.
GPIO.output(channel, 0)          =>  LOW(0V)를 출력합니다.
```

※ 1, 0 대신에 GPIO.HIGH / True , GPIO.LOW / False로 사용할 수 있습니다.

import time으로 불러온 time 모듈에서 1초간 시간을 대기하는 time.sleep(1)을 사용하여 1초간 대 기상태로 만듭니다.

```
time.sleep(1)
```

❸ RPIO 업데이트 하기 (OS Bookworm 이상만 업데이트)

※ 라즈베리파이 OS Bookworm 이상은 파이썬의 gpio 라이브러리를 제거하고 lgpio를 설치해 주세요.

01 python 라이브러리 gpio 삭제하기

```
$ sudo apt remove python3-rpi.gpio
```

```
admin@raspberrypi:~ $ sudo apt remove phthon3-rpi.gpio
패키지 목록을 읽는 중입니다... 완료
의존성 트리를 만드는 중입니다... 완료
상태 정보를 읽는 중입니다... 완료
```

02 python 라이브러리 lgpio 설치하기

```
$ sudo apt install python3-rpi-lgpio
```

```
admin@raspberrypi:~ $ sudo apt install python3-rpi-lgpio
패키지 목록을 읽는 중입니다... 완료
의존성 트리를 만드는 중입니다... 완료
상태 정보를 읽는 중입니다... 완료
```

03 python 바로가기(링크)를 변경한다.

※ 만약 파이썬 3.60이 설치되어 있다면 해당 버전에 맞게 링크를 설정해주면 됩니다.

```
$ sudo ln -f /usr/bin/python3.7 /usr/bin/python
```

(3) 파이썬 코드 작성하기

다음과 같이 코드를 작성하고 저장합니다.

실습파일: /home/pi/webapps/ch05/LED_Blink.py

```python
#-*- coding: utf-8 -*-

# 필요한 모듈을 불러옵니다.
import RPi.GPIO as GPIO
import time

# 사용할 GPIO핀의 번호를 선정합니다.(BCM 모드)
led_pin = 4                     #GPIO 4

# 불필요한 warning 제거
GPIO.setwarnings(False)

# GPIO핀의 번호 모드 설정
GPIO.setmode(GPIO.BCM)

# LED 핀의 IN/OUT 설정
GPIO.setup(led_pin, GPIO.OUT)

# 10번 반복문
for i in range(10):
    GPIO.output(led_pin,1)      # LED ON
    time.sleep(1)               # 1초동안 대기상태
    GPIO.output(led_pin,0)      # LED OFF
    time.sleep(1)               # 1초동안 대기상태
GPIO.cleanup()                  # GPIO 설정 초기화
```

코드 마지막에 GPIO.cleanup()은 스크립트 실행 시에 GPIO 모드 세팅 등을 초기화하고 리소스를
반환시켜서 중복 사용이나 GPIO핀 쇼트 등의 하드웨어적인 문제를 방지할 수 있습니다.

(4) 코드 실행하기

이제 완성된 스크립트를 실행하기 위해서 Geany에서
상단의 실행 아이콘을 클릭하면 스크립트가 실행되어서
LED가 10회 깜빡이는 것을 확인해 보겠습니다.

LED_Blink.py 실행하기 ▶

01-2 푸시 버튼 스위치 실습(Polling 방식)

라즈베리 파이의 GPIO 입력을 알아보기 위해 푸시 버튼 스위치를 연결해 Polling 방식으로 확인해
보겠습니다.

(1) 브레드보드 연결

• 준비물 : Tact 스위치

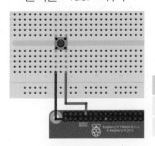

라즈베리 파이	스위치
GPIO 15	핀 연결
VCC(3.3V)	핀 연결

▲ 푸시 버튼 스위치 연결

만약에 푸시 버튼을 누르면 라즈베리 파이의 GPIO15 핀에 3.3V(1)의 입력이 들어올 것을 알 수 있
습니다. 그러면, 푸시 버튼을 누르지 않았을 때는 입력이 뭐가 될까요? 네, 푸시 버튼을 누르지 않
았을 때 GPIO15 핀은 플로팅(Floating) 상태가 되기 때문에 알 수가 없습니다. 이를 방지하기 위해
Pull up/down 하여 초기상태를 명확하게 해야 합니다. 라즈베리 파이에서는 내부적으로 Pull up/
down을 세팅할 수 있습니다.

(2) RPI.GPIO 라이브러리 사용법

GPIO 핀을 입력으로 하고 Pull up/down을 설정합니다.

```
GPIO.setup(channel, GPIO.IN, pull_up_down=GPIO.PUD_UP)      => 풀업 설정
GPIO.setup(channel, GPIO.IN, pull_up_down=GPIO.PUD_DOWN )   => 풀다운 설정
```

브레드보드 연결에서 스위치의 한쪽을 3.3V(1)에 연결했으므로 PUD_DOWN으로 설정합니다.
GPIO 핀의 입력상태를 체크하는 if문을 작성합니다.

```
if GPIO.input(channel) == GPIO.HIGH:
    print('HIGH')
else:
    print('LOW')
```

여기서 if문의 GPIO.HIGH는 1과 같습니다. 즉 입력핀에 3.3V 입력이 있으면 라즈베리 파이에서는
디지털 1로 받아들여서 HIGH(1)를 출력하고 아닐시에는 LOW(0)을 출력 합니다.

(3) 파이썬 코드 작성하기

다음과 같이 코드를 작성하고 저장합니다.

실습파일: /home/pi/webapps/ch05/Btn_Polling.py

```python
#-*- coding: utf-8 -*-

# 필요한 라이브러리를 불러옵니다.
import RPi.GPIO as GPIO
import time

# 사용할 GPIO 핀의 번호를 선정합니다.
button_pin = 15

# 불필요한 warning 제거
GPIO.setwarnings(False)

# GPIO핀의 번호 모드 설정
GPIO.setmode(GPIO.BCM)

# 버튼 핀의 입력설정 , PULL DOWN 설정
GPIO.setup(button_pin, GPIO.IN, pull_up_down=GPIO.PUD_DOWN)

while 1:  #무한반복
    # 만약 버튼핀에 High(1) 신호가 들어오면, "Button pushed!" 을 출력합니다.
    if GPIO.input(button_pin) == GPIO.HIGH:
        print("Button pushed!")
    time.sleep(0.1)    # 0.1초 딜레이
```

위의 무한반복문을 보면 계속해서 0.1초 간격으로 GPIO 버튼 핀을 확인해서 눌러졌으면 'Button pushed!'를 출력합니다. 이렇게 계속해서 입력을 확인하는 처리방식을 폴링(Polling)이라고 합니다. 이런 폴링방식의 입력에서는 버튼을 누르고 있으면 계속해서 'Button pushed!' 메시지가 출력됩니다. 또한 대기상태나 다른 작업을 하는 상황이라면 입력버튼을 눌러도 확인할 수 없습니다. 이러한 단점들을 방지하기 위해서 이벤트 알림방식의 처리방법도 알아보겠습니다.

(4) 코드 실행하기

※ 종료 시 CTRL+C로 키보드 인터럽트를 발생시켜 종료합니다. 다시 실행 시에는 Enter를 한번 누른 다음 실행해 줍니다.

▲ 실행결과

01-3 푸시 버튼 스위치 실습(Event 알림 방식)

라즈베리 파이의 GPIO 입력을 알아보기 위해 푸시 버튼 스위치를 연결해 Event 알림 방식으로 확인해 보겠습니다.

(1) RPI.GPIO 라이브러리 사용법

GPIO 핀이 상승(RISING)을 감지했을 때 즉, 입력 값이 0에서 1로 변했을 때 내가 정의한 함수를 실행합니다. 하강은(FALLING)을 사용합니다.

```
GPIO.add_event_detect(channel, GPIO.RISING, callback=my_callback)
```

callback 함수는 미리 정의해야 합니다.

(2) 파이썬 코드 작성하기

다음과 같이 코드를 작성하고 저장합니다.

실습파일: /home/pi/webapps/ch05/Btn_Event.py

```
#-*-coding:utf-8-*-

#필요한 라이브러리를 불러옵니다.
import RPi.GPIO as GPIO
```

```
import time
# button_callback 함수를 정의합니다.
def button_callback(channel):
    print("Button pushed!")
# 사용할 GPIO핀의 번호를 선정합니다.
button_pin = 15
# GPIO핀의 번호 모드 설정
GPIO.setmode(GPIO.BCM)
# 버튼 핀의 IN/OUT 설정 , PULL DOWN 설정
GPIO.setup(button_pin, GPIO.IN, pull_up_down=GPIO.PUD_DOWN)
# Event 방식으로 핀의 Rising 신호를 감지하면 button_callback 함수를 실행합니다.
GPIO.add_event_detect(button_pin,GPIO.RISING,callback=button_callback)
while 1:
    time.sleep(0.1) # 0.1초 딜레이
```

위의 무한반복문을 보면 계속 0.1초의 대기시간을 반복하지만 Event 방식의 신호 감지 시 미리 정의한 button_callback 함수를 실행해 줍니다. 결국 Polling 방식과는 다르게 입력을 계속 확인하지 않아도 입력 신호가 들어올 때 원하는 동작을 할 수 있습니다.

(3) 코드 실행하기

```
pi@raspberrypi:~/webapps_ch05 $ /bin/sh /tmp/geany_run_script_MH7HWZ.sh
Button pushed!
```

▲ 실행결과

이제 버튼을 계속 누르고 있어도 메시지가 한번만 출력됨을 알 수 있습니다. 입력 신호가 0에서 1로 변화하는 순간만을 감지하기 때문에 버튼에 손을 떼고 다시 누르지 않는 이상 여러번 메시지를 출력하지 않습니다.

01-4 푸시 버튼 입력으로 LED 실습

푸시 버튼 스위치를 연결해 Event 알림 방식으로 입력을 받아서 LED의 ON/OFF를 제어해 보겠습니다.

(1) 브레드보드 연결

• 준비물 : 저항 1KΩ, Tact 스위치, LED

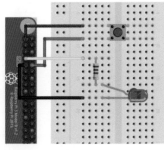

라즈베리 파이	스위치
GPIO 15	스위치 연결
VCC(3.3V)	스위치 연결
GPIO 4	저항
GND	LED −

▲ 브레드보드 연결

브레드보드를 연결했으면 스위치를 눌렀을 때 LED를 켜고 끄는 함수를 만들어 보겠습니다. 이벤트 알림 모드로 입력설정을 한다면 버튼을 눌렀을 때 LED를 켜고 다음번 버튼을 누르면 LED를 끌 수 있는 함수를 만들어 보겠습니다.

```python
# boolean 변수 설정
light_on = False
# button_callback 함수를 정의합니다.
def button_callback(channel):
    global light_on                # Global 변수선언
    if light_on == False:          # LED 불이 꺼져 있을 때
        GPIO.output(led_pin,1)     # LED ON
        print("LED ON!")
    else:                          # LED 불이 켜져 있을 때
        GPIO.output(led_pin,0)     # LED OFF
        print("LED OFF!")
    light_on = not light_on        # False <=> True
```

현재 LED가 불이 켜져 있는지 꺼져 있는지 상태를 확인할 수 있는 Bool 변수 light_on을 초기설정 False로 설정하겠습니다. 함수 내에서 변수를 수정할 수 있도록 global 선언을 합니다. if문으로 현재 LED 상태를 확인해서 불을 켜고 끄는 코드를 작성하고 마지막으로 light_on 변수의 상태를 반전시키면 되겠습니다.

실제로 버튼은 동작할 때 다음과 같은 Bouncing 현상이 일어나는데 이를 방지하기 위해 소프트웨어적으로 bouncetime을 설정하여 잘못된 신호 입력을 방지합니다.

▲ 버튼 바운싱

(2) 파이썬 코드 작성과 실행하기

다음과 같이 코드를 작성하고 저장합니다.

실습파일: /home/pi/webapps/ch05/Btn_LED.py

```python
#-*- coding: utf-8 -*-

# 필요한 라이브러리를 불러옵니다.
import RPi.GPIO as GPIO
import time

# 사용할 GPIO핀의 번호를 선정합니다.
button_pin = 15
led_pin = 4
# 불필요한 warning 제거
GPIO.setwarnings(False)
# GPIO핀의 번호 모드 설정
GPIO.setmode(GPIO.BCM)
# 버튼 핀의 INPUT설정 , PULL DOWN 설정
GPIO.setup(button_pin, GPIO.IN, pull_up_down=GPIO.PUD_DOWN)
# LED 핀의 OUT설정
GPIO.setup(led_pin, GPIO.OUT)

# boolean 변수 설정
light_on = False
# button_callback 함수를 정의합니다.
def button_callback(channel):
    global light_on                     # Global 변수선언
    if light_on == False:               # LED 불이 꺼져있을때
        GPIO.output(led_pin,1)          # LED ON
        print("LED ON!")
    else:                               # LED 불이 켜있을때
        GPIO.output(led_pin,0)          # LED OFF
        print("LED OFF!")
    light_on = not light_on             # False <=> True

# Event 알림 방식으로 GPIO 핀의 Rising 신호를 감지하면 button_callback 함수를 실행합니다. 300ms 바운스
타임을 설정하여 잘못된 신호를 방지합니다.
GPIO.add_event_detect(button_pin,GPIO.RISING,callback=button_callback, bouncetime=300)

while 1:
    time.sleep(0.1)                     # 0.1초 딜레이
```

코드 실행 결과는 다음과 같다.

▲ 실행결과

버튼을 누를 때 마다 LED가 켜지고 꺼짐을 반복하는 것을 알 수 있습니다.

02 _ PWM 제어

PWM(Pulse Width Modulation) 제어는 주기적으로 반복되는 ON OFF 신호를 통해서 모터, 팬의 속도나 LED 등의 밝기 등을 제어 할 수 있습니다. 반복되는 Pulse 신호의 주기에서 ON 신호가 지속되는 시간의 비율을 Duty Cycle 이라고 하며 이 듀티비가 클수록 팬속도나 LED의 밝기가 커집니다.

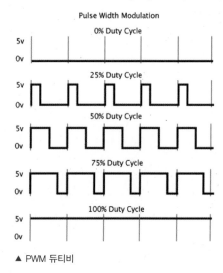

▲ PWM 듀티비

02-1 PWM으로 LED 실습

(1) 브레드보드 연결

• 준비물 : 저항 1KΩ , LED

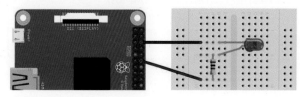

▲ LED 연결

라즈베리 파이	스위치
GPIO 18	+
GND	−

(2) PWM 라이브러리 사용법 (RPI.GPIO)

PWM 인스턴스 p를 생성합니다. (핀번호, 주파수) 설정

```
p = GPIO.PWM(channel, frequency)
```

PWM을 시작합니다.

```
p.start(dc)    # 듀티비 dc는 0에서 100사이의 값
```

주파수를 설정합니다.

```
p.ChangeFrequency(freq)    # 주파수(Hz) 변경
```

듀티비를 변경합니다.

```
p.ChangeDutyCycle(dc)  #  0 <= dc <= 100.0
```

PWM을 종료합니다.

```
p.stop()
```

p.stop()

(3) 파이썬 코드 작성하기

다음과 같이 코드를 작성하고 저장합니다.

실습파일: /home/pi/webapps/ch05/PWM_LED.py

```python
#-*- coding: utf-8 -*-

# 필요한 라이브러리를 불러옵니다.
import RPi.GPIO as GPIO
import time

# 불필요한 warning 제거,  GPIO핀의 번호 모드 설정
GPIO.setwarnings(False)
GPIO.setmode(GPIO.BCM)

# GPIO 18번 핀을 출력으로 설정
GPIO.setup(18, GPIO.OUT)
# PWM 인스턴스 p를 만들고  GPIO 18번을 PWM 핀으로 설정, 주파수  = 50Hz
p = GPIO.PWM(18, 50)

p.start(0)  # PWM 시작  , 듀티비  = 0

try:
    while 1:
        for dc in range(0, 101, 5):        # dc의 값은  0에서 100까지 5만큼 증가
            p.ChangeDutyCycle(dc)          # dc의 값으로 듀티비 변경
            time.sleep(0.1)                # 0.1초 딜레이
        for dc in range(100, -1, -5):      # dc의 값은  100에서 0까지 5만큼 감소
            p.ChangeDutyCycle(dc)          # dc의 값으로 듀티비 변경
            time.sleep(0.1)                #  0.1초 딜레이
```

```
except KeyboardInterrupt:          # 키보드 CTRL+C 눌렀을 때 예외발생
    pass                           # 무한반복을 빠져나와 아래의 코드를 실행
p.stop()                           # PWM을 종료
GPIO.cleanup()                     # GPIO 설정을 초기화
```

(4) 코드 실행하기

작성한 파이썬 스크립트를 실행시키면 브레드보드에 연결한 LED가 밝아졌다가 어두워지는 것을 반복하게 됩니다. 자세히 동작하는 것을 확인해 보고 스크립트에서 듀티비나 딜레이 시간을 변화시켜서 LED의 점멸이 어떻게 바뀌는지도 확인해 보겠습니다.

```
파일(F) 편집(E) 찾기(S) 보기(V) 문서(D) 프로젝트(P) 제작(B) 도구(T) 도움말(H)

PWM_LED.py
1   #-*-coding:utf-8
2
3   # 필요한 라이브러리를 불러옵니다.
4   import RPi.GPIO as GPIO
5   import time
6
7   # 불필요한 warning 제거, GPIO핀의 번호 모드 설정
8   GPIO.setwarnings(False)
9   GPIO.setmode(GPIO.BCM)
10
11  # GPIO 18번 핀을 출력으로 설정
12  GPIO.setup(18, GPIO.OUT)
13  # PWM 인스턴스 p를 만들고 GPIO 18번을 PWM 핀으로 설정, 주파수 = 50Hz
14  p = GPIO.PWM(18, 50)
15
16  p.start(0) # PWM 시작 , 듀티비 = 0
17
18  try:
19      while 1:
20          for dc in range(0, 101, 5):  # dc의 값은 0에서 100까지 5만큼 증가
21              p.ChangeDutyCycle(dc)    # dc의 값으로 듀티비 변경
22              time.sleep(0.1)          # 0.1초 딜레이
23          for dc in range(100, -1, -5):# dc의 값은 100에서 0까지 5만큼 감소
24              p.ChangeDutyCycle(dc)    # dc의 값으로 듀티비 변경
25              time.sleep(0.1)          # 0.1초 딜레이
26
27  except KeyboardInterrupt: # 키보드 Ctrl+C 눌렀을때 예외발생
28      pass        # 무한반복을 빠져나와 아래의 코드를 실행
29  p.stop()        # PWM를 종료
30  GPIO.cleanup()  # GPIO 설정을 초기화

상태   pi@raspberrypi: ~; $~~$
       pi@raspberrypi: ~ $ bash & /bin/sh /tmp/geany_run_script.IM2HUZ.sh
```

▲ Geany에서 파이썬 스크립트 실행

실행 시 LED 불빛이 점차적으로 커졌다가 작아지는 것을 반복하는지 확인해 보겠습니다.

※종료 시 Ctrl + C 로 키보드 인터럽트를 발생시켜 종료 합니다. 다시 실행 시에는 Enter 를 한번 누른 다음 실행해 줍니다.

02-2 PWM으로 부저 실습

▲ 부저 모듈

• 부저의 종류

– Active : LED의 ON/OFF처럼 일정한 전원만 가해주면 소리가 납니다.

– Passive : 전원만 가해서는 소리가 나지 않고 일정한 주파수일 때 소리가 나는데 주파수의 높낮이에 따라 음을 조정할 수 있습니다.

우리가 제어하려는 부저는 Passive 부저입니다.

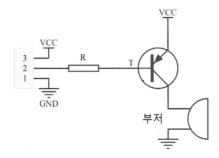

▲ Passive 부저 모듈 회로도

부저 모듈의 회로도를 보면 부저 위쪽에 앞장에서 배운 PNP 트랜지스터가 이 회로의 스위치 역할을 한다는 것을 알 수 있습니다. 라즈베리 파이의 GPIO 핀으로 부저 모듈의 2번 I/O 핀에 연결하여 GPIO의 핀을 High(3.3V) 신호를 보내면 저항 R을 거쳐서 트랜지스터의 BASE에 전류가 흐르면 트랜지스터가 ON이 되어 부저에 전원이 연결되고 반대로 LOW(0V,GND) 신호를 주게 되면 BASE에 전류가 흐르지 않아서 트랜지스터가 OFF 상태가 됩니다.

그러므로 부저 모듈의 I/O 핀에 PWM 신호를 넣으면 Passive 부저를 울릴 수 있습니다.

라즈베리 파이의 GPIO핀 하나의 허용전류는 16mA 로써 그보다 큰 전류를 사용하는 기기를 연결할 때에는 이렇게 트랜지스터 등을 이용하여 라즈베리 파이의 GPIO로 허용전류보다 높은 전류가 흐르지 않도록 보호해야 합니다.

(1) 브레드보드 연결

• 준비물 : 부저 모듈

라즈베리 파이	스위치
VCC(3.3V)	VCC
GPIO 18	I/O
GND	GND

▲ 부저 모듈 연결

(2) 파이썬 코드 작성하기

(단위 : Hz)

옥타브 음계	1	2	3	4	5	6	7	8
C(도)	32.7032	65.4064	130.8128	261.6256	523.2511	1046.502	2093.005	4186.009
C#	34.6478	69.2957	138.5913	277.1826	554.3653	1108.731	2217.461	4434.922
D(레)	36.7081	73.4162	146.8324	293.6648	587.3295	1174.659	2349.318	4698.636
D#	38.8909	77.7817	155.5635	311.1270	622.2540	1244.508	2489.016	4978.032
E(미)	41.2034	82.4069	164.8138	329.6276	659.2551	1318.510	2637.020	5274.041
F(파)	43.6535	87.3071	174.6141	349.2282	698.4565	1396.913	2793.826	5587.652
F#	46.2493	92.4986	184.9972	369.9944	739.9888	1479.978	2959.955	5919.911
G(솔)	48.9994	97.9989	195.9977	391.9954	783.9909	1567.982	3135.963	6271.927
G#	51.9130	103.8262	207.6523	415.3047	830.6094	1661.219	3322.438	6644.875
A(라)	55.0000	110.0000	220.0000	440.0000	880.0000	1760.000	3520.000	7040.000
A#	58.2705	116.5409	233.0819	466.1638	932.3275	1864.655	3729.310	7458.620
B(시)	61.7354	123.4708	246.9417	493.8833	987.7666	1975.533	3951.066	7902.133

▲ 음계 주파수

위의 음계 주파수를 보고 4옥타브 "도 레 미 파 솔 라 시"와 5옥타브 도까지 주파수를 조정하여 소리가 나게 해 보겠습니다.(주파수의 소수점은 반올림 하고, 음과 음 사이는 0.5초의 시간 간격으로 합니다.) 다음과 같이 코드를 작성하고 저장합니다.

실습파일: /home/pi/webapps/ch05/PWM_Buzzer.py

```
#-*- coding: utf-8 -*-

# 필요한 라이브러리를 불러옵니다.
import RPi.GPIO as GPIO
import time

# 불필요한 warning 제거,  GPIO핀의 번호 모드 설정
GPIO.setwarnings(False)
GPIO.setmode(GPIO.BCM)

# GPIO 18번 핀을 출력으로 설정
GPIO.setup(18, GPIO.OUT)
# PWM 인스턴스 p를 만들고  GPIO 18번을 PWM 핀으로 설정, 주파수  = 100Hz
p = GPIO.PWM(18, 100)

# 4옥타브 도~시 , 5옥타브 도의 주파수
Frq = [ 262, 294, 330, 349, 392, 440, 493, 523 ]
speed = 0.5 # 음과 음 사이 연주시간 설정 (0.5초)

p.start(10)  # PWM 시작 , 듀티사이클 10 (충분)

try:
    while 1:
        for fr in Frq:
            p.ChangeFrequency(fr)      #주파수를 fr로 변경
            time.sleep(speed)          #speed 초만큼 딜레이 (0.5s)
```

```
except KeyboardInterrupt:          # 키보드 CTRL+C 눌렀을때 예외발생
    pass                           # 무한반복을 빠져나와 아래의 코드를 실행
p.stop()                           # PWM을 종료
GPIO.cleanup()                     # GPIO 설정을 초기화
```

(3) 코드 실행하기

실행하여 정확한 음의 소리가 나는지 보고 주파수나 딜레이 시간을 변경해서 원하는 소리가 나는지
확인해 보겠습니다.

```
PWM_BUZZER.py ×
1    #-*-coding:utf-8
2
3    import RPi.GPIO as GPIO
4    import time
5
6    GPIO.setwarnings(False)
7    GPIO.setmode(GPIO.BCM)
8    GPIO.setup(18, GPIO.OUT) # GPIO 18번 핀을 출력으로 설정
9    p = GPIO.PWM(18, 100) # GPIO 18번을 PWM 핀으로 설정하고 , 주파수 = 100Hz
10
11   # 4옥타브 도 ~ 시 , 5옥타브 도
12   Frq = [ 262, 294, 330, 349, 392, 440, 493, 523 ]
13   speed = 0.5  # 음과 음사이의 딜레이 시간 설정
14
15   p.start(10) # PWM 시작 , 듀티비 10
16
17   try:
18       while 1:
19           for fr in Frq:
20               p.ChangeFrequency(fr) #주파수를 fr로 변경
21               time.sleep(speed)
22
23   except KeyboardInterrupt:   # 키보드 Ctrl+C 눌렀을때 예외발생
24       pass                    # 무한반복을 빠져나와 아래의 코드를 실행
25   p.stop()                    # PWM을 종료
26   GPIO.cleanup()              # GPIO 설정을 초기화
27
```

▲ Geany에서 프로그램 실행

02-3 PWM으로 서보모터 실습

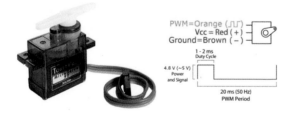

▲ SG-90 서보모터

각도	듀티비
0	2.5
90	7.5
180	12.5

주파수 50hz의 PWM 신호의 듀티비에 따른 서보모터의 각도는 위의 표와 같으므로 서보모터를 라
즈베리 파이에 연결하여 듀티비(Duty Cycle)을 변화시키는 스크립트를 작성하여 서보모터가 원하는
각도만큼 움직이는지 확인해 보겠습니다.

(1) 브레드보드 연결

- 준비물 : 서보모터(SG-90)

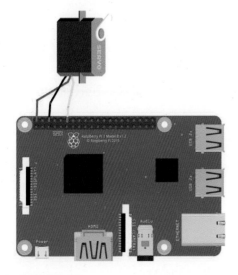

라즈베리 파이	SG-90 서보모터
VCC(5V)	빨간색
GPIO 18	노란색
GND	검은색

▲ 라즈베리 파이에 연결

(2) 파이썬 코드 작성하기

다음과 같이 코드를 작성하고 저장합니다.

실습파일: /home/pi/webapps/ch05/PWM_Servo.py

```
#-*- coding: utf-8 -*-

# 필요한 라이브러리를 불러옵니다.
import RPi.GPIO as GPIO
import time

#서보모터를 PWM으로 제어할 핀 번호 설정
SERVO_PIN = 18

# 불필요한 warning 제거
GPIO.setwarnings(False)

# GPIO핀의 번호 모드 설정
GPIO.setmode(GPIO.BCM)

# 서보핀의 출력 설정
GPIO.setup(SERVO_PIN, GPIO.OUT)

# PWM 인스턴스 servo 생성, 주파수 50으로 설정
servo = GPIO.PWM(SERVO_PIN,50)
# PWM 듀티비 0 으로 시작
servo.start(0)
```

```
try:
    while True:
        # 듀티비를 변경하여 서보모터를 원하는 만큼 움직임
        servo.ChangeDutyCycle(7.5)  # 90도
        time.sleep(1)
        servo.ChangeDutyCycle(12.5) # 180도
        time.sleep(1)
        servo.ChangeDutyCycle(2.5)  # 0도
        time.sleep(1)

except KeyboardInterrupt:
        servo.stop()
        GPIO.cleanup()
```

(3) 코드 실행하기

작성한 파이썬 소스를 Geany에서 실행하여 서보모터가 PWM 듀티비에 맞는 각도만큼 움직이는 것을 확인해 보겠습니다.

```
PWM_SERVO.py ✕
 3    # 필요한 라이브러리를 불러옵니다.
 4    import RPi.GPIO as GPIO
 5    import time
 6
 7    #서보모터를 PWM으로 제어할 핀번호 설정
 8    SERVO_PIN = 12
 9
10    # 불필요한 warning 제거
11    GPIO.setwarnings(False)
12
13    # GPIO핀의 번호 모드 설정
14    GPIO.setmode(GPIO.BCM)
15
16    # 서보핀의 출력 설정
17    GPIO.setup(SERVO_PIN, GPIO.OUT)
18
19    # PWM 인스턴스 servo 생성, 주파수 50으로 설정
20    servo = GPIO.PWM(SERVO_PIN,50)
21    # PWM 듀티비 0 으로 시작
22    servo.start(0)
23
24
25    try:
26        while True:
27            # 듀티비를 변경하여 서보모터를 원하는 만큼 움직임
28            servo.ChangeDutyCycle(7.5)
29            time.sleep(1)
30            servo.ChangeDutyCycle(12.5)
31            time.sleep(1)
32            servo.ChangeDutyCycle(2.5)
33            time.sleep(1)
34
35    except KeyboardInterrupt:
36            servo.stop()
37            GPIO.cleanup()
```

▲ Geany에서 실행

03 _ 초음파센서(HC-SR04) 실습

(1) 초음파센서의 원리

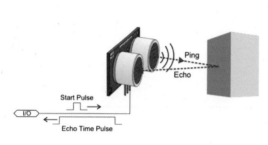

▲ HC-SR04 동작원리

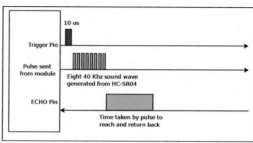

▲ HC-SR04 동작타이밍

초음파센서의 원리는 위의 동작원리에서 보듯이 Triger Pin 에 스타트 펄스 신호를 주면 HC-SR04 에서 사운드웨이브를 전방으로 쏘아서 물체에 반사되어 돌아오는 시간만큼 Echo 핀으로 펄스신호 를 보냅니다. 이때, 소리의 속도는 340m/s로 일정하므로 초음파를 발사하고 Echo핀으로 다시 돌아 오는 시간을 588μs라고 한다면 다음과 같은 공식으로 물체와의 거리를 알 수 있습니다.

물체와의 거리 = 소리의 속도 X (걸린 시간/2)
        = 340m/s X (588μs / 2) = 10cm

Working Voltage	DC 5 V
Working Current	15mA
Working Frequency	40Hz
Max Range	4m
Min Range	2cm
MeasuringAngle	15 degree
Trigger Input Signal	10uS TTL pulse
Echo Output Signal	Input TTL lever signal and the range in proportion
Dimension	45*20*15mm

▲ HC-SR04 특성

위의 데이타시트에서 HC-SR04 센서의 특징을 보면 측정거리는 2~400cm 정도에 전방으로 15도 각도 이내로 측정 가능함을 알 수 있습니다.

(2) 브레드보드 연결

- 준비물 : HC-SR04, 1k 저항, 2K 저항, 연결선

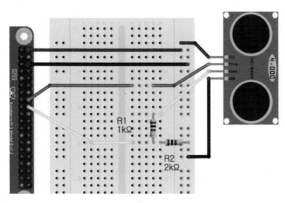

▲ 브레드보드에 초음파센서 연결

라즈베리 파이	초음파센서
VCC(5V)	VCC
GPIO 23	Trigger 핀
GPIO 24	Echo 핀
GND	GND

> **TIP**
>
> 5V를 3.3V로 낮추는 방법 (참고)
> 라즈베리 파이의 GPIO 핀은 3.3V 이상 입력하면 안되므로 5V로 동작하는 HC-SR04에서 나오는 Echo 핀의 신호를 5V=>3.3V 로 전압을 낮추어 입력을 받아야 합니다.
> 그러므로 아래의 회로와 같이 5V의 전압을 전압분배로 낮추는 회로를 추가 합니다.
>
>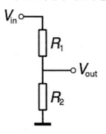
>
> ▲ Echo 핀 전압분배
>
> 위의 그림에서 Vin= 5V , R1 = 1K , R2 = 2K라 할 때
> Vout = Vin X R2/(R1+R2) = 5 X 2 / 3 = 3.33 V입니다.
> 여기서 Vin은 Echo 핀이고 Vout은 라즈베리 파이의 입력 핀이 됩니다.

(3) 파이썬 코드 작성과 실행하기

다음과 같이 코드를 작성하고 저장합니다.

실습파일: /home/pi/webapps/ch05/HC_SR04.py

```
#-*- coding: utf-8 -*-

# 필요한 라이브러리를 불러옵니다.
import RPi.GPIO as GPIO
import time


GPIO.setmode(GPIO.BCM)
```

```
GPIO.setwarnings(False)

#센서에 연결한 Trig와 Echo 핀의 핀 번호 설정
TRIG = 23
ECHO = 24
print("Distance measurement in progress")

#Trig와 Echo 핀의 출력/입력 설정
GPIO.setup(TRIG,GPIO.OUT)
GPIO.setup(ECHO,GPIO.IN)

#Trig핀의 신호를 0으로 출력
GPIO.output(TRIG, False)
print("Waiting for sensor to settle")
time.sleep(2)

try:
    while True:
        GPIO.output(TRIG, True)              # Triger 핀에 펄스신호를 만들기 위해 1 출력
        time.sleep(0.00001)                  # 10㎲ 딜레이
        GPIO.output(TRIG, False)

        while GPIO.input(ECHO)==0:
            start = time.time()              # Echo 핀 상승 시간
        while GPIO.input(ECHO)==1:
            stop= time.time()                # Echo 핀 하강 시간

        check_time = stop - start
        distance = check_time * 34300 / 2
        print("Distance : %.1f cm" % distance)
        time.sleep(0.4)                      # 0.4초 간격으로 센서 측정

except KeyboardInterrrupt:
    print("Measurement stopped by User")
    GPIO.cleanup()
```

실행 결과는 다음과 같습니다.

▲ 실행결과

04 _ PIR 센서(HC-SR501) 실습

Weight	6 g
Dimensions	32 x 24 x 35 mm
OPERATING VOLTAGE	4.5~20 Volt.
LENS ANGLE	<100 ° cone angle
QUIESCENT CURRENT	<50uA
LEVEL OUTPUT	High 3.3 V /Low 0V
DELAY TIME	5-200S(adjustable)

▲ HC-SR501 센서

적외선 인체감지 센서(PIR 센서, Passive Infrated Sensor)는 적외선을 통해 사람의 움직임을 감지하는 센서입니다. 건물의 복도나 현관문 천장에 있는 조명 등에 설치되어 사람의 움직임이 감지되면 자동으로 조명을 켜주는데 이용되는 센서입니다. 즉 감지 각도범위 안에 적외선의 변화가 있을시 High(1)신호를 출력하고 없을시 Low(0) 신호를 출력합니다.

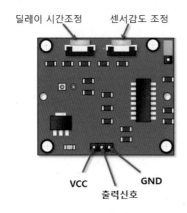

▲ HC-SR501 조정 및 연결 방법

(1) 브레드보드 연결

- 준비물 : PIR 센서(HC-SR501), 노란색 LED, 빨간색 LED, 연결선

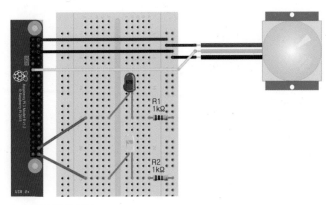

라즈베리 파이	초음파 센서
VCC(5V)	VCC
GPIO 17	OUT
GPIO 20	LED(Red) +
GPIO 21	LED(Yellow) +
GND	GND

▲ 브레드보드에 연결

(2) 파이썬 코드 작성하기

다음과 같이 코드를 작성하고 저장합니다.

실습파일: /home/pi/webapps/ch05/HC_SR501.py

```python
#-*- coding: utf-8 -*-

# 필요한 라이브러리를 불러옵니다.
import RPi.GPIO as GPIO
import time

# 노란색 LED, 빨간색 LED, 센서 입력핀 번호 설정
led_R = 20
led_Y = 21
sensor = 17

# 불필요한 warning 제거,  GPIO핀의 번호 모드 설정
GPIO.setwarnings(False)
GPIO.setmode(GPIO.BCM)

# LED 핀의 IN/OUT(입력/출력) 설정
GPIO.setup(led_R, GPIO.OUT)
GPIO.setup(led_Y, GPIO.OUT)
GPIO.setup(sensor, GPIO.IN)

print ("PIR Ready . . . . ")
time.sleep(5)  # PIR 센서 준비 시간

try:
```

```
    while True:
        if GPIO.input(sensor) == 1:        #센서가 High(1)출력
            GPIO.output(led_Y, 1)          # 노란색 LED 켬
            GPIO.output(led_R, 0)          # 빨간색 LED 끔
            print("Motion Detected !")
            time.sleep(0.2)

        if GPIO.input(sensor) == 0:        #센서가 Low(0)출력
            GPIO.output(led_R, 1)          # 빨간색 LED 켬
            GPIO.output(led_Y, 0)          # 노란색 LED 끔
            time.sleep(0.2)

except KeyboardInterrupt:
            print("Stopped by User")
            GPIO.cleanup()
```

(3) 코드 실행하기

PIR 센서 근처로 사람의 움직임이 감지되면 노란색 LED를 켜고 감지됨을 출력하고 감지되지 않을 때는 빨간색 LED를 켜고 있음을 확인하겠습니다.

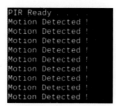

▲ 실행결과

05 _ 아날로그 신호와 SPI 통신

아날로그(analogue)는 어떤 자료를 '길이', '각도' 또는 '전압'과 같이 외부적인 원인에 의해 연속적으로 변하는 것들을 물리량으로 나타내는 것을 의미합니다. 자동차의 속도를 바늘의 각도로 표시해주는 속도 측정기, 수은주의 길이로 온도를 나타내는 온도계, 상대적으로 얇게 패이거나 깊게 패인 여러 홈들과 바늘의 마찰로 인해 녹음된 소리가 나오는 음반(LP)이 아날로그의 예 입니다.

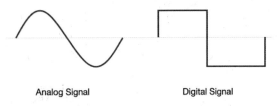

▲ 아날로그와 디지털 신호

디지털 신호는 ON, OFF 혹은 0 , 1로 나타낼 수 있습니다.

05-1 아날로그 신호를 라즈베리 파이로 읽어오기

라즈베리 파이의 GPIO는 아두이노와는 다르게 디지털 입력만 가능합니다. 그래서 ADC(Analog to Digital Converter) 기능을 가진 MCP3008 이라는 IC를 사용하여 아날로그에서 변환된 디지털 값을 SPI(Serial Peripheral Interface) 통신을 이용하여 라즈베리 파이로 읽어 보겠습니다.

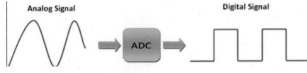

▲ 아날로그신호를 디지털로 변환

ADC(Analog to Digital Converter)는 위의 그림과 같이 아날로그 신호를 디지털로 변환합니다. 그럼 MCP3008에 대해 좀 더 자세히 알아보겠습니다.

CH0 1	16 V_{DD}	
CH1 2	15 V_{REF}	
CH2 3	14 AGND	
CH3 4	13 CLK	
CH4 5	12 D_{OUT}	
CH5 6	11 D_{IN}	
CH6 7	10 $\overline{CS}$/SHDN	
CH7 8	9 DGND	

해상도:	10 bit
채널 수:	8 Channel
샘플링 속도:	200 kS/s
입력 타입:	Single-Ended
인터페이스 타입:	Serial, 4-Wire, SPI

▲ MCP3008 데이터시트

MCP3008은 8개의 ADC(Analog-to-Digital Converter) 채널이 있고 해상도(Resolution)는 10 bits이고 SPI 통신을 한다는 것을 알 수 있습니다. 해상도가 10 bits라는 것은 아날로그 전압을 2^{10} = 1024 만큼 분해해서 디지털로 바꿀 수 있는 것입니다. 즉 입력되는 아날로그 전압이 최대 3.3V 라고 하면 3.3V/1024= 3.22mV 이고, 이것이 최소 단위 즉, 1에 해당하는 전압이 됩니다.

05-2 SPI 통신의 이해

SPI(Serial Peripheral Interface) 통신은 라즈베리나 아두이노 같은 마스터 장치와 주변장치들과의 시리얼 통신을 위한 통신방식 입니다. 주변장치는 플래쉬 메모리, 센서, RTC(real time clock), ADC (analog to digital converter) 등이 있습니다. 여기서는 MCP3008 이라는 ADC용 IC(intergrated chip)를 이용해 아날로그 센서값을 디지털로 변환하여 라즈베리 파이로 읽어 보겠습니다.

※시리얼통신(Serial Interface) : 직렬 통신은 하나 또는 두 개의 전송 라인을 사용하여 데이터를 송수신하는 통신 방법으로, 한 번에 한 비트 씩 데이터를 지속적으로 주고받습니다. 적은 신호선으로 연결이 가능하기 때문에 비용이 저렴한 장점이 있습니다.

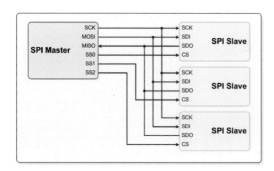

▲ SPI 통신

SPI 통신을 위해서 기본적으로 마스터에서 (3개의 SPI 신호선 + 슬레이브의 갯수) 만큼의 신호선이 필요합니다.

3개의 SPI 기본신호는 다음과 같습니다.

- MISO (Master in slave out) : 슬레이브에서 마스터로 데이터가 이동
- MOSI (Master out slave in) : 마스터에서 슬레이브로 테이터가 이동
- SCLK (Serial clock) : 통신의 동기화를 맞추기 위한 신호로 마스터에서 만들어 보냅니다.
- CS or SS (Chip Select or Slave Select) : 나머지 신호선들은 슬레이브 장치의 개수만큼 있는데 각각의 선 은 슬레이브를 선택하는 신호선

직렬통신의 동기와 비동기 (참고용)

일반적인 시리얼(직렬) 통신은 비동기식으로 데이터를 보내는 쪽과 받는 쪽이 서로 알 수 없는 상태라서 비동기식 통신을 위해서는 각각의 1 byte 데이터를 보내기 전에 Start bit 와 끝낸 후에 Stop bit이 필요하고 서로 같은 통신 속도로 데이터를 전송해야 합니다.

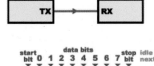

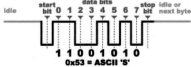

▲ 비동기식 직렬통신

비동기식 통신

위의 그림에서 보면 데이터 110010100이 Tx에서 Rx로 전송됨을 알 수 있습니다.
보통 최하위비트를 먼저 보내기 때문에 실제로는 010100110 되는데 4비트 니블로 잘라서 읽으면 0101 : 0011 이고 0x5 : 0x3 이되어 1byte 데이터는 0x53 즉 아스키코드 'S' 가 전달 된 것 입니다.

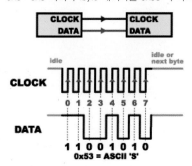

▲ 동기식 직렬통신

동기식 통신

SPI 통신은 동기식으로 데이터 선을 제외하고 동기를 맞추기 위한 클락(CLOCK) 신호선이 필요합니다. 클락은 데이터를 받는 쪽에 다음 그림과 같이 정확한 타이밍에 0또는 1의 비트값을 읽을 수 있습니다.

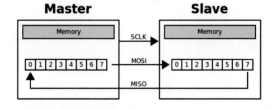

▲ SPI 시프트 레지스터

마스터와 슬레이브 장치는 각각의 시프트 레지스터를 가지고 있습니다. 마스터가 슬레이브의 CS(Chip Select) 신호를 보내고 마스터로부터 SCLK(SPI CLOCK) 신호가 발생하면 두개의 시프트 레지스터가 통신을 하게 됩니다. 각각의 레지스터가 읽고 쓰는 동작이 위의 그림처럼 동시에 일어납니다.

05-3 SPI 라즈베리 파이에서 설정하기

01 우선 다음과 같이 라즈베리 파이의 설정 메뉴를 클릭합니다.

▲ 라즈베리 파이 설정메뉴 클릭

02 라즈베리 파이 설정창의 인터페이스에서 SPI 와 I2C를 Enable로 설정합니다.

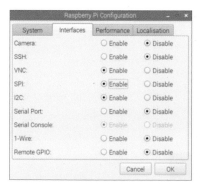

▲ Raspberry Pi Configuration

03 [OK] 버튼을 눌러 설정을 저장합니다.

04 라즈베리 파이를 리부팅 합니다. 메뉴에서 Shutdown => Reboot을 클릭해도 되고 다음과 같이 터미널에서 sudo reboot을 입력해도 됩니다.

```
pi@raspberrypi:~$ sudo reboot
```

05-4 아날로그 전압을 MCP3008로 읽어오기

(1) 브레드보드 연결

- 준비물 : MCP3008 , 10K(103) 가변저항(POT)

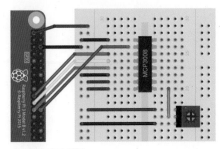

라즈베리 파이	초음파 센서
VCC(3.3V)	VREF
GND	AGND, DGND
GPOP 11(CLK)	CLK
GPIO 9 (MISO)	DOUT
GPIO 10 (MOSI)	DIN
GPIO 8 (CS)	CS

▲ 브레드보드 연결

(2) SPI 라이브러리 설치하기

01 git clone 명령어로 라이브러리를 복사합니다.

```
pi@raspberrypi:~$ git clone git://github.com/doceme/py-spidev
```

```
pi@raspberrypi:~ $ git clone git://github.com/doceme/py-spidev
'py-spidev'에 복제합니다...
remote: Enumerating objects: 187. done.
remote: Total 187 (delta 0). reused 0 (delta 0). pack-reused 187
오브젝트를 받는 중: 100% (187/187). 62.36 KiB | 0 bytes/s. 완료.
델타를 알아내는 중: 100% (101/101). 완료.
```

▲ git clone

02 복사한 폴더로 이동합니다.

```
pi@raspberrypi:~$ cd py-spidev
```

```
pi@raspberrypi: ~ $ cd py-spidev
pi@raspberrypi: ~/py-spidev $
```

▲ [그림 5-42] 폴더 이동

03 라이브러리를 설치합니다.

```
pi@raspberrypi:~/py-spidev $ sudo python3 setup.py install
```

```
pi@raspberrypi:~/py-spidev $ sudo python3 setup.py install
running install
running build
running build_ext
building 'spidev' extension
creating build/temp.linux-armv7l-3.5
```

▲ 설치

(3) 파이썬 코드 작성하고 실행하기

다음과 같이 코드를 작성하고 저장합니다.

실습파일: /home/pi/webapps/ch05/MCP_3008.py

```python
#-*- coding: utf-8 -*-

# 필요한 라이브러리를 불러옵니다.
import spidev
import time

# 딜레이 시간 (센서 측정 간격)
delay = 0.5
# MCP3008 채널중 센서에 연결한 채널 설정
pot_channel = 0

# SPI 인스턴스  spi 생성
spi = spidev.SpiDev()
# SPI 통신 시작하기
spi.open(0, 0)
# SPI 통신 속도 설정
spi.max_speed_hz = 100000

# 0 ~ 7 까지 8개의 채널에서 SPI 데이터를 읽어옵니다.
def readadc(adcnum):
    if adcnum > 7 or adcnum < 0:
        return -1
    r = spi.xfer2([1, 8 + adcnum << 4, 0])
    data = ((r[1] & 3) << 8) + r[2]
    return data

while True:
    # readadc 함수로 pot_channel의 SPI 데이터를 읽어옵니다.
    pot_value = readadc(pot_channel)
    print ("----------------------------------")
    print("POT Value: %d" % pot_value)
    time.sleep(delay)  # delay 시간만큼  기다립니다.
```

실행 결과는 다음과 같습니다.

```
POT Value: 657
-----------------------------------
POT Value: 660
-----------------------------------
POT Value: 658
-----------------------------------
POT Value: 688
-----------------------------------
POT Value: 746
-----------------------------------
POT Value: 756
```

▲ 가변저항 전압 읽기

MCP3008의 채널당 ADC(Analog to Digital Converter) 해상도는 10bit입니다. 즉 0~1023까지의 숫자로 나타낼 수 있습니다. 다음 그림에서 보면 가변저항을 돌려서 0 ~ 3.3V 전압이 MCP3008의 0채널에 입력이 되고 MCP3008은 0V 입력일 때 디지털 값으로 0을 3.3V일 때 1023으로 정해서 SPI 통신으로 데이터 값을 라즈베리 파이로 전달합니다.

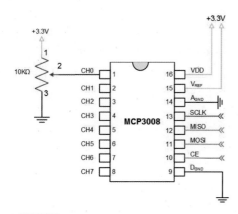

▲ MCP3008

결과인 POT Value 값을 역으로 MCP3008으로 입력되는 전압 수치로 다음 공식을 통해 바꿀 수 있습니다.

전압 = (POT Value×3.3) / 1023

POT Value	전압(V)
0	0.00
78	0.25
155	0.50
233	0.75
310	1.00
465	1.50
775	2.50
1023	3.30

05-5 LDR 센서 실습

▲ LDR 센서

LDR(Light Dependent Resistor)는 광센서 모듈로써 빛의 세기에 따라서 저항값이 달라지는 소자입니다. 주위가 밝으면 저항값이 줄어들고, 주위가 어두우면 저항값이 증가합니다.

(1) 브레드보드 연결

* 준비물 : MCP3008 , 10K(103) 저항, LDR 센서, 연결선

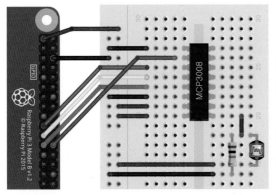

라즈베리 파이	MCP3008
VCC(3.3V)	VREF
GND	AGND, DGND
GPIO 11 (CLK)	CLK
GPIO 9 (MISO)	DOUT
GPIO 10 (MOSI)	DIN
GPIO 8 (CS)	CS

▲ 브레드보드 연결

다음 그림에서 LDR 센서가 연결된 회로를 보면 주위가 밝으면 LDR 센서의 저항이 줄어들어 3.3V에 가까운 전압이 MCP3008의 0번 채널에 입력될 것이고 반대로 주위가 어두우면 LDR 센서의 저항이 커져서 입력전압이 더 작아질 것입니다. 이것을 이제 실제로 파이썬 스크립트를 작성해서 확인해 보겠습니다.

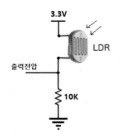

▲ LDR 센서 회로

(2) 파이썬 코드 작성하기

다음과 같이 코드를 작성하고 저장합니다.

실습파일: /home/pi/webapps/ch05/LDR.py

```
#-*- coding: utf-8 -*-

# 필요한 라이브러리를 불러옵니다.
import spidev
```

```
import time

# 딜레이 시간 (센서 측정 간격)
delay = 0.5
# MCP3008 채널중 센서에 연결한 채널 설정
ldr_channel = 0

# SPI 인스턴스  spi 생성
spi = spidev.SpiDev()
# SPI 통신 시작하기
spi.open(0, 0)
# SPI 통신 속도 설정
spi.max_speed_hz = 100000

# 0 ~ 7 까지 8개의 채널에서 SPI 데이터를 읽어옵니다.
def readadc(adcnum):
    if adcnum > 7 or adcnum < 0:
        return -1
    r = spi.xfer2([1, 8 + adcnum << 4, 0])
    data = ((r[1] & 3) << 8) + r[2]
    return data


while True:
    # readadc 함수로 ldr_channel의 SPI 데이터를 읽어옵니다.
    ldr_value = readadc(ldr_channel)
    print ("--------------------------------------")
    print("LDR Value: %d" % ldr_value)
    time.sleep(delay)
```

(3) 코드 실행하기

코드 실행 결과는 다음과 같습니다.

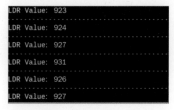

▲ LDR 출력값

센서 주위의 밝기를 조절하여 수치가 바뀌는지 확인해 봅시다.

05-6 조이스틱(Joystick) 실습

▲ 조이스틱 모듈

조이스틱의 X축 Y축 움직임에 따라 저항 값이 변하는 가변저항이 달려있어서 X축 Y축 움직임이나 방향등을 표현할 수 있고 조이스틱을 수직으로 눌러서 스위치 기능도 가능한 모듈입니다.

(1) 브레드보드 연결

• 준비물 : MCP3008 , 조이스틱 모듈 , 저항 10k(103)

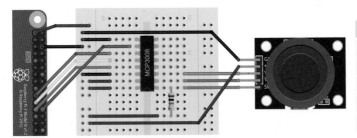

MCP3008	조이스틱 모듈
GND	GND
VCC	+
channel 1	vrx
channel 2	vry
channel 0	sw

▲ 브레드보드 연결

(2) 파이썬 코드 작성하기

다음과 같이 코드를 작성하고 저장합니다.

실습파일: /home/pi/webapps/ch05/Joystick.py

```
#-*- coding: utf-8 -*-

# 필요한 라이브러리를 불러옵니다.
import spidev
import time

# 딜레이 시간 (센서 측정 간격)
delay = 0.5
# MCP3008 채널설정
sw_channel = 0
vrx_channel = 1
vry_channel = 2
```

```
# SPI 인스턴스 spi 생성
spi = spidev.SpiDev()
# SPI 통신 시작하기
spi.open(0, 0)
# SPI 통신 속도 설정
spi.max_speed_hz = 100000

# 0 ~ 7 까지 8개의 채널에서 SPI 데이터를 읽어옵니다.
def readadc(adcnum):
    if adcnum > 7 or adcnum < 0:
        return -1
    r = spi.xfer2([1, 8 + adcnum << 4, 0])
    data = ((r[1] & 3) << 8) + r[2]
    return data

# 무한루프
while True:
  # X, Y 축 포지션
  vrx_pos = readadc(vrx_channel)
  vry_pos = readadc(vry_channel)
  # 스위치 입력
  sw_val = readadc(sw_channel)
  # 출력
  print("X : {}  Y : {}  SW : {}".format(vrx_pos, vry_pos, sw_val))
  # delay 시간만큼 기다림
  time.sleep(delay)
```

(3) 코드 실행하기

코드 실행 결과는 다음과 같습니다.

```
X :  496 Y :  500 SW :  1023
X :  495 Y :  503 SW :  0
X :  495 Y :  503 SW :  0
X :  1023 Y :  503 SW :  0
X :  1023 Y :  499 SW :  0
X :  0 Y :  500 SW :  0
X :  0 Y :  371 SW :  1022
X :  496 Y :  1023 SW :  1023
X :  494 Y :  498 SW :  1023
X :  500 Y :  499 SW :  1012
X :  495 Y :  501 SW :  1022
X :  496 Y :  501 SW :  1023
```

▲ 결과 확인

조이스틱을 움직이지 않을 때 X축 Y축이 500 정도이고 X축 Y축을 좌우로 움직이면 0 ~ 1023까지 변하는 것을 확인할 수 있습니다. 또한 조이스틱을 아래로 눌렀을 때 SW는 0이고 눌리지 않으면 1023으로 유지 됩니다.

06 _ I²C 통신

I²C (Inter-Integrated Circuit)는 SPI 통신처럼 동기식 시리얼통신(직렬통신)이며 마스터 기기들과 슬레이브 기기들 간의 통신이 가능하면서 2개의 통신라인(SDA, SCL)만으로 가능하여서 쉽게 구성이 가능합니다. SPI 통신에서는 슬레이브 기기가 추가 될 때마다 CS(chip select) 통신라인이 필요한 것에 비해 I²C에서는 추가가 필요 없습니다. 간단하게 동시에 많은 기기를 연결할 수 있지만 속도가 느려서 보통 저속의 주변장치 사이의 통신에 사용됩니다.

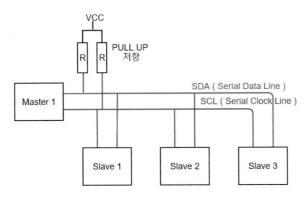

▲ I²C 통신 개요

I²C 연결은 간단하게 SDA , SCL 선만 연결하면 되고 라즈베리 파이에는 SDA와 SCL에 이미 PULL UP 저항이 장착되어 있어서 추가할 필요가 없습니다.

06-1 I²C 라즈베리 파이에서 설정하기

01 라즈베리 파이 아이콘 클릭 〉Preference – Raspberry Pi Configuration을 켜고 Interfaces 창을 보면 I²C 설정 항목이 있습니다. Disable로 되어 있다면 Enable 로 설정하고 리부팅 하면됩니다.
02 I2C 설정이 잘 되었다면 커맨드 창을 열어서 다음과 같은 명령어를 입력합니다.

```
ls /dev/i2c*
```

그리고 라즈베리 파이가 다음과 같이 답변하면 제대로 설정이 된 것입니다.

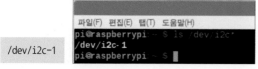

/dev/i2c-1

▲ ²C 설정 확인

06-2 BMP180(대기압 센서) 실습

▲ BMP180 모듈

BMP180은 보쉬(Bosch)사에서 제작한 센서로 정밀한 기압 및 온도를 측정 가능합니다. 고도 (ALTitude)는 기압에 따라서 달라지므로 기압값을 이용하여 고도로 변환이 가능합니다.

(1) 브레드보드 연결

• 준비물 : BMP180 모듈

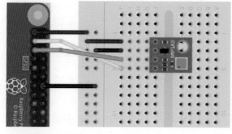

라즈베리 파이	BMP180 모듈
VCC(3.3V)	VIN
GND	GND
SCL (GPIO2)	SCL
SDA (GPIO3)	SDA

▲ 브레드보드 연결

(2) I²C 테스트 방법

우선 아래의 명령어를 입력하여 테스트 툴을 설치합니다.

```
sudo apt-get install -y i2c-tools
```

BMP180을 연결한 후에 다음과 같이 주소(Address)를 확인합니다.

▲ I2C 주소확인

제대로 연결이 되었으면 위의 그림과 같이 연결된 주소가 나옵니다. 주소는 0x77입니다.

(3) BMP180 라이브러리 bmpsensor.py 가져오기

인터넷에서 아래의 깃허브 주소를 연결하여 bmpsensor.py 파일을 다운로드 또는
복사한다.

- https://github.com/jbkim08/rasp_update.git

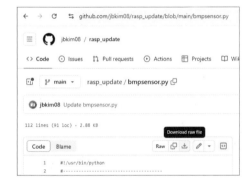

(4) 다운로드한 bmpsensor.py 파일을 ch5 폴더에 넣는다.

(5) 파이썬 코드 작성과 실행하기

다음과 같이 코드를 작성하고 저장합니다.

실습파일: /home/pi/webapps/ch05/BMP_180.py

```
#-*-coding:utf-8-*-

# 필요한 라이브러리를 불러옵니다. (BMP180)
import bmpsensor
import time

# 온도, 압력, 고도 값을 읽어서 변수에 저장
temp, pressure, altitude = bmpsensor.readBmp180()

# 측정값을 출력
while True:
    print('Temp = {0:0.2f} *C'.format(temp))
    print('Pressure = {0:0.2f} Pa'.format(pressure))
    print('Altitude = {0:0.2f} m'.format(altitude))
    print("\n")
    time.sleep(2)
```

코드 실행 결과는 다음과 같습니다.

```
Temp = 23.70 *C
Pressure = 99813.00 Pa
Altitude = 125.47 m
```

▲ 결과 확인

여기에 더하여 OLED I²C 제품을 연결하여 측정값을 디스플레이 해 보겠습니다.

06-3 OLED 디스플레이 실습

▲ OLED 128X64 I2C

I²C 통신 방식의 작은 OLED 디스플레이 모듈입니다. 해상도는 128X64 픽셀이고 SSD1306 드라이버가 내장되어 있습니다.

(1) 브레드보드 연결

- 준비물 : BMP180 모듈, OLED I2C 모듈

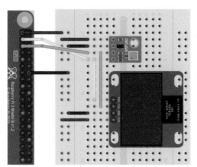

라즈베리 파이	OLED
VCC(3.3V)	VIN
GND	GND
SCL (GPIO2)	SCL
SDA (GPIO3)	SDA

▲ 브레드보드 연결

OLED를 연결한 후에 다음과 같이 주소(Address)를 확인합니다.

i2cdetect -y 1

▲ OLED 연결

I2C 주소를 보면 앞에서 확인했었던 BMP180 모듈의 주소 0x77에 더해서 OLED 모듈의 0x3c 가 표시됨을 알 수 있습니다.

(2) SSD1306 라이브러리 설치

커맨드 창에서 다음과 같이 라이브러리를 설치합니다.

```
pip3 install adafruit-circuitpython-ssd1306 --break-system-packages
```

(3) 파이썬 코드 작성하기

다음과 같이 코드를 작성하고 저장합니다.

실습파일: /home/pi/webapps/ch05/Oled.py

```python
#-*-coding:utf-8-*-
# 필요한 라이브러리 불러오기
import time
import board
from PIL import Image, ImageDraw, ImageFont
import adafruit_ssd1306
import bmpsensor
# I2C 설정
i2c = board.I2C()  # uses board.SCL and board.SDA
oled = adafruit_ssd1306.SSD1306_I2C(128, 64, i2c)
# 화면 초기화
oled.fill(0)
oled.show()
# 화면 이미지 객체
image = Image.new("1", (oled.width, oled.height))
draw = ImageDraw.Draw(image)
# 폰트 및 사이즈 설정
font = ImageFont.truetype("/usr/share/fonts/truetype/dejavu/DejaVuSans.ttf", 10)
# 패딩, 높이 설정
padding = -2
top = padding
bottom = oled.height-padding
x = 0
# 온도, 압력, 고도 값을 읽어서 변수에 저장
temp, pressure, altitude = bmpsensor.readBmp180()
while True:
        # 측정값을 출력 (터미널)
        print('Temp = {0:0.2f} *C'.format(temp))
        print('Pressure = {0:0.2f} Pa'.format(pressure))
        print('Altitude = {0:0.2f} m'.format(altitude))
        # OLED에 화면 표시 내용
        draw.text((x,top),    'Temp = {0:0.2f} *C'.format(temp), font=font, fill=255)
        draw.text((x,top+10), 'Pressure = {0:0.2f} Pa'.format(pressure),font=font, fill=255)
        draw.text((x,top+20),'Altitude = {0:0.2f} m'.format(altitude), font=font, fill=255)
        # 화면 표시
        oled.image(image)
        oled.show()
        # 딜레이 시간 2초
        time.sleep(2)
```

(4) 코드 실행하기

코드 실행 결과는 다음과 같습니다.

▲ 결과 확인

센서 BMP180의 위치나 온도가 변할 때 OLED 디스플레이에 2초마다 갱신이 잘 되는지 확인해 보겠습니다.

Raspberry Pi

이번 장에서는 Flask를 활용하여 센서를 제어해보도록 하겠습니다. Flask를 설치하고, VSCODE를 설치한 뒤 웹서버를 구축하여 LED를 제어합니다. 그 외에도 ip, port, process, cron, daemon에 대해서 학습한 뒤 공공데이터를 활용해보도록 하겠습니다.

CHAPTER

06

Flask를 활용하여
센서 제어하기

01 _ Flask 세팅하기

파이썬은 자체적으로 내장 웹서버 모듈을 가지고 있습니다. 웹 프로그램을 만드는 방법으로는 CGI 스크립트를 이용하는 방법과 WSGI(Web Server Gateway Interface)기반으로 작성하는 방법이 있습니다. 하지만 우리는 이 방법으로 웹 프로그램을 만들지 않을 것입니다. 왜냐하면 파이썬을 이용하여 웹서버를 구축할 때 아주 좋은 경량 웹 프레임워크 Flask가 있기 때문입니다.

대표적인 웹 프레임워크로 장고(Django)와 플라스크(Flask)를 많이 사용합니다. 둘 중에 플라스크를 이용하는 이유는 다음과 같습니다.

장고는 풀스택 프레임워크입니다. 보통 웹 프로그래밍을 할 때 필요로 하는 모든 것들이 종합적으로 갖추어진 프레임워크를 의미하는데, 인증과 권한, ORM, 템플릿 라이브러리, 로그처리, 보안, 관리자 기능 등의 다양한 요소가 기본적으로 제공됩니다.

▲ Flask 웹 프레임워크

반면 플라스크는 경량 웹 프레임워크입니다. WSGI코어와 URL 라우팅을 지원하기 위해 werkzeug(벡자이그)와 템플릿 출력을 위해 jinja2 라이브러리를 함께 배포합니다. 꼭 필요한 핵심 요소를 제외하고는 필요할 때 마다 직접 환경에 맞춰 개발을 하고 라이브러리를 찾아서 추가해야 합니다. 이 말은 가볍다는 의미이고 우리가 하는 사물인터넷 프로젝트에서 데이터 전송 시에는 간단한 메시지를 전달하면 되기 때문에 무거운 장고를 사용할 필요는 없습니다.

가볍기 때문에 그 만큼 아주 기본적인 기능만 있는 것이 Flask입니다. 복잡한 웹 프로그램을 만들 때는 장고를 이용하는 것이 훨씬 편리합니다. 하지만 간단한 웹 프로그램을 만들 때는 Flask를 이용합니다. 왜냐하면 플라스크의 기본기를 익히는 것은 굉장히 쉽기 때문입니다.

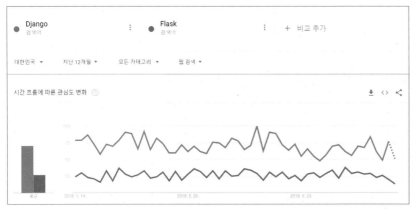

▲ Flask, DJango 관심도

01-1 라즈베리 파이 4에서 설치하기

지금까지 에디터 툴은 지니를 사용했지만 Flask를 만지기에는 적합한 툴이 아니기에 Microsoft에서 제공해주는 VSCode(Visual Studio Code) 툴을 이용하겠습니다. VSCode는 아주 파워풀한 에디터 도구입니다.

- https://code.visualstudio.com/docs/setup/raspberry-pi

VSCode 설치방법은 아주 간단합니다.

01 VSCode를 설치합니다.

```
$ sudo apt install code
```

02 메뉴창에서 개발 – Code– OSS를 클릭하면 실행됩니다.

▲ VSCode 실행

03 실행이 완료되었습니다.

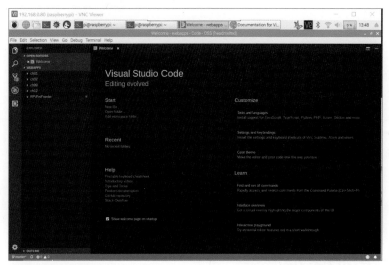

▲ VSCode 메인 화면

04 메뉴에서 File – Open Folder를 통해서 webapps 폴더를 기본 폴더로 설정을 합니다.

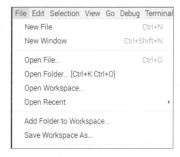

▲ Open Folder를 통한 기본 폴더 설정

▲ webapps 기본 폴더 지정하기

01-2 Flask 설치하기

플라스크(Flask)는 가벼운 WSGI 웹 응용프로그램 프레임워크입니다. 파이썬 웹 어플리케이션 프레임워크 중 하나입니다.

• http://flask.pocoo.org

플라스크를 설치해보겠습니다.

01 VSCode 메뉴에서 터미널을 열 수 있습니다. Terminal – New Terminal 메뉴를 클릭합니다.

▲ 터미널 열기

02 테스트를 위해 파이썬 버전을 확인합니다.

`$ python - V`

▲ 파이썬 버전 확인

03 테스트가 완료되었다면 이제 플라스크를 설치할 차례입니다. 설치 도구는 pip입니다.

파이썬 라이브러리를 전역적으로 설치할 수 있게 세팅합니다.

```
$ sudo pip config set global.break-system-packages true
```

```
$ sudo pip install flask
```

pi@raspberrypi:~/webapps $ pip install flask
Looking in indexes: https://pypi.org/simple, https://www.piwheels.org/simple
Requirement already satisfied: flask in /usr/lib/python3/dist-packages (0.12.1)
You are using pip version 10.0.1, however version 18.1 is available.
You should consider upgrading via the 'pip install --upgrade pip' command.
pi@raspberrypi:~/webapps $

▲ flask 설치하기

간혹 설치가 되었다고 착각할 수 있는데 잘 읽어보면 설치가 완료되지 않았습니다. 그 이유는 pip 버전이 너무 낮아서 pip 버전을 업그레이드해야 한다고 합니다.

```
$ sudo pip install --upgrade pip
$ sudo pip install flask
```

04 최신 버전의 라즈비안이 설치되어 있다면 이미 Flask가 포함되어 있기 때문에 설치없이 넘어갑니다. 터미널에서 python 스크립트를 실행합니다.

```
$ python
```

05 flask가 잘 설치되었는지 확인하기 위해 flask를 import합니다.

>>> from flask import Flask

▲ flask 설치 확인

아무런 메시지가 없다면 정상적으로 설치가 된 것입니다. 리눅스에서는 성공메시지가 따로 없습니다. 그냥 아무런 출력이 없으면 성공했다는 것입니다.

※ 다음과 같이 메시지가 나오면 제대로 설치가 되지 않은 것입니다.

▲ ask 설치 오류

06 Python extension을 설치합니다.

▲ python extension 설치 알림

위와 같은 알림창이 뜨지 않으면 왼쪽에 있는 도구 창 가장 아래에 있는 extension을 클릭한 뒤 검색창에서 python을 검색하여 설치합니다.

▲ python extension 설치

필자는 지금 설치가 되어있어서 install이 뜨지 않지만 설치가 되지 않았다면 install 부분이 보일 것입니다. install을 한 뒤 조금 기다리시면 reload하라는 문구가 보입니다. 그때 reload하면 됩니다. 만약 5분 정도가 지났는데 reload하라는 문구가 뜨지 않는다면 VSCode를 재시작해주면 됩니다.

VSCode를 설치하고 webapps 폴더를 open하면 python 코드를 인식하고 자동으로 python extension과 pylint를 설치하라는 문구가 다음과 같이 보일 것입니다. 파이썬 개발을 하는데 도움을 주는 도구입니다. pylint는 설치하지 않아도 됩니다.

02 _ Flask 웹서버 구축하기

폴더 구성과 파일 구성을 다음과 같이 합니다.

```
webapps
      - ch06
            - helloworld
                    - app_start.py
```

01 다음과 같이 코드를 작성하고 저장합니다.

실습파일: /home/pi/webapps/ch06/hellowrld/app_stary.py

```python
from flask import Flask
app = Flask(__name__)
@app.route("/")
def helloworld():
    return "Hello World"


if __name__ == "__main__":
    app.run(host="0.0.0.0")
```

02 실행방법은 간단합니다. 터미널을 열고 다음과 같이 입력합니다.

```
$ cd /home/pi/webapps/ch06/helloworld
$ python app_start.py
```

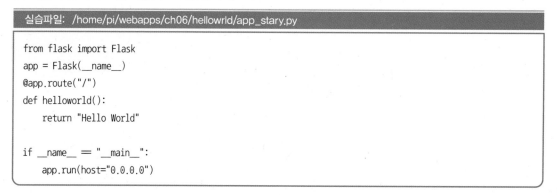

▲ 터미널을 이용한 소스 코드 실행

03 웹브라우저를 열고 다음과 같이 주소를 입력합니다. 우리의 첫 번째 프로젝트가 완성되었습니다.

http://localhost:5000

▲ 웹브라우저로 열기

04 코드 리뷰입니다.

❶ from flask에서 flask는 폴더를 의미합니다.

```
from flask import Flask
```

from flask는 flask 폴더 혹은 flask 모듈이 될 수도 있습니다. 여기서 모듈이란 flask.py 파일을 의미합니다.

우리가 작성한 from flask는 폴더명입니다.

▲ python3.5 라이브러리 폴더

❷ import Flask에서 Flask는 클래스명을 의미합니다.

```
from flask import Flask
```

import Flask는 Flask 클래스명이 될 수도 있고, Flask라는 함수명이 될 수도 있고 변수명이 될 수도 있습니다. 우리는 Flask 클래스를 가져왔습니다. 이름에서도 알 수 있듯이 이름이 대문자로 시작하는 것으로 보아 클래스라는 확신이 가능합니다.

결국 위 문장은 라이브러리 path가 적용된 기본 폴더에서 flask라는 폴더를 찾고 그 폴더 안에 있는 Flask클래스를 import하라는 뜻입니다.

import를 통해서 함수만 호출할 수도 있습니다.

```
from 모듈명 import 함수명
```

이것은 라이브러리 path가 적용된 기본 폴더에서 모듈명을 찾고 그 모듈에 있는 특정함수를 import하는 것입니다.

❸ app은 Flask 객체를 가지게 됩니다.

```
app = Flask(__name__)
```

flask 객체를 생성하는 코드입니다. flask 객체는 웹 브라우저로 오는 모든 요청과 템플릿과의 연계와 같은 웹 애플리케이션 전반에 대해서 영향을 미치는 메인 객체입니다. 여기서 중요한 것은 __name__입니다. Flask 클래스는 생성자 인자를 하나 받게 되는데 그것이 바로 __name__입니다. __name__의 의미는 내 파일명, 즉 모듈명을 의미합니다. 우리가 만든 파일명이 app_start.py이니까 __name__은 app_start.py가 됩니다.
결국 Flask객체가 생성될 때 app_start.py 파일명을 이용하여 객체를 생성하게 됩니다.

❹ app.route("/") 는 라우팅을 위한 뷰 함수를 등록하는 코드입니다.

```
@app.route("/")
```

클라이언트가 URI로 ("/") 요청을 하게 되면 해당 route 데코레이터 아래에 있는 뷰 함수가 자동호출 됩니다.
예를 들어 ("/") 이렇게 되어있으니 http://localhost:5000/으로 요청하게 되면 해당 route가 호출 됩니다.

```
@app.route("/helloworld")
```

만약 위와 같다면 호출 방법은 http://localhost:5000/helloworld가 됩니다.

❺ "Hello World"는 함수가 종료될 때 요청한쪽으로 응답되는 String 값입니다.

```
def helloworld():
    return "Hello World"
```

route 데코레이터를 통해서 뷰 함수가 호출될 때 함수명 helloworld는 마음대로 정해도 됩니다. 단 여기서 주의하셔야 할 점은 바로 return문입니다. 클라이언트가 주소요청을 하게 되면 뷰 함수가 호출되게 되는데 이때 뷰 함수에는 필수적으로 return문이 있어야 합니다.

여기서 json을 리턴 할 수도 있고 dict 자료형을 리턴 할 수도 있고 필요에 따라 html 페이지로 뷰렌더링을 하는 것도 가능합니다.

❻ app.run()이 호출되면 웹서버가 동작합니다.

```python
if __name__ == "__main__":
    app.run(host="0.0.0.0")
```

__name__은 두 가지 이름을 가집니다. 첫 번째는 내 모듈명 app_start.py 입니다. 두 번째 이름은 조금 특이합니다. app_start.py 파일을 직접 터미널에서 실행하게 되면 __main__ 이라는 이름을 가지게 됩니다.

만약에 다른 파일에서 app_start.py 파일을 import해서 사용하게 되면 __name__이 __main__ 이라는 이름이 될 수 없습니다. __name__이 __main__ 이 되려면 import가 아닌 해당 파일을 직접 실행 시킬 때만 가능합니다.

위 문장이 필요한 이유는 app_start.py 파일을 직접 실행시켰을 때만 "서버를 작동시켜" 라는 뜻입니다.

app.run()은 서버를 시작하라는 명령어이고 여기에 들어가는 인자 0.0.0.0은 어떤 ip에서 요청이 들어와도 응답을 해주겠다는 의미입니다.

03 _ Flask 라우팅

Flask에서 URL을 처리하는 방법을 다른 말로 URI 디스패치라고 합니다. 디스패치는 아주 단순한 일을 합니다. 사용자가 입력한 URI를 지켜보고 있습니다. 그리고 URI를 분석하여 올바른 길로 안내해주는 역할을 합니다. 뷰 데코레이션을 통해서 뷰 함수를 생성하여 올바른 길로 안내해주는 역할을 합니다.

```
webapps
      - ch06
            - helloworld
                  - app_start.py
```

01 다음과 같이 코드를 작성하고 저장합니다.

실습파일 : /home/pi/webapps/ch06/hellowrld/app_stary.py

```python
from flask import Flask

app = Flask(__name__)

@app.route("/")
def helloworld():
    return "Hello World"

@app.route("/led/on")
def led_on():
    return "LED ON"

@app.route("/led/off")
def led_off():
    return "LED OFF"


if __name__ == "__main__":
    app.run(host="0.0.0.0")
```

02 웹브라우저를 열어서 실행시켜봅니다.

▲ LED ON 메시지 출력   ▲ LED OFF 메시지 출력

04 _ Flask LED 제어하기

04-1 Flask LED 제어 정적 라우팅

01 app_stary.py 원본 파일을 불러와서 다음과 같이 코드를 수정합니다.

실습파일 : /home/pi/webapps/ch06/hellowrld/app_stary.py

```python
from flask import Flask
import RPi.GPIO as GPIO

app = Flask(__name__)

LED = 8
GPIO.setmode(GPIO.BOARD) #BOARD는 커넥터 pin번호 사용
GPIO.setup(LED, GPIO.OUT, initial=GPIO.LOW)

@app.route("/")
def helloworld():
    return "Hello World"

@app.route("/led/on")
def led_on():
    GPIO.output(LED, GPIO.HIGH)
    return "LED ON"

@app.route("/led/off")
def led_off():
    GPIO.output(LED, GPIO.LOW)
    return "LED OFF"

@app.route("/gpio/cleanup")
def gpio_cleanup():
    GPIO.cleanup()
    return "GPIO CLEANUP"

if __name__ == "__main__":
    app.run(host="0.0.0.0")
```

02 다음 준비물이 필요합니다.

브레드보드, 점퍼선 2개, 저항 1K 1개, LED 1개

03 라즈베리 파이와 브레드보드에 연결합니다. 빨간 선은 9번 pin에 연결하였고, 검정 선은 GND에 연결하였습니다.

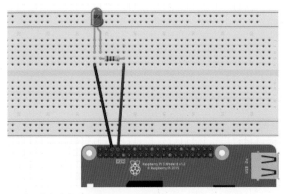

▲ 라즈베리 파이 회로도

04 웹브라우저를 열어서 localhost:5000/led/on으로 접속합니다.

▲ flask를 활용한 LED ON

05 웹브라우저를 열어서 localhost:5000/led/off로 접속합니다.

▲ flask를 활용한 LED OFF

06 웹브라우저를 열어서 localhost:5000/gpio/cleanup으로 접속합니다.

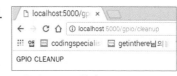

▲ GPIO cleanup 하기

04-2 Flask LED 제어 동적 라우팅〈산형 괄호〉

동적으로 변경되는 URL의 뷰 함수를 사용하기 위해서는 산형 괄호 ◇을 이용해서 변수를 전달해야 합니다. 주의할 점은 해당 변수가 클라이언트로 부터 URL로 전달되면 함수의 매개변수로 받아줘야 사용이 가능하다는 점입니다.

01 app_start.py 파일을 수정합니다.

```
from flask import Flask
import RPi.GPIO as GPIO

app = Flask(__name__)

LED = 8
GPIO.setmode(GPIO.BOARD) #BOARD는 커넥터 pin번호 사용
GPIO.setup(LED, GPIO.OUT, initial=GPIO.LOW)

@app.route("/")
def helloworld():
    return "Hello World"

@app.route("/led/<state>")
def led(state):
    if state == "on":
        GPIO.output(LED, GPIO.HIGH)
    else:
        GPIO.output(LED, GPIO.LOW)
    return "LED "+state

@app.route("/gpio/cleanup")
def gpio_cleanup():
    GPIO.cleanup()
    return "GPIO CLEANUP"

if __name__ == "__main__":
    app.run(host="0.0.0.0")
```

02 웹브라우저를 열어서 localhost:5000/led/on으로 접속합니다.

04-3 Flask LED 제어 동적 라우팅〈쿼리 스트링〉

동적으로 변경되는 URL함수는 다음과 같이 쿼리 스트링 방식으로도 호출 가능합니다. 쿼리 스트링이란 http://localhost:5000/led?state=on 이런식으로 주소 호출이 올 때 ? 뒤에 오는 것을 말합니다. ? 뒤에 오는 것들은 HTTP요청에서 GET방식으로 요청이 가능합니다. 전달되는 데이터를 request 클래스의 args 객체를 사용하여 받을 수 있습니다. 다음과 같이 flask 모듈에서 request를 import해야 request를 사용할 수 있습니다.

```
from flask import Flask, request
```

01 app_start.py 파일을 수정합니다.

```
from fl
ask import Flask, request
import RPi.GPIO as GPIO

app = Flask(__name__)

LED = 8
GPIO.setmode(GPIO.BOARD) #BOARD는 커넥터 pin번호 사용
GPIO.setup(LED, GPIO.OUT, initial=GPIO.LOW)

@app.route("/")
def helloworld():
    return "Hello World"

@app.route("/led")
def led():
    state = request.args.get("state")
    if state == "on":
        GPIO.output(LED, GPIO.HIGH)
    else:
        GPIO.output(LED, GPIO.LOW)
    return "LED "+state

@app.route("/gpio/cleanup")
def gpio_cleanup():
    GPIO.cleanup()
    return "GPIO CLEANUP"

if __name__ == "__main__":
    app.run(host="0.0.0.0")
```

02 웹브라우저를 열어서 localhost:5000/led?state=on으로 접속합니다.

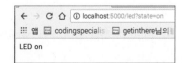

▶ 쿼리스트링으로 LED ON

03 웹브라우저를 열어서 localhost:5000/led?state=off로 접속합니다.

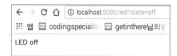

▶ [그림 6-336] 쿼리스트링으로 LED OFF

04 웹브라우저를 열어서 localhost:5000/led로 접속합니다. 서버 에러가 발생하였습니다. 이유는 뷰 함수에서는 쿼리스트링을 받기 위한 코드가 준비되어 있지만 주소 요청시 쿼리스트링을 전달하지 않았기 때문입니다. 이럴 경우에는 어떻게 해야 할까요? 물론 쿼리스트링을 정상적으로 보내게 되면 오류가 나지 않겠지만 무엇이든 미리 대비하면 좋습니다.

▲ 서버 에러

05 app_start.py 파일을 수정합니다.

```python
@app.route("/led")
def led():
    state = request.values.get("state", "error")
    if state == "on":
        GPIO.output(LED, GPIO.HIGH)
    elif state == "off":
        GPIO.output(LED, GPIO.LOW)
    elif state == "error":
        return "쿼리스트링 state가 전달되지 않았습니다."
    else:
        return "잘못된 쿼리스트링이 전달되었습니다."
    return "LED "+state
```

06 다양하게 주소를 입력하여 테스트 합니다.

▲ flask 라우팅 테스트

05 _ Flask 웹페이지

Flask를 활용하여 예쁜 웹페이지를 만들어 보겠습니다. LED를 집 안의 전등이라고 가정하고 집 안의 전등을 제어할 수 있는 웹페이지를 만들 것입니다. HTML/CSS/Javascript에 관련된 이론은 이 책에서 다루지 않습니다. 이론적인 부분이 부족하다면 아무런 이해 없이 클론 코딩하면 됩니다.

05-1 Flask, HTML, CSS, Javascript를 이용한 웹페이지 만들기
기본 폴더 구성은 아래와 같습니다.

```
webapps
  - ch06
    - home
        - static
        - templates
```

폴더 구조를 보면 home이라는 폴더가 최상위 root 폴더가 됩니다. 그리고 그 아래에 static 폴더가 있는데 flask에서는 해당 폴더를 리소스(자원) 폴더로 사용합니다. css, image, media 등의 파일을 해당 폴더에 저장합니다. templates 폴더는 html 파일 폴더로 사용합니다. templates 폴더를 사용할 때 유의사항은 flask는 기본적으로 view 랜더링을 할 때 html 파일을 호출하는데 html 파일은 무조건 templates 폴더에 있는 html 파일을 호출 하게끔 설정이 되어있습니다. 그렇기 때문에 temp라는 폴더를 만들게 되면 폴더명이 다르기 때문에 랜더링이 되지 않습니다.

01 다음과 같이 코드를 작성하고 home 폴더에 저장합니다.

실습파일: /home/pi/webapps/ch06/home/index.py

```python
from flask import Flask, request
from flask import render_template
import RPi.GPIO as GPIO

app = Flask(__name__)
GPIO.setmode(GPIO.BOARD) #BOARD는 커넥터 pin번호 사용
GPIO.setup(8, GPIO.OUT, initial=GPIO.LOW)

@app.route("/")
```

```
def home():
    return render_template("index.html")

@app.route("/led/on")
def led_on():
    try:
        GPIO.output(8, GPIO.HIGH)
        return "ok"
    except expression as identifier:
        return "fail"

@app.route("/led/off")
def led_off():
    try:
        GPIO.output(8, GPIO.LOW)
        return "ok"
    except expression as identifier:
        return "fail"

if __name__ == "__main__":
    app.run(host="0.0.0.0")
```

02 다음과 같이 코드를 작성하고 home 폴더 아래 templates 폴더에 저장합니다.

실습파일 : /home/pi/webapps/ch06/home/templates/index.html

```
<!DOCTYPE html>
<html>
<head>
    <meta charset="UTF-8">
    <title>HOME NETWORK</title>
    <link rel="stylesheet" href="{{ url_for('static', filename='style.css') }}">
</head>
<body>
    <div class="container">
        <div class="header">
            <h2>HOME IoT</h2>
        </div>
        <div class="main">
            <div>
                <button onclick="led_on()">LED ON</button>
            </div>
            <div>
                <button onclick="led_off()">LED OFF</button>
            </div>
        </div>
```

```html
            <div id="result">

            </div>
        </div>
    <script>
        function led_on(){
            fetch("/led/on")
            .then(response=> response.text())
            .then(data=> {
                console.log(data);
                let result = document.querySelector("#result");
                if(data=="ok"){
                    result.innerHTML = "<h1>LED is runinng</h1>";
                }else{
                    result.innerHTML = "<h1>error</h1>";
                }
            });
        }
        function led_off(){
            fetch("/led/off")
            .then(response=> response.text())
            .then(data=> {
                console.log(data);
                let result = document.querySelector("#result");
                if(data=="ok"){
                    result.innerHTML = "<h1>LED is stopping</h1>";
                }else{
                    result.innerHTML = "<h1>error</h1>";
                }
            });
        }
    </script>
</body>
</html>
```

03 다음과 같이 코드를 작성하고 home 폴더 아래 static 폴더에 저장합니다.

실습파일 : /home/pi/webapps/ch06/home/static/style.css

```css
body {
    background-color: antiquewhite;
}

.container {
    width: 700px;
    margin: 0 auto;
```

```
        text-align: center;
}

.main {
    display: flex;
}

.main div {
    flex:1;
}

.main div button {
    background-color: rgb(192, 114, 114);
    width:150px;
    height:80px;
    border-radius: 10px;
}
```

04 실행방법은 다음과 같으며 터미널을 열고 해당폴더로 이동하여 다음과 같이 입력합니다.

`python home.py`

VSCode 툴을 이용할 경우에는 툴에서 터미널을 열고 실행할 수 있습니다.

▲ index.py 실행

❶ 라즈베리 파이에서 브라우저를 열어서 확인할 경우
• http://localhost:5000/

❷ 다른 PC에서 브라우저를 열어서 확인할 경우
• http://192.168.0.80:5000/

주소가 192.168.0.80 이라는 것을 확인하는 방법은 라즈베리 파이에서 터미널을 열고 다음과 같이 명령어를 입력합니다. 라즈베리 파이를 와이파이로 연결했다면 wlan0 부분을 확인하면 되고, 랜선으로 연결했다면 eth0부분을 확인하면 됩니다. inet 부분의 주소를 확인해주세요.

```
$ ifconfig
```

```
wlan0: flags=4163<UP,BROADCAST,RUNNING,MULTICAST>  mtu 1500
        inet 192.168.0.80  netmask 255.255.255.0  broadcast 192.168.0.255
        inet6 fe80::f28d:2a7e:a679:b6d2  prefixlen 64  scopeid 0x20<link>
        ether b8:27:eb:d7:27:29  txqueuelen 1000  (Ethernet)
        RX packets 148523  bytes 40073248 (38.2 MiB)
        RX errors 0  dropped 0  overruns 0  frame 0
        TX packets 154126  bytes 72643619 (69.2 MiB)
        TX errors 0  dropped 0 overruns 0  carrier 0  collisions 0
```

▲ inet 주소 확인하기

❸ 라즈베리 파이와 사용자 PC가 같은 네트워크인지 구분할 수 있어야 합니다. 다음과 같이 구성되었다면 같은 네트워크입니다.

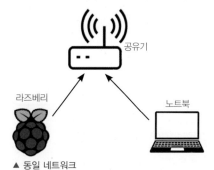

▲ 동일 네트워크

다음과 같이 구성되었다면 다른 네트워크입니다.

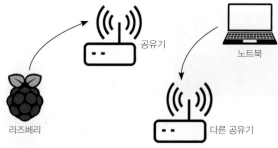

▲ 다른 네트워크 1

다음과 같이 구성되어도 다른 네트워크입니다.

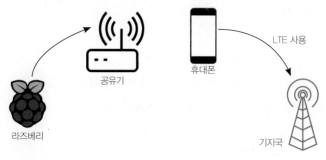

▲ 다른 네트워크 2

05 결과화면입니다.

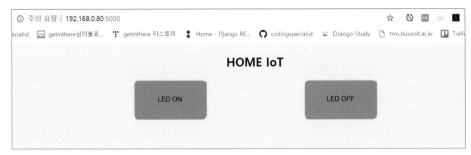

▲ 실행 메인 화면

06 [LED ON] 버튼을 클릭해 보겠습니다.

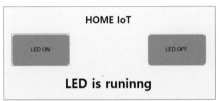

▲ LED ON 클릭 시 결과 화면

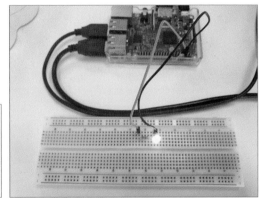

▲ LED ON 결과 화면

07 [LED OFF] 버튼을 클릭해 보겠습니다.

▲ LED OFF 클릭 시 결과 화면

▲ LED OFF 결과 화면

08 오류를 발생시켜 보겠습니다. index.py 파일을 다음과 같이 수정합니다.

실습파일 : /home/pi/webapps/ch06/home/index.py

```
@app.route("/led/on")
def led_on():
    try:
        GPIO.output(9, GPIO.HIGH)
        return "ok"
    except expression as identifier:
        return "fail"
```

output GPIO핀 번호를 9번으로 변경하였습니다. 이렇게 되면 LED를 ON하려는 순간 GPIO 9번에 연결된 LED를 찾지 못하기 때문에 try부분에서 오류가 발생하고 except 부분으로 넘어가게 됩니다. 예외처리를 사용하게 되면 예상하지 못한 서버 오류로 서버가 멈추는 일이 발생하지 않습니다.

09 다시 실행해보면 error를 return하게 됩니다.

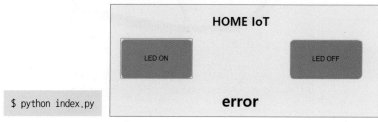

▲ 서버 에러

05-2 fetch() 함수 이해하기

index.html 코드에서 fetch라는 문법이 나오게 됩니다. 자바스크립트 문법입니다. ajax를 이용한 비동기 통신을 할 때 사용하는 라이브러리입니다. 예전에는 ajax 요청 시에 jQuery를 많이 사용하였는데 최근에는 자바스크립트가 제공해주는 fetch를 많이 사용합니다.

fetch를 통해서 index.py의 led_on() 메서드를 호출하게 되고 그 결과를 response를 통해서 받습니다. len_on 메서드 호출 시에 실제 led가 on이 되게 됩니다. 그리고 정상적으로 on이 되면 ok를 return하게 됩니다. return된 값을 fetch().then(reponse) 이 부분에서 then()이 받게 됩니다. then()은 fetch가 완료된 뒤에 호출이 됩니다.

fetch는 요청 시에는 pending(대기)되고 있다가 요청이 완료되면 then(response)로 요청에 대한 결과를 return해주게 됩니다. 이를 통해 콜백 지옥을 벗어날 수 있습니다. promise기술이 들어가 있기 때문입니다. return된 결과는 "ok" 메시지뿐만 아니라 수많은 정보를 가지고 있습니다. 이런 정보를 자바스크립트 오브젝트로 만들어서 요청한 쪽으로 return해주게 되는 것입니다.

이 수많은 정보 중에서 우리에게 필요한 데이터는 "ok" 메시지입니다.

```
▼ Response {type: "basic", url: "http://192.168.0.80:5000/led/on", redirected: false, status: 200, ok: true, …} 🔘
    body: (...)
    bodyUsed: true
  ▶ headers: Headers {}
    ok: true
    redirected: false
    status: 200
    statusText: "OK"
    type: "basic"
    url: "http://192.168.0.80:5000/led/on"
  ▶ __proto__: Response
```

▲ fetch 요청의 response 객체

"ok" 메시지를 받으려면 then()이 한 번 더 필요합니다.

첫 번째 then()에서는 위 그림과 같이 전체 응답 오브젝트를 받습니다. 두 번째 then()은 그 많은 데이터 중 "ok"라는 메시지를 필터링 해줍니다. 서버 쪽에서 return되는 결과가 String(문자열)이면 text() 함수를 이용하고, JSON이면 json() 함수를 이용하여 받으면 됩니다.

05-3 화살표 함수 이해하기

자바스크립트에서 화살표 함수는 ECMA6 버전부터 나왔습니다. 아래의 내용은 skip 하여도 됩니다.

01 다음은 fetch 함수의 then() 부분입니다.

```
then(
    fucntion(response){
      return response;
    }
);
```

02 다음은 화살표 함수를 적용한 코드입니다. 위의 코드와 같습니다.

```
then(
    response => response;
);
```

03 중괄호를 넣을 경우에는 return문을 꼭 적어줘야 합니다. 대괄호를 넣지 않으면 return문이 생략되어 있는 것과 같은 효과를 줍니다.

```
then(
    response => { return response };
);
```

04 매개변수가 두개 이상이라면 기존 코드에서는 다음과 같이 작성합니다.

```
then(
    function(response1, response2){
        return response1;
    }
);
```

05 화살표 함수에서는 다음과 같이 괄호를 사용합니다.

```
then(
    (response1, response2) => response1;
);
```

06 중괄호를 넣고 싶다면 다음과 같이 return문을 적어줘야 합니다.

```
then(
    (response1, response2) => { return response1 };
);
```

07 then()안에 있는 함수는 이름이 필요 없는 익명함수입니다.

```
then(
    fucntion(response){
      return response;
    }
);
```

이름이 필요 없는 이유는 fetch()를 하고 어떤 결과를 받기까지 pending하는데 pending이 끝나면 자동으로 then()메서드가 실행이 되기 때문에 함수에 이름이 굳이 필요가 없습니다. 이름이 없어도 then() 안에 함수는 자동으로 실행이 될 것이기 때문입니다.

06 _ IP, Port, Process 개념잡기

06-1 IP 개념잡기

IP는 internet protocol의 약자입니다. 송신 호스트와 수신 호스트가 데이터를 서로 주고 받는데 필요한 프로토콜(규약)을 의미합니다. 여기서 데이터는 패킷으로 분할되어 전송되고 받은 쪽에서는 분할된 패킷을 조립하게 됩니다.

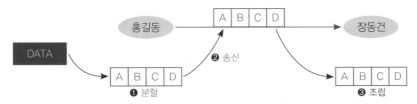

▲ 패킷 스위칭 방식

위 그림에서 보면 홍길동이 장동건에게 data를 보내고 있습니다. 데이터가 패킷으로 분할되고 분할된 패킷이 송신될 때 순서가 보장되지는 않습니다. 그렇기 때문에 받는 쪽에서 받은 패킷을 조립해 줘야 합니다. 이런 규약들을 프로토콜이라고 합니다.

왜 패킷으로 분할할까요? 데이터를 분할하지 않고 한 번에 보내면 더 좋지 않을까요? 데이터를 한 번에 보내는 서킷 스위칭 방식(회선교환 방식)도 있습니다. 하지만 인터넷에서 데이터를 전송할 때는 패킷 스위칭 방식을 씁니다.

다음 그림은 서킷 스위칭 방식입니다.

▲ 서킷 스위칭 방식 1

홍길동과 고소영이 장동건에게 데이터를 보낼때 회선이 두개라면 패킷으로 나눌 필요도 없고 그냥 장동건에게 데이터를 한 번에 보내면 됩니다. 좋은 방식처럼 보일 수 있으나 회선교환 방식의 단점은 "장보고"라는 사람이 장동건에게 데이터를 보내기 위해서는 회선이 추가되어야 한다는 점입니다.

▲ 서킷 스위칭 회선 추가

회선을 추가하지 않고 홍길동 선을 같이 사용하면 안되나요? 라고 할 수 있는데 이렇게 되면 홍길동이 보내는 데이터가 10분정도의 시간이 걸린다면 장보고는 10분이라는 시간을 기다려야 하는 문제가 생기게 됩니다.

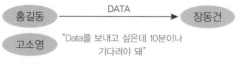

▲ 서킷 스위칭에 단점

하지만 패킷교환 방식은 다릅니다. data를 패킷으로 나누어 전송하기 때문에 동시에 전송이 가능합니다.

▲ 패킷 스위칭 방식

데이터를 패킷으로 잘게 나누고 하나에 회선을 공유하여 전송합니다. 장동건은 이 패킷들을 받아서 장보고 데이터와 홍길동 데이터를 구분하여 조립합니다. 이 경우의 장점은 전송하는 송신 호스트가 추가되어도 하나의 회선을 공유하여 사용할 수 있다는 점입니다. 이러한 방식의 프로토콜이 IP이고 IP 주소란 단순히 목적지의 주소를 의미합니다.

현재 인터넷에서 사용하는 표준 프로토콜은 인터넷 프로토콜의 4번째 버전 IPv4입니다. IPv4는 주소 고갈 문제를 겪고 있어서 6번째 버전 IPv6가 대중화될 것이라고 말하지만 아직은 머나먼 이야기입니다. 왜냐하면 아직 부족하지 않기 때문입니다. 그리고 IPv6가 대중화되기 위해서는 인터넷에 존재하는 수많은 라우터가 IPv6에 맞게 변경되어야 합니다. 현재에 라우터들은 IPv6에 맞게 설계되어 있지 않습니다. 하지만 IPv4와 IPv6를 연결하는 터널링 기술은 이미 준비되어 있습니다.

06-2 Port 개념잡기

Port는 컴퓨터 간 상호 통신을 위해 프로토콜에서 이용하는 가상의 연결 단을 의미합니다. 여기서 중요한 키워드는 바로 가상의 연결 단이라는 것입니다. 눈에 보이는 물리적인 것들이 아니더라도 추상적이고 눈에 보이지 않는 어떠한 단어 또한 개념적으로 존재하는 경우가 많습니다.

사랑이라는 단어는 물리적으로 존재하지 않는 추상적인 것입니다. Port 역시 눈에 보이지 않는 추상적인 것입니다. Port는 캠핑장을 생각하면 이해하기 쉽습니다.

A구역	B구역
캠핑장	
C구역	D구역

위 그림을 보면 실제로 구역이 나눠져 있지는 않습니다. 그냥 넓은 공터에 구획을 나누고 그 공간을 임대해서 사용하는 방식입니다. 물리적으로 A, B ,C, D 구역이 있는 것이 아니라 그냥 논리적으로 나눠져 있습니다. 이때 이러한 구역을 Port라고 합니다. A구역, B구역, C구역, D구역이 있습니다. 하지만 물리적으로 보면 그냥 넓은 공터 하나입니다.

A구역을 임대한 홍길동 씨는 A구역을 사용합니다. B구역을 임대한 장동건 씨는 B구역을 사용하고 C구역을 임대한 고소영 씨는 C구역을, D구역을 임대한 장보고 씨는 D구역을 사용합니다. 이때 장보고 씨는 A구역을 사용할 수 없습니다. 왜냐하면 A구역은 홍길동 씨가 사용 중이기 때문입니다. 만약 장보고 씨가 A구역을 사용하려고 하면 둘은 충돌하게 됩니다. 이것을 바로 Port 충돌이라고 합니다. 그렇다면 왜 이렇게 Port를 나눌까요? 답은 간단합니다. 저 넓은 구역을 한 명만 사용하기에는 자원의 낭비가 심하기 때문입니다. 여러 명이 사용할 수 있는 넓은 공터를 하나의 공터라고 해서 한명만 사용할 필요는 없습니다.

컴퓨터 통신에서 송신 호스트와 수신 호스트가 패킷교환 방식으로 데이터를 전송할 때 송신 호스트는 수신 호스트의 5000번 Port로 데이터를 전송합니다. 그러면 수신 호스트는 5000번 Port를 송신 호스트가 사용할 수 있게 Port를 개방해줘야 합니다. Port를 개방하지 않으면 송신 호스트는 수신 호스트의 5000번 Port로 데이터를 전송할 수 없습니다. Port는 총 2Byte개로 정해져 있습니다. 다르게 말하면 16bit개가 있다고 할 수 있고 10진수로 변환하면 65536개의 Port가 존재합니다. 하나의 컴퓨터마다 통신을 위해 65536개의 Port가 존재한다는 것은 캠핌장에 비유하면 구역이 65536개가 있다는 뜻이 됩니다.

Port는 65536개 중에 well known port라고 해서 잘 알려진 포트가 존재합니다. 0~1023번까지의 포트 1024개는 잘 알려진 Port이기 때문에 사용할 수 없습니다. 해당 Port들 중에서 80번 Port는 http 통신을 위해 사용되고 21번 Port는 파일 전송을 위한 ftp로 사용됩니다. 잘 알려진 Port는 이미 모든 컴퓨터가 동의하고 약속한 Port이기 때문에 다른 방식으로 사용할 수 없습니다.

캠핑장으로 예를 들어 보겠습니다. 캠핑장에서 65536개의 구역이 있는데 이 중에서 1024개의 구역은 고객들이 이미 사용하고 있는 구역이라고 합시다. 그러면 새로운 고객은 저 구역을 제외한 나머지 구역을 사용해야 합니다. 만약에 저 구역을 사용하고 싶다면 저 구역에 있는 고객을 쫓아내버리고 사용해야 하는데 그렇게 되면 캠핑장 운영에 어려움이 많이 생길 것입니다.

수신 호스트가 4개의 컴퓨터와 서로 다른 통신을 한다는 의미는 최소 4개 이상의 Port로 통신을 하고 있다는 의미입니다.

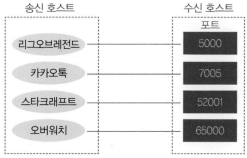

▲ 서로 다른 포트로 통신

다음은 well known port의 종류입니다.

1	TCP Port Service Multiplexer (TCPMUX)	118	SQL Services
5	Remote Job Entry (RJE)	119	Newsgroup (NNTP)
7	ECHO	137	NetBIOS Name Service
18	Message Send Protocol (MSP)	139	NetBIOS Datagram Service
20	FTP — Data	143	Interim Mail Access Protocol (IMAP)
21	FTP — Control	150	NetBIOS Session Service
22	SSH Remote Login Protocol	156	SQL Server
23	Telnet	161	SNMP
25	Simple Mail Transfer Protocol (SMTP)	179	Border Gateway Protocol (BGP)
29	MSG ICP	190	Gateway Access Control Protocol (GACP)
37	Time	194	Internet Relay Chat (IRC)
42	Host Name Server (Nameserv)	197	Directory Location Service (DLS)
43	WhoIs	389	Lightweight Directory Access Protocol (LDAP)
49	Login Host Protocol (Login)	396	Novell Netware over IP
53	Domain Name System (DNS)	443	HTTPS
69	Trivial File Transfer Protocol (TFTP)	444	Simple Network Paging Protocol (SNPP)
70	Gopher Services	445	Microsoft–DS
79	Finger	458	Apple QuickTime
80	HTTP	546	DHCP Client
103	X.400 Standard	547	DHCP Server
108	SNA Gateway Access Server	563	SNEWS
109	POP2	569	MSN
110	POP3	1080	Socks
115	Simple File Transfer Protocol (SFTP)		

06-3 Process 개념잡기

프로세스와 프로그램의 차이는 정말 명확합니다. 프로그램 자체는 생명이 없습니다. 프로그램은 보조 기억장치(하드디스크, SSD)에 존재하며 실행되기를 기다리는 명령어(코드)와 정적인 데이터의 묶음입니다. 이 프로그램의 명령어와 정적 데이터가 메모리에 적재되면 생명이 있는 프로세스가 됩니다. 즉 프로세스란 실행 중인 프로그램입니다.

다음과 같이 간단한 LED동작 Flask파일을 만들고 실행해봅시다.

```
webapps
   - ch06
       - process
             - process.py
```

01 다음과 같이 코드를 작성하고 저장합니다.

실습파일 : /home/pi/webapps/ch06/process/process.py

```python
from flask import Flask, request

import RPi.GPIO as GPIO

app = Flask(__name__)

LED = 8
GPIO.setmode(GPIO.BOARD)      #BOARD는 커넥터 pin번호 사용
GPIO.setup(LED, GPIO.OUT, initial=GPIO.LOW)

@app.route("/led/<state>")
def led(state):
    if(state == "on"):
        GPIO.output(LED, GPIO.HIGH)
        return "LED ON"
    elif(state == "off"):
        GPIO.output(LED, GPIO.LOW)
        return "LED OFF"
    else:
        return "error"


if __name__ == "__main__":
    app.run(host="0.0.0.0")
```

산형괄호(〈〉)를 사용하게 되면 url을 입력받을 때 변수로 취급됩니다. 이때 주의할 점은 함수의 파라메터로 def led(state)를 등록해줘야 한다는 것입니다.

02 process.py는 파일이기도 하고 LED를 동작시켜주는 프로그램이기도 합니다. 이 프로그램이 프로세스가 되기 위해서는 실행을 해야 합니다.

```
$ cd ~/webapps/ch06/process
$ python process.py
```

02 웹브라우저를 열고 다양한 방식으로 실행합니다.

▲ LED/ON 실행   ▲ LED/OFF 실행   ▲ 서버 에러

실행을 하게 되면 프로세스가 되었다는 뜻입니다.

04 새로운 터미널을 열고 포그라운드 프로세스 확인합니다. −f 옵션은 자세히 보기 옵션입니다.

```
$ ps -f
UID      PID  PPID  C STIME TTY       TIME CMD
pi      2075  1339  0 14:13 pts/1    00:00:00 /bin/bash
pi      2086  2075  0 14:14 pts/1    00:00:00 ps -f
```

ps −f를 통해 포그라운드로 실행되는 프로세스를 자세히 확인할 수 있습니다. 그런데 우리가 지금 실행중인 process.py 파일은 보이지 않습니다. 그렇다면 우리가 실행시킨 파일은 프로세스가 되지 않은 것일까요? 아닙니다. 현재 우리가 실행중인 파일은 백그라운드로 실행되고 있습니다.

05 백그라운드 프로세스 확인합니다. −e 옵션은 백그라운드 프로세스를 확인하는 옵션입니다.

```
$ ps -ef
UID      PID  PPID  C STIME TTY       TIME CMD
root       1     0  0 11:53 ?        00:00:02 /sbin/init splash
root       2     0  0 11:53 ?        00:00:00 [kthreadd]
root       4     2  0 11:53 ?        00:00:00 [kworker/0:0H]
root       6     2  0 11:53 ?        00:00:00 [mm_percpu_wq]
root       7     2  0 11:53 ?        00:00:00 [ksoftirqd/0]
root       8     2  0 11:53 ?        00:00:02 [rcu_sched]
root       9     2  0 11:53 ?        00:00:00 [rcu_bh]
root      10     2  0 11:53 ?        00:00:00 [migration/0]
root      11     2  0 11:53 ?        00:00:00 [cpuhp/0]
root      12     2  0 11:53 ?        00:00:00 [cpuhp/1]
root      13     2  0 11:53 ?        00:00:00 [migration/1]
root      14     2  0 11:53 ?        00:00:00 [ksoftirqd/1]
root      16     2  0 11:53 ?        00:00:00 [kworker/1:0H]
root      17     2  0 11:53 ?        00:00:00 [cpuhp/2]
root      18     2  0 11:53 ?        00:00:00 [migration/2]
root      19     2  0 11:53 ?        00:00:00 [ksoftirqd/2]
.... 생략
```

06 | grep을 이용하여 process.py 프로세스만 확인합니다.

```
$ ps -ef | grep process.py
pi        2064  1407  0 14:12 pts/0    00:00:02 /usr/bin/python3 process.py
pi        2127  2075  0 14:19 pts/1    00:00:00 grep --color=auto process.py
```

grep 명령어는 파이프라인 명령어인데 파일에서 특정한 패턴(문자열)을 찾는 명령어입니다. 두개의 명령어를 연결하기 위해서는 |를 써야 합니다.

process.py파일은 2064라는 pid값을 가지고 있습니다. pid는 프로세스 아이디라는 것인데 우리 주민등록번호와 같이 해당 프로세스의 고유한 id를 의미합니다. 중복되지 않는 유일한 값입니다. 해당 pid를 이용하여 해당 프로세스를 죽일 수 있습니다.

```
$ sudo kill 2064
$ ps -ef | grep process.py
pi        2156  2075  0 14:23 pts/1    00:00:00 grep --color=auto process.py
```

프로세스를 죽인 뒤에 다시 확인해보면 2064 pid값이 사라진 것을 확인할 수 있습니다. "어 그런데? 2156 프로세스는 머죠?" 2156 프로세스는 방금 명령한 ps -ef | grep process.py 프로세스입니다.

07 사용중인 Port를 찾아서 프로세스를 종료합니다.

```
$ netstat -nlpt
(Not all processes could be identified, non-owned process info
 will not be shown, you would have to be root to see it all.)
Active Internet connections (only servers)
Proto Recv-Q Send-Q Local Address       Foreign Address      PID/Program name
tcp   0      0 0.0.0.0:22                0.0.0.0:*            -
tcp   0      0 0.0.0.0:5000              0.0.0.0:*            2172/python3
tcp   0      0 0.0.0.0:5900              0.0.0.0:*            -
tcp6  0      0 :::22                     :::*                 -
tcp6  0      0 :::5900                   :::*                 -
```

process.py를 실행하게 되면 5000번 포트가 개방됩니다. 5000번 포트를 확인해보면 pid값이 2172인 것을 확인할 수 있습니다. 그렇다면 포트를 죽이는 방법은 위와 동일합니다.

```
$ sudo kill 2172
```

flask로 작업을 하다보면 이전에 실행한 프로세스가 종료되지 않아서 포트가 충돌 나는 경우가 있습니다. 이렇게 되면 process.py 파일을 실행해도 실행이 되지 않고 다음과 같이 포트 충돌이 났다는 에러 메시지를 보게 됩니다.

```
OSError: [Errno 98] Address already in use
```

이미 사용 중이라는 에러 메시지가 출력되면 이전 프로세스가 종료되지 않았다는 뜻이니까 위에서 배운 방법으로 종료하면 됩니다.

07 _ cron과 daemon 개념잡기

07-1 cron (크론) 개념잡기

cron은 주기적인 실행이 필요할 때 사용합니다. 예를 들어 매일 자정에 데이터를 백업하고 싶다거나, 아침 7시가 되면 led를 작동시키고 싶다면 cron을 사용하면 됩니다.

```
$ crontab -l
no crontab for pi
```

등록된 cron이 없다고 나옵니다. cron을 등록해서 led를 작동시켜 보겠습니다.

다음과 같이 코드를 작성하여 1초마다 led가 깜빡거리는 프로그램을 만들어 보겠습니다.

```
webapps
    - ch06
        - cron
            - led.py
```

01 다음과 같이 코드를 작성하고 저장합니다.

실습파일 : /home/pi/webapps/ch06/cron/led.py

```python
import RPi.GPIO as GPIO
import time

GPIO.cleanup()

LED = 8
GPIO.setmode(GPIO.BOARD)
GPIO.setup(LED, GPIO.OUT, initial=GPIO.LOW)

try:
    num = 0
    while(True):
        time.sleep(1)
        GPIO.output(LED, GPIO.HIGH)
        time.sleep(1)
        GPIO.output(LED, GPIO.LOW)
        num = num + 1
        if(num == 5):
            GPIO.cleanup()
            break
except KeyboardInterrupt:
    GPIO.cleanup()
```

앞의 코드를 실행하면 LED가 5초동안 깜빡거리게 됩니다. GPIO.cleanup()을 상단에 적어준 이유는 여러분들이 실수로 8번 채널을 cleanup() 하지 않고 해당 프로그램을 다시 실행하게 되면 GPIO가 사용 중이라는 error메시지를 보게 되기 때문에 GPIO가 사용 중이든 사용 중이지 않아도 무조건 GPIO.cleanup() 함수를 실행시켜서 GPIO를 종료시켜줍니다.

02 led.py 프로그램을 실행합니다.

```
$ python led.py
```

※ 해당 명령을 실행했을 때 혹시 실행되지 않으면 실행 경로를 꼭 확인해주세요.

LED가 깜빡거리고 있으면 CTRL+c 를 해서 프로그램 작동을 멈춥니다.

03 led.py 파일 cron에 등록합니다.

```
crontab -e
```

crobtab을 열고 가장 아래줄에 다음과 같이 적어줍니다.

```
* * * * * sudo python /home/pi/webapps/ch06/cron/led.py
```

위 코드는 1분마다 해당 파일을 실행해라는 뜻입니다. 등록해두고 저장하고 빠져나오면 1분마다 5초씩 깜박거리는 LED가 작동하는 것을 확인할 수 있습니다.

crontab을 더 이상 사용하고 싶지 않다면 어떻게 해야 하나요?

```
$ crontab -e
```

여기에 들어가서 바로 이전에 적었던 코드를 지우면 됩니다. sudo를 적는 이유는 crontab은 사용자마다 권한을 가지게 되는데 사용자가 해당 파일에 대한 권한이 있는지 없는지를 확인하고 권한이 없으면 sudo를 적어주면 수퍼 유저의 권한을 가지게 되기 때문에 무조건 실행이 됩니다. 사용자의 권한을 정확히 안다면 거기에 맞게 작성하시면 됩니다. 편하게 사용하시려면 sudo를 적어주세요.

그리고 crontab을 등록할 때 python 코드에 한글이 있으면 문자 encoding을 해줘야 합니다. 그렇기 때문에 코드에 한글을 적게 된다면 문자 인코딩을 해야 합니다.

소스 코드 가장 상단에 다음과 같은 코드를 추가해줍니다.

```
# -*- encoding: utf-8 -*-

import RPi.GPIO as GPIO
import time

--생략
```

04 crontab 옵션입니다.

옵션

```
$ crontab -e # 설정된 파일을 새롭게 편집 - 맨 처음에 사용할 편집기를 고를 수 있음
$ crontab -e # 등록된 내용을 삭제
$ crontab -e # 현재 등록된 리스트 출력
$ crontab -e # -u otheruser #otheruser 사용자가 등록된 crontab 리스트 출력
$ crontab -e # 현재 사용자가 등록한 crontab 전체삭제
```

crontab -e로 프로세스를 추가, 삭제 및 수정을 하고 저장하고 에디터 창을 빠져나가면 바로 적용이 됩니다.

▲ 크론탭 옵션

05 crontab 사용법입니다.

```
* * * * * /root/cronTest.class # 매 1분마다 /root/cronTest.class를 수행(하루에 1440회)
15, 45 * * *.* /root/cronTest.class # 매시 15분, 45분에 /root/cronTest.class를 수행(하루에 48회)
*/10 * * * * /root/cronTest.class # 매 10분마다 /root/cronTest.class를 수행(하루에 144회)
0 2 * * * /root/cronTest.class # 매일 02:00에 /root/cronTest.class를 수행(하루에 1회)
30 */6 * * * /root/cronTest.class # 매 6시간마다 수행(00:30, 06:30, 12:30, 18:30
30 1-23/6 * * * /root/cronTest.class # 1시간부터 매 6시간마다 수행(01:30, 07:30K 13:30, 19:30)
```

▲ 크론탭 사용법

07-2 daemon(데몬) 개념잡기

크론이 주기를 가지고 실행되는 것이라면 데몬은 계속 실행되는 것입니다. LED를 라즈베리 파이를 재부팅했을 때부터 종료 시까지 자동으로 실행함과 동시에 계속적인 동작을 원한다면 데몬으로 등록합니다.

우선 데몬 등록 전에 crontab에 등록해두었던 led관련 코드를 삭제해주고 시작합니다.

```
* * * * * sudo python /home/pi/webapps/ch06/cron/led.py
```

다음과 같이 폴더 구성을 하고 파일을 생성합니다.

```
webapps
    - ch06
        - daemon
            - led2.py
```

01 다음과 같이 코드를 작성하고 저장합니다.

실습파일 : /home/pi/webapps/ch06/daemon/led2.py

```python
#! /usr/bin/env python
import RPi.GPIO as GPIO
import time

GPIO.cleanup()

LED = 8
GPIO.setmode(GPIO.BOARD)
GPIO.setup(LED, GPIO.OUT, initial=GPIO.LOW)

try:
    num = 0
    while(True):
        time.sleep(1)
        GPIO.output(LED, GPIO.HIGH)
        time.sleep(1)
        GPIO.output(LED, GPIO.LOW)
        num = num + 1
        if(num == 5):
            GPIO.cleanup()
            break
except KeyboardInterrupt:
    GPIO.cleanup()
```

가장 위에 #! /usr/bin/env python을 꼭 첨부해줘야 합니다.

내가 실행하는 파이썬 버전이 3.4라면 #! /usr/bin/env python3.4라고 적어줍니다.

2.7이라면 #! /usr/bin/env python2.7이라고 적어줍니다.

#! /usr/bin/env python 명령어의 의미는 해당 파일을 다른 곳에서 실행할 때 python 실행 파일을 사용하여 실행해라는 의미입니다.

02 rc.local 파일을 수정합니다.

```
$ sudo nano /etc/rc.local
```

```
fi
   -> 이 부분에 실행할 구문을 넣으면 됩니다. 마지막엔 &을 붙입니다.
exit 0
```

마지막에 &을 붙이면 백그라운드로 실행됩니다.

```
# Print the IP address
_IP=$(hostname - I) || true
if [ "$_IP" ]; then
  printf "My IP address is %s\n" "$_IP"
fi
  python /home/pi/webapps/ch06/daemon/led2.py &
exit 0
```

03 led2.py 파일에 실행권한을 줍니다. 소유자, 소유그룹, 모든 유저에게 모든 권한을 줍니다.

```
$ chmod 777 led2.py
```

이제 재부팅해보면 LED가 5초 동안 깜빡이고 있는 것을 확인할 수 있습니다.

부팅 도중에 led가 켜지는 경우는 부팅 시에 GPIO 포트가 정상 작동하고 있는지 테스트하는 것이기 때문에 신경 쓰지 않아도 됩니다. 부팅이 거의 완료될 시점부터 led가 5초 동안 깜빡이고 있는 것을 확인할 수 있습니다.

▲ 라즈비안 부팅

▲ 부팅 시 라즈베리 파이 LED 상태

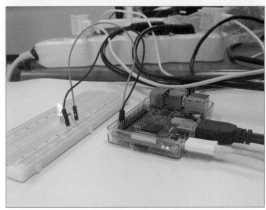
▲ 라즈비안 부팅 완료 후 LED 동작 상황

위의 방식을 응용해서 flask 서버를 재부팅 시에 항상 자동 실행하게 설정할 수 있습니다.

08 _ 공공데이터 활용하기

공공데이터 포털은 공공기관이 생성 또는 취득하여 관리하고 있는 공공데이터를 한 곳에서 제공하는 통합 창구입니다. 포털에서는 국민이 쉽고 편리하게 공공데이터를 이용할 수 있도록 파일데이터, 오픈API, 시각화 등 다양한 방식으로 제공하고 있으며 누구라도 쉽고 편리한 검색을 통해 원하는 공공데이터를 빠르고 정확하게 찾을 수 있습니다.

▲ 공공데이터 홈페이지 이동

공공데이터 포털을 활용하여 온습도 센서 없이 날씨를 확인할 수 있는 방법에 대해서 알아보도록 하겠습니다. 이를 위해서 4가지 단계가 필요합니다.

첫째, 공공데이터 포털에 회원 가입을 합니다. 주의할 사항은 공공데이터 포털은 Internet Explorer 11 버전에서만 정상적으로 동작합니다. 그렇기 때문에 다른 브라우저를 사용하면 안 됩니다. 라즈베리 파이가 아닌 데스크탑이나 노트북으로 진행하셔야 합니다.

둘째, 사용할 공공데이터를 신청하고 승인을 받습니다. 내가 사용할 공공데이터를 신청하면 승인까지는 하루가 걸릴 수도 있고 승인 없이 바로 사용할 수 있는 데이터도 있습니다. 이것은 사용하고자 하는 공공데이터마다 조금씩 다릅니다.

셋째, JSON 데이터 타입에 대한 이해가 필요합니다. JSON은 Int, String, Object, Array 4가지 데이터 타입으로 이루어져 있습니다.

넷째, python을 이용하여 어떻게 JSON 데이터를 공공데이터로부터 받아올 수 있을지에 대한 코드 이해가 필요합니다. 공공데이터 포털에서 샘플 코드를 제공해주기 때문에 바로 사용하면 되지만 python버전 2.7에 맞게 코드가 제공되기 때문에 우리가 사용하는 파이썬 3.5.3버전에는 맞지 않습니다. 어떻게 하면 코드를 파이썬 3.5버전에 맞게 수정하여 사용할 수 있는지에 대해 알아봅니다.

08-1 공공데이터 신청하기

01 인터넷 익스플로워 11을 이용하여 공공데이터 포털에 접근한 후 회원 가입합니다.

- https://www.data.go.kr/

02 공공데이터 신청 및 승인을 받습니다.

▲ 오픈 API 선택하기

데이터셋 메뉴를 확인해보면 여러 가지 메뉴 아이템들이 있습니다. 여기에서 우리가 선택해야하는 것은 오픈 API입니다. 그 이유는 우리가 필요로 하는 데이터는 정적인 데이터가 아닙니다. 정적인 데이터란 고정된 데이터를 의미합니다. 가령 대한민국 지하철 노선도와 같은 데이터는 정적입니다. 매일 매일 지하철 노선도가 변경되지 않습니다. 혹 변경된다고 하더라도 대형 공사가 진행된 뒤 몇 년에 한 번 노선도가 달라지는 것이 다입니다. 그렇기 때문에 이런 데이터를 정적인 데이터라고 합니다. 반대로 날씨데이터는 동적인 데이터 입니다. 날씨데이터는 오늘과 내일이 다릅니다. 시간에 따라서도 날씨는 달라집니다.

시시각각 달라지는 동적인 데이터는 오픈 API를 사용하고 정적인 데이터는 파일데이터를 이용하면 됩니다. 표준데이터와 국가중점데이터는 여기서 다루지 않습니다.

03 오픈 API 메뉴를 선택합니다.

04 검색창에 '동네예보정보조회서비스'를 입력하고 검색을 누릅니다.

▲ 동네예보정보조회서비스 검색

05 동네예보정보조회서비스를 선택합니다.

▲ 동네예보정보조회서비스 선택

06 [활용신청] 버튼을 클릭합니다.

▲ 공공데이터 활용신청

활용신청을 클릭하게 되면 다음과 같은 화면이 나옵니다.

기본정보			
서비스명	(신)동네예보정보조회서비스	**서비스 유형**	REST
심의여부	자동승인	**신청유형**	개발계정 | 변경신청
처리상태	신청	**활용기간**	승인일로부터 24개월 간 활용가능

▲ 심의여부 자동승인

심의여부에 '자동승인'이라는 문구를 확인할 수 있습니다. 해당 API는 신청하게 되면 자동으로 승인이 되는 API입니다. 자동승인이 되지만 순차적으로 인증이 되기 때문에 5~30분정도는 여유를 가지고 기다려야 인증이 완료됩니다.

07 시스템 유형은 일반을 선택합니다.

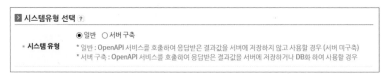

▲ 시스템 유형 선택하기

08 활용정보는 참고자료나 연구(논문 등)를 선택합니다.

▣ 활용정보	
＊ **활용목적**	○ 웹 사이트 개발 ○ 앱개발 (모바일,솔루션등) ○ 기타 ● 참고자료 ○ 연구(논문 등)
첨부파일	※파일 첨부시 팝업차단 기능이 해제되어야 합니다. [　　　　　] [추가] [삭제] 한 개의 파일만 첨부 할 수 있습니다.

▲ 공공데이터 활용목적 선택

09 상세기능정보를 모두 선택합니다.

상세기능정보는 내가 어떤 데이터를 사용할지를 선택하는 부분입니다. 아래 4가지 데이터 중 우리에게 필요한 데이터는 '초단기실황조회' 이지만 4가지 데이터를 다 선택하겠습니다. 그 이유는 나중에 여러분들이 학습하고자 한다면 다른 데이터도 사용해볼 수 있기 때문입니다.

▣ **상세기능정보** 필수 입력 정보입니다.　　　　　　　　　　*자동승인 상세기능은 신청과 동시에 활용 가능합니다.

☐	상세기능	설명	일일 트래픽
☑	예보버전조회	수정된 예보 버전을 파악하기 위해 예보버전을 조회하는 기능	100
☑	동네예보조회	동네예보 정보를 조회하기 위해 예보일자, 예보시간, 예보지점X좌표, 예보지점Y좌표의 조회 조건으로 예측일자, 예측시간, 자료구분자, 예보값, 예보일자, 예보시간, 예보지점X좌표, 예보지점Y좌표의 정보를 조회하는 기능	100
☑	초단기예보조회	초단기예보 정보를 조회하기 위해 예보일자, 예보시간, 예보지점X좌표, 예보지점Y좌표의 조회 조건으로 자료구분코드, 예보값,예보일자, 예보시간, 예보지점X좌표,예보지점Y좌표의 정보를 조회하는 기능	100
☑	초단기실황조회	초단기실황정보를 조회하기 위해 예보일자, 예보시간, 예보지점 X좌표, 예보지점 Y좌표의 조회 조건으로 자료구분코드, 실황 값, 예보일자, 예보시간, 예보지점X좌표, 예보지점Y좌표의 정보를 조회하는 기능	100

▲ 상세기능정보 선택

10 가장 아래에 있는 동의하기에 체크한 뒤 신청을 완료합니다.

11 신청이 완료되면 30분을 대기합니다. 빠르면 5분 만에 승인이 될 수도 있지만 공공 데이터를 처음 사용하는 독자라면 30분 후에 아래 작업을 진행하는 것이 좋습니다.

12 30분이 지났다면 샘플테스트를 위해 일반 인증키를 복사합니다.

▣ 서비스정보	
일반 인증키 (UTF-8)	wJmmW29e3AEUjwLioQR22CpmqS645ep4S8TSlqtSbEsxvnkZFoNe7YG1weEWQHYZ229eN Lidnl2Yt5EZ3Stv7g%3D%3D [복사]
End Point	http://newsky2.kma.go.kr/service/SecndSrtpdFrcstInfoService2
데이터포맷	XML
참고문서	OpenAPI 사용자 활용가이드(기상청_신규 동네예보정보조회서비스)_v2.4_001.zip

▲ 인코딩 되어 있는 일반 인증키

13 다음과 같이 값을 입력합니다. 주의할 점은 초단기실황조회는 하루 전까지의 날씨데이터만 제공합니다.
날짜를 확인한 뒤 오늘이 2019.09.10 이라면 20190910을 기입합니다.

NO	상세기능	설명	활용제한 여부	일일 트래픽	심의결과	미리보기 다운로드
1	초단기실황조회	초단기실황정보를 조회하기 위해 예보일자, 예보시간, 예보지점 X좌표, 예보지점 Y좌표의 조회 조건으로 자료구분코드, 실황 값, 예보일자, 예보시간, 예보지점X좌표, 예보지점Y좌표의 정보를 조회하는 기능	-	100	승인	실행

📄 요청변수(Request Parameter)   추가화   닫기

항목명	샘플데이터	설명
ServiceKey	eNLidnI2Yt5EZ3Stv7g%3D%3D	서비스 인증
base_date	20190331	'15년 12월 1일 발표
base_time	1200	06시 발표(정시단위) -매시각 40분 이후 호출
nx	60	예보지점의 X 좌표값
ny	127	예보지점의 Y 좌표값
numOfRows	10	한 페이지 결과 수
pageNo	1	페이지 번호
_type	xml	xml(기본값), json

▸ 미리보기   ▸ XLS   ▸ XML   ▸ JSON   ▸ CSV   ▸ RDF

▲ XML 미리보기 조회

14 미리보기를 클릭하면 다음과 같은 XML 데이터를 볼 수 있습니다.

```xml
<?xml version="1.0" encoding="UTF-8" standalone="true"?>
- <response>
  - <header>
        <resultCode>0000</resultCode>
        <resultMsg>OK</resultMsg>
    </header>
  - <body>
    - <items>
      - <item>
            <baseDate>20190331</baseDate>
            <baseTime>1200</baseTime>
            <category>PTY</category>
            <nx>60</nx>
            <ny>127</ny>
            <obsrValue>0</obsrValue>
        </item>
      + <item>
      - <item>
            <baseDate>20190331</baseDate>
            <baseTime>1200</baseTime>
            <category>RN1</category>
            <nx>60</nx>
            <ny>127</ny>
            <obsrValue>0</obsrValue>
        </item>
      - <item>
            <baseDate>20190331</baseDate>
            <baseTime>1200</baseTime>
            <category>T1H</category>
            <nx>60</nx>
            <ny>127</ny>
            <obsrValue>5.2</obsrValue>
        </item>
```

▲ xml 결과 데이터

위 데이터를 보고 '이것은 무슨 데이터이다'라고 이해할 수 있는 사람은 아무도 없습니다. 데이터를 분석하기 위해서는 문서를 보고 확인하는 과정이 필요합니다. 영어문장을 바로 독해하기 위해서는 사전이 필요하듯이 XML데이터를 이해하기 위해서는 개발가이드가 필요합니다.

15 [개발가이드] 버튼을 클릭한 뒤 기술문서를 다운로드 할 수 있습니다.

NO	상세기능	설명	활용제한 여부	일일 트래픽	심의결과	미리보기 다운로드
						개발가이드
1	초단기실황조회	초단기실황정보를 조회하기 위해 예보일자, 예보시간, 예보지점 X좌표, 예보지점 Y좌표의 조회 조건으로 자료구분코드, 실황 값, 예보일자, 예보시간, 예보지점X좌표, 예보지점Y좌표의 정보를 조회하는 기능	-	100	승인	실행

▲ 개발가이드 기술문서 다운로드

기술문서를 지금은 볼 필요가 없습니다. 다음 기회에 다른 공공데이터를 활용해보고 싶을 때 해당 API의 기술문서를 읽어보는 것을 권장합니다.

08-2 공공데이터 분석하기

아래 데이터는 초단기실황조회 XML데이터입니다.

```
<item>
  <baseDate>20190331</baseDate>
  <baseTime>1200</baseTime>
  <category>T1H</category>
  <nx>60</nx>
  <ny>127</ny>
  <obsrValue>5.2</obsrValue>
</item>
```

기술문서를 참고하여 하나씩 분석해보면 baseDate는 발표일자, baseTime은 발표시간, category 는 자료구분코드, nx는 x좌표, ny는 y좌표이며 위경도가 아닌 기상청 격자정보입니다. 마지막으로 obsrValue는 실황 값입니다.

01 baseDate와 baseTime은 있는 그대로 해석하면 됩니다.

02 category는 자료구분코드입니다.

자료구분코드 값이 T1H입니다. 그렇다면 T1H가 무엇인지는 기술문서를 참고하여 확인하여야합니다. T1H는 기온입니다.

	T1H	기온	℃	10
	RN1	1시간 강수량	mm	8
	UUU	동서바람성분	m/s	12
초단기실황	VVV	남북바람성분	m/s	12
	REH	습도	%	8
	PTY	강수형태	코드값	4
	VEC	풍향	0	10
	WSD	풍속	1	10

▲ 초단기실황 자료구분코드 종류 확인

03 nx와 ny는 위도 경도가 아니라 기상청 격자정보입니다.

우리집, 우리 동네의 기상청 격자정보 값은 어떻게 알 수 있을까요? 아래의 주소로 이동하여 엑셀파일을 다운 받고 서울에 마포구 연남동을 검색합니다.

• https://data.kma.go.kr/community/board/detailBoard.do?bbrdTypeNo=4&pgmNo=59&bbrdNo=7525

kor	1144071000 서울특별시	마포구	연남동	59	127	126.92406666666668 37.56169444444444

격자x	격자y	경도(가로)	위도(세로)
59	127	126.92406666666668	37.56169444444444

내가 사는 곳이 연남동이라면 격자x 59 , 격자y 127을 입력하면 됩니다.

04 obsrValue는 실황 값입니다.

해당 값은 자료구분코드에 따라서 값의 형태가 조금씩 달라집니다. 우리는 지금 T1H를 사용하고 있기 때문에 T1H에 대한 obsrValue 값의 종류가 무엇이 있는지를 알아야합니다. obsrValue는 기온의 실황 값을 나타내며 위 표에서 알 수 있듯이 단위가 ℃ 입니다. 따라서 5.2는 현재 온도가 5.2도라는 것을 나타내는 것입니다.

05 아래의 데이터를 다시 한 번 분석해봅시다.

```
<item>
    <baseDate>20190331</baseDate>
    <baseTime>1200</baseTime>
    <category>T1H</category>
    <nx>60</nx>
    <ny>127</ny>
    <obsrValue>5.2</obsrValue>
</item>
```

2019년 3월 31일 오후 12경에 격자x 60, 격자y 127의 위치인 서울특별시 종로구의 온도는 5.2도라는 것을 알 수 있습니다. 서울특별시 종로구라는 것은 엑셀 표를 보고 확인해보면 됩니다.

06 서울특별시 연남동의 날씨를 확인해보겠습니다. 다음과 같이 입력한 뒤 미리보기를 클릭합니다. base_date는 책을 보고 있는 그 날의 날짜를 입력하면 됩니다.

▲ 연남동 날씨 미리보기

07 결과 값은 아래와 같습니다.

```
<item>
    <baseDate>20190331</baseDate>
    <baseTime>1500</baseTime>
    <category>T1H</category>
    <nx>59</nx>
    <ny>127</ny>
    <obsrValue>8.1</obsrValue>
</item>
```

08 _type부분을 json으로 변경하고 다시 한 번 미리보기를 클릭해보겠습니다.

json 파일을 저장 한 뒤 파일을 메모장으로 열어봅시다. 다음과 같은 데이터를 볼 수 있습니다.

```
{"response":{"header":{"resultCode":"0000","resultMsg":"OK"},"body":{"items":{"item":[{"baseDate":201903
31,"baseTime":1500,"category":"PTY","nx":59,"ny":127,"obsrValue":0,{"baseDate":20190331,"baseTime":1500
,"category":"REH","nx":59,"ny":127,"obsrValue":27},{"baseDate":20190331,"baseTime":1500,"category":"RN1"
,"nx":59,"ny":127,"obsrValue":0},{"baseDate":20190331,"baseTime":1500,"category":"T1H","nx":59,"ny":127,
"obsrValue":8.2},{"baseDate":20190331,"baseTime":1500,"category":"UUU","nx":59,"ny":127,"obsrValue":2.8}
,{"baseDate":20190331,"baseTime":1500,"category":"VEC","nx":59,"ny":127,"obsrValue":300},{"baseDate":201
90331,"baseTime":1500,"category":"VVV","nx":59,"ny":127,"obsrValue":-1.5},{"baseDate":20190331,"baseTime
":1500,"category":"WSD","nx":59,"ny":127,"obsrValue":3.2}]},"numOfRows":10,"pageNo":1,"totalCount":8}}}
```

위 데이터는 xml 타입의 데이터가 아닌 json 타입의 데이터입니다. xml 타입의 데이터가 눈에 보기 훨씬 편하다는 것은 여러분도 바로 확인할 수 있을 것입니다. 하지만 데이터의 양이 확연히 줄어든 것을 확인할 수 있습니다. json 데이터타입은 xml처럼 모든 정보를 의미 있게 표현할 수 있으면서 데이터가 가벼워서 좋습니다.

09 json 데이터를 깔끔하게 정리하여 보기 위해 jsonparseronline 사이트로 이동하여 json 데이터를 좌측 input 창에 붙여 넣습니다.

- http://jsonparseronline.com/

▲ jsonparseronline 사이트

10 xml 데이터와 json 데이터를 비교해 봅니다.

```json
{
    "baseDate" : 20190331,
    "baseTime" : 1500,
    "category" : "T1H",
    "nx" : 59,
    "ny" : 127,
    "obsrValue" : 8.2
},
```

```xml
<item>
    <baseDate>20190331</baseDate>
    <baseTime>1500</baseTime>
    <category>T1H</category>
    <nx>59</nx>
    <ny>127</ny>
    <obsrValue>8.2</obsrValue>
</item>
```

▲ json 결과 확인   ▲ xml 결과 데이터 비교

글자 수가 json 타입이 확연히 작다는 것을 확인할 수 있습니다. 글자 수가 확연히 작지만 분석하는 데는 전혀 무리가 없습니다. xml 데이터는 item이라는 태그(◇)로 묶여 있고 그 안에 모든 값들이 태그(◇)로 감싸져 있습니다. 하지만 json 데이터는 ({)으로 시작하여 (})으로 끝나는 형태를 취합니다. 그리고 데이터들의 구분을 여는 태그와 닫는 태그가 따로 있는 것이 아닌 콤마(,)로 구분합니다.

08-3 파이썬을 활용하여 온습도 확인하기

공공데이터 포털에서 제공해주는 샘플코드를 이용하여 보겠습니다.

01 공공데이터 포털 사이트에서 마이페이지로 이동하여 (신)동네예보정보조회서비스에 들어갑니다.

▲ 마이페이지 – 동네예보정보조회서비스 확인

02 상세설명을 클릭하여 줍니다.

▲ 상세설명 선택

03 초단기실황조회를 선택합니다.

상세기능	활용사례	추천데이터

상세기능

목록 [초단기실황조회 ▾] [조회]

실황정보를 조회하기 위해 발표일자, 발표시각, 예보지점 X 좌표, 예보지점 Y 좌표의 조회 조건으로 자료구분코드, 실황값, 발표일자, 발표시각, 예보지점 X 좌표, 예보지점 Y 좌표의 정보를 조회하는 기능

활용승인 절차 개발단계 : 자동승인 / 운영단계 : 자동승인
신청가능 트래픽 개발계정 : 10,000 / 운영계정 : 활용사례 등록시 신청하면 트래픽 증가 가능
요청주소: http://apis.data.go.kr/1360000/VilageFcstInfoService_2.0/netl iltraSrtNcst
서비스URL http://apis.data.go.kr/1360000/VilageFcstInfoService_2.0

[✐ 활용신청]

▲ 초단기 실황 조회 선택

04 샘플코드에서 Python을 선택합니다.

샘플코드

| Java | Javascript | C# | PHP | Curl | Objective-C | **Python** | Nodejs | R |

```
# Python3 샘플 코드 #

import requests

url = 'http://apis.data.go.kr/1360000/VilageFcstInfoService_2.0/getUltraSrtNcst'
params ={'serviceKey' : '서비스키', 'pageNo' : '1', 'numOfRows' : '1000', 'dataType' : 'XML', 'base_date' : '20210628', 'base_time' : '0600', 'nx' : '55', 'ny' : '127' }

response = requests.get(url, params=params)
print(response.content)
```

▲ 파이썬 샘플 코드 복사

위 샘플코드에서 데이터를 요청하기 위해 사용 중인 모듈은 urllib2입니다. 하지만 urllib2는 최근에 잘 사용되지 않습니다. 그 이유는 requests라는 강력한 모듈이 있기 때문입니다. requests 모듈은 믿을 수 없을 만큼 소스 코드를 간단하게 만들어줍니다.

> **잠깐만!!** **urllib2와 requests 무슨 차이가 있을까요?**
> 데이터 전송 시 requests는 딕셔너리 형태, urllib는 인코딩하여 바이너리 형태로 전송합니다. 그리고 존재하지 않는 페이지 요청 시 requests는 에러를 띄우지 않지만 urllib는 에러를 발생시킵니다.

05 이제 VNC를 이용하여 라즈베리 파이로 돌아갑니다. 다음과 같은 폴더 구조를 생성합니다.

```
webapps
  - ch06
    - weather
      - weather_test.py
```

서비스키 값은 다음과 같이 복사하여 붙여주시면 됩니다.

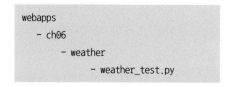

| 일반 인증키 (UTF-8) | wJmmW29e3AEUjwLioQR22CpmqS645ep4S8TSlqtSbEsxvnkZFoNe7YG1weEWQHYZ229eN Lidnl2Yt5EZ3Stv7g%3D%3D [복사] |

▲ 일반 인증키 복사

01 다음과 같이 코드를 작성하고 저장합니다.

실습파일 : /home/pi/webapps/ch06/weather/weather_test.py

```python
from urllib.parse import unquote
import requests
import json

url = 'http://apis.data.go.kr/1360000/VilageFcstInfoService_2.0/getUltraSrtNcst'
params ={
    'serviceKey' : unquote('일반인증키'),
    'pageNo' : '1',
    'numOfRows' : '1000',
    'dataType' : 'JSON',
    'base_date' : '20240824',
    'base_time' : '0600',
    'nx' : "59",
    'ny' : "127"
}

response = requests.get(url, params=params)
r_dict = json.loads(response.text)
r_response = r_dict.get("response")
r_body = r_response.get("body")
r_items = r_body.get("items")
r_item = r_items.get("item")
result = {}
for item in r_item:
    if(item.get("category") == "T1H"):
        result=item
        break
print("========== data start ==============")
print(result)
print("========== data start ==============")
```

url은 자원에 접근하기 위한 최종 주소입니다. queryString은 ? 뒤에 나오는 부분을 의미하며 클라이언트가 url자원에 접근할 때 queryString(쿼리스트링)을 이용하여 필요한 데이터를 서버로 전송하기 위해 사용합니다. 위와 같은 경우는 '나는 온습도 데이터가 필요해'라고 url을 입력하고 queryString을 통해서 조건 데이터를 서버로 전송합니다. '내가 온습도 데이터가 필요한데 날짜는 20190331이고 1200데이터가 필요하며 좌표 값은 59, 127이야' 라는 식으로 조건 데이터를 전송하는 것입니다. 쿼리스트링이 없으면 내가 필요한 자원이 있다하더라도 구체적인 조건을 제시하지 못합니다. 쿼리스트링을 함께 전송하면 서버 쪽 데이터베이스에 있는 구체적인 데이터를 요청받을 수 있게 됩니다.

예를 들어보겠습니다. 통닭을 먹고 싶은 철수가 있습니다. 철수는 통닭을 저녁 7시에 먹고 싶습니다. 그리고 한 마리를 먹고 싶으며, 양념통닭을 먹기를 원합니다. 콜라는 500ml를 먹기를 원합니다. 이때 통닭집에 전화를 해야 하니까 전화번호가 url에 해당합니다. url만 있다고 해서 우리가 통닭을 요청할 수 있을까요? 아닙니다. 우리에게는 조금 더 구체적인 요청사항이 있습니다.

```
종류 : 양념통닭
콜라 : 500ml
시간 : 1900
사이즈 : 한마리
```

이렇게 요청을 해야 하니 이것을 쿼리스트링이라고 생각하면 되겠습니다.

02 우리가 원하는 데이터만 찾아오게 되었습니다.

```
==== response dictionary(python object) data start ====
{'obsrValue': 18.3, 'ny': 127, 'baseTime': 1200, 'baseDate': 20190407, 'category': 'T1H', 'nx': 59}
==== response dictionary(python object) end ====
```

Raspberry Pi

많은 자료들을 특정한 규칙에 맞게 대용량의 저장장치에 보관하여 필요한 업무에 사용될 수 있는 것을 데이터베이스라고 할 수 있습니다. 프로그래밍에 있어 데이터베이스에 있는 자료를 검색하고 가공하고 저장할 수 있는 능력은 꼭 필요한 부분입니다. 이번 장은 데이터베이스에 대한 기본적인 이해를 통해서 필요한 자료를 검색하고, 가공하고, 저장하며 파이썬에서 라즈베리 파이에서 설치된 Maria 데이터베이스 서버에 접속하는 방법에 대해 알아봅시다.

Maria 데이터베이스 활용하기

01 _ 데이터베이스 설치

01-1 DBMS 설치하기

라즈베리 파이에서 Maria 데이터베이스 서버에 설치하는 방법은 간단합니다. 설치용 파일을 다운받아서 설치하는 방법과 apt-get을 이용하는 방법이 있지만 apt-get를 이용하는 방법이 훨씬 간단하고 실용적이므로 본 교재도 Maria 데이터베이스 서버에 설치는 라즈베리 파이에서 apt-get방법을 이용해서 설치하도록 하겠습니다.

Maria 설치

01 우선 시스템에 업데이트가 있나 먼저 확인을 한 후에 설치를 진행하도록 하겠습니다. 라즈베리 파이의 Terminal에서 다음과 명령어를 입력합니다.

▲ 시스템 업데이트 및 업그레이드

02 라즈베리 파이의 Terminal에서 다음과 명령어를 입력하여 Maria 데이터베이스 서버를 설치합니다.

▲ 라즈베리 파이에서 Maria 데이터베이스 서버 설치

03 설치 중간에 다음과 같은 질문을 합니다. 'y'라고 입력을 하고 계속 진행합니다.

```
pi@raspberrypi:~ $ sudo apt-get install mariadb-server mariadb-client
패키지 목록을 읽는 중입니다... 완료
의존성 트리를 만드는 중입니다
상태 정보를 읽는 중입니다... 완료
The following additional packages will be installed:
  libdbd-mysql-perl libmariadb3 mariadb-client-10.3
  mariadb-client-core-10.3 mariadb-common mariadb-server-10.3
  mariadb-server-core-10.3
제안하는 패키지:
  mailx mariadb-test tinyca
다음 새 패키지를 설치할 것입니다:
  libdbd-mysql-perl libmariadb3 mariadb-client mariadb-client-10.3
  mariadb-client-core-10.3 mariadb-common mariadb-server
  mariadb-server-10.3 mariadb-server-core-10.3
0개 업그레이드, 9개 새로 설치, 0개 제거 및 10개 업그레이드 안 함.
3 바이트/14.7 M바이트 아카이브를 받아야 합니다.
이 작업 후 148 M바이트의 디스크 공간을 더 사용하게 됩니다.
계속 하시겠습니까? [Y/n] y
```

▲ 라즈베리 파이에서 Maria 데이터베이스 서버 설치 시 진행 여부 질문

04 라즈베리 파이에서 Maria 데이터베이스 서버 설치 시에 보여 지는 Terminal 화면입니다. 별다른 오류가 없으면 다음과 같은 화면으로 설치가 됩니다.

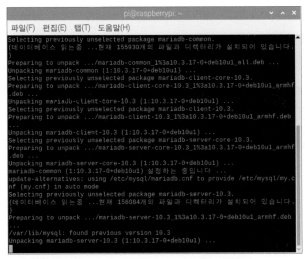

▲ 라즈베리 파이에서 Maria 데이터베이스 서버 설치 진행 화면

05 설치가 완료가 되었다면 라즈베리 파이 Terminal 화면에서 다음과 같은 명령어로 Maria 데이터베이스 서버에 접속을 합니다.

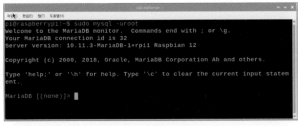

※ mariaDB 버전은 설치 시점에 따라 달라질 수 있습니다.
(현재 버전 10.11.3)

▲ 설치에 성공한 Maria 데이터베이스 서버에 접속

06 접속을 하고 나서 기본적으로 제공되는 Database을 목록을 보기 위해 다음과 같은 명령어를 입력합니다.

▲ 현재의 Database 목록

07 설치한 Maria 데이터베이스 서버에 예제로 사용할 mydb라는 database을 생성하고 해당 database을 사용하기 위해 다음과 명령어를 입력합니다. 7장에서 예제로 사용하게 되는 테이블(tblRegister)은 mydb라는 database에서 만들 겁니다. mydb 뒤에 있는 'collate utf8_general_ci' 값은 한글 사용하기 위한 설정 값입니다.

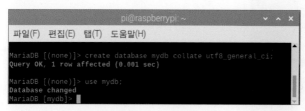

▲ mydb라는 Database을 생성하고 mydb 사용을 선택

지금까지 라이베리 파이에서 Maria 데이터베이스 서버를 설치하였고 mydb라는 database를 만들어 보았습니다. 이제부터는 Maria 데이터베이스 서버에서 사용할 기본적인 SQL문에 대해서 배워보도록 하겠습니다.

02 _ Maria 데이터베이스 서버에 질의문을 이용한 회원테이블 작성하기

데이터베이스에 저장된 데이터들을 다루기 위한 명령어들에 대해 하나씩 알아보도록 하겠습니다. 먼저 데이터베이스에 저장될 데이터들은 칼럼(Column), 레코드(Record), 테이블(Table), 데이터베이스(DataBase)로 나타내어집니다.

02-1 데이터베이스의 구성 '도서관'

도서관에는 수많은 책들이 있습니다. 그들 책은 하나하나 책이름과 저자, 출판사라는 특징을 가지고 있습니다. 좀 더 구체적으로 '라즈베리 파이 입문'이란 책을 생각해 볼까요? 이 책은 '앤써북'이라는 출판사에서 출판하였고, 저자는 '홍길동' 이렇게 세 가지 특징을 갖고 있습니다. 이 외에도 이 도서관에는 다양한 제목을 가진 책이 많이 있습니다.

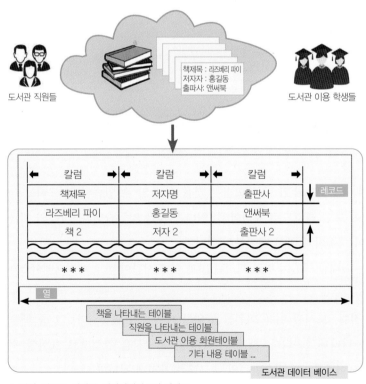

▲ 칼럼, 레코드, 테이블, 데이터베이스의 개념도

> **SQL : Structured Query Language**
> 구조화된 질의어로 데이터베이스의 데이터들을 조작하는 명령들입니다.
>
> **예** select id, name, email, from tblRegister
>
> select는 어떤 데이터를 가져온다는 의미입니다. 그리고 from 뒤에 있는 부분은 어떤 공간을 지정합니다. 그래서 어떤 공간으로부터 select 하는데, select하는 부분들은 id, name, email, 이니까 이 부분을 select 하라는 의미입니다.

TIP

데이터베이스는 하나의 창고와 같습니다. 많은 자료를 저장할 창고가 됩니다. 이 창고를 만들고 이 창고 안에 테이블을 생성하고, 그리하여 이 테이블에 자료를 저장합니다. 이것이 가장 기본적인 데이터베이스, 테이블의 사용 순서가 된다고 하겠습니다.

- **열, 속성(Attribute)** : 속성은 위의 예에서 책제목, 저자명, 출판사명 등이 될 수 있습니다. 실제 데이터베이스에서 책제목은 책제목이 들어갈 열에 저장되고, 저자명은 저자명이 들어갈 열에 저장되는 식으로 각 열에 맞는 값들이 들어가게 됩니다. 그림에서 각각의 세로로 구분되는 부분입니다. 여기서 하나의 행은 다수의 속성들로 이루어진다는 것을 알 수 있으며 여러 행들 중 각각의 행들을 구별할 수 있는 칼럼은 그 테이블의 키(key)가 됩니다.
- **레코드** : '라즈베리 파이 입문'이란 책은 '라즈베리 파이 입문'이라는 책제목, '홍길동'이란 저자명, '앤써북'이라는 출판사명을 가지는데 이렇게 여러 연관된 속성의 집합이 레코드가 됩니다. '라즈베리 파이 입문', '홍길동', '앤써북'이 '라즈베리 파이 입문'이라는 한 권의 책을 나타내는 한 레코드가 됩니다. 마찬가지로 'Python'을 나타내는 속성들로 구성된 레코드도 있을 것입니다. 결국 하나의 책은 하나의 레코드에 대응이 될 수 있습니다. 그림에서 가로의 행에 해당되는 부분입니다.

TIP

Entity, Attribute에 대하여...

실제로 데이터베이스에 있어서 한 개체(Entity)는 하나의 테이블로 표현됩니다. 개체는 바로 책, 직원, 회원들이 됩니다. 다른 예를 든다면, 개체는 학생, 교수, 강좌 등 독립적으로 존재하는 대상을 말합니다. 하나의 개체는 자신의 특성을 가집니다. 이런 특성을 개체의 속성이라고 합니다. 좀 더 데이터베이스적인 용어를 빌려서 말한다면, '하나의 개체는 하나 이상의 속성을 가지고 있다'라고 할 수 있습니다.

❝ 관계형 데이터베이스

관계형 데이터베이스는 모든 데이터들을 테이블과 같은 형태로 나타내어 저장하는 데이터베이스입니다. 즉 행과 열로써 데이터를 표현하는 데이터베이스입니다. 결국 우리가 사용하는 '표'의 개념을 이용한 데이터베이스입니다.

❝ 주키(Primary Key)

관계형 데이터베이스에서 주키는 아주 중요합니다. 그림의 책 테이블의 경우에는 그림 상으로는 책이름이 주키가 되고(중복된 책이름이 없는 경우), 도서관 직원 테이블의 경우의 주키는 직원 하나하나를 구별할 수 있는 칼럼(예를 들면 직원번호 정도가 될 것입니다.)을 주키로 정하고, 도서관 이용 회원 테이블의 경우는 회원의 ID를 주키로 정하면 될 것입니다.

- **테이블** : 도서관에 보관되어 있는 책은 그 수가 아주 많다는 것을 쉽게 알 수 있습니다. 그리고 그 각각의 책들은 하나하나의 속성이 모인 레코드로 표현할 수 있다는 것을 알았습니다. 각각의 책들은 책꽂이에 꽂혀져 있습니다. 이 책꽂이가 바로 테이블이 됩니다.
- **데이터베이스** : 책, 책꽂이가 있는 거대한 공간이 바로 도서관인데, 이 도서관이 바로 데이터베이스가 되는 것입니다.

도서관에는 소장된 책, 도서관 직원, 도서관 이용 회원들을 위한 테이블이 있습니다. 그 중 책을 나타내는 테이블에 대한 개념을 나타내었습니다. 책제목, 저자명, 출판사를 칼럼으로 표현할 수 있는 책 테이블은 도서관에 소장되어 있는 책 권수만큼의 레코드를 가지게 됩니다.

또한 도서관 직원, 도서관 이용회원에 대한 테이블도 그들을 표현할 수 있는 속성을 가질 수 있습니다. 이렇게 해서 도서관에 관계되는 여러 테이블이 모여서 전체적으로 도서관 데이터베이스를 구성하게 되는 것입니다. 테이블은 복수 개의 레코드로 구성이 되는데 그들 각각의 레코드를 구별하기 위해 쓰이는 주키(Primary Key)라는 개념이 있어 복수 개의 레코드를 구별할 수 있다고 했습니다. 즉 중복되는 책이름을 가진 책들이 있다고 해도 주키 값으로 그들 각각을 구별할 수 있습니다. 그림에는 책제목으로 각각의 레코드를 구별할 수 있도록 되어 있습니다. 하지만 중복되는 책이름이 있는 경우도 있습니다. 이 경우에는 책 각권이 일련번호를 부여하는 식으로 유일한 주키 값을 배정할 수가 있습니다.

잠깐만!!

- 관계형 데이터베이스에서 나타나는 여러 관계

관계형 데이터베이스는 말 그대로 테이블 간의 관계를 포함하고 있습니다. 이러한 관계에서 나타날 수 있는 경우는

- one to one (1:1) 관계 : 한 테이블에 있는 하나의 데이터는 다른 테이블에 있는 하나의 데이터와 연관

예 회원테이블과 주민번호테이블. 이때는 회원테이블에 있는 한 회원이 가지는 주민번호는 주민번호테이블에 있는 하나의 주민번호와 연관이 됩니다.

- one to N (1:N) 관계 : 한 테이블에 있는 하나의 데이터는 다른 테이블에 있는 여러 개의 데이터에 연관됩니다.

예 회원테이블과 주문테이블. 이 경우는 한 회원이 주문한 상품은 하나 이상이 될 수 있는 것을 말합니다. 가장 흔한 관계가 이 경우입니다.

- N to N (N:N) 관계 : 복수 개의 데이터는 복수 개의 데이터에 연관이 됩니다. 이 경우는 비정상적인 관계가 됩니다. 그래서 N : N 관계는 1 : N, N : 1의 관계를 가질 수 있게 하나의 테이블을 더 만들어야 합니다.

예 회원테이블과 동호회테이블 : 한 회원은 복수 개의 동호회에 해당될 수 있고, 한 동호회는 복수의 회원에 대한 정보를 가질 수 있습니다. 회원 테이블 1 : 동호회테이블 N, 동호회테이블 1 : 회원테이블 N인 경우가 합해지면, N : N 관계가 되어 버립니다. 해결책은 회원테이블 : 회원동호회테이블 : 동호회테이블 식을 구성이 되어서 1 : N : 1의 식으로 테이블이 구성되어야 합니다.

- 데이터형 : 테이블을 구성하는 하나하나의 칼럼들 중에는 앞서 말했던 책제목이나 저자명, 출판사명처럼 문자로 된 부분이 있을 수 있고, 직원테이블에서 각각의 직원의 나이나, 몸무게 등 수치상의 정보가 있을 것입니다. 또한 출판년도 처럼 날짜형의 정보가 있을 수 있습니다. 이렇게 문자형태, 숫자형태, 날짜형태에 맞게끔 칼럼의 속성을 지정하는 것입니다. 데이터형의(정수형, 실수형, 문자형, 날짜형)은 다음과 같은 것들이 있습니다.

	데이터형	저장공간 크기	설명 및 특징
숫자형	INT(size)	4 bytes	숫자형 칼럼(정수)
	FLOAT	4 bytes	숫자형 칼럼(실수)
	DOUBLE	8 bytes	숫자형 칼럼(실수)
	REAL	8 bytes	숫자형 칼럼(실수)
날짜형	DATETIME	8 bytes	날짜형 칼럼
	DATE	3 bytes	날짜형 칼럼
	TIMESTAMP	4 bytes	날짜형 칼럼
문자형	CHAR	1~255까지 저장	문자형 칼럼
	VARCHAR	1~255까지 저장	문자형 칼럼
	BOLB	최대길이 65536	문자형 칼럼

▲ Maria 데이터베이스 서버 데이터형

02-2 회원테이블 만들기

개념을 실제로 Maria에서 구현을 해보도록 하겠습니다. 앞으로는 이 책에서 사용하기 위한 데이터 베이스 이름은 'mydb'로 정하고, 이 책의 후반부에 나오는 실제 예제에서 사용하기 위한 데이터베이스로서 mydb에 들어갈 테이블은 회원테이블이 있습니다. 일반적으로 사이트에 가입하는 회원에 대한 내용을 저장하기 위한 회원테이블을 먼저 만들어 보기로 하겠습니다.

우선 Maria 데이터베이스 서버를 가동하는 것이 첫 번째로 해야 할 일입니다. 데이터베이스에 연동이 되는 프로그램을 만들기 위해서는 반드시 데이터베이스를 가동해야 합니다. 그런 다음 mydb라는 이름의 데이터베이스를 생성하도록 하겠습니다.

※ 실제 개발 시에는 데이터베이스용 서버를 따로 두어 서비스를 하고 있는 경우가 많습니다. 이때도 데이터베이스 서버로 접속을 할 경우 그 서버가 구동중인지를 먼저 확인한 후에 데이터베이스 서버로 접속해야 합니다.

> **❝ 데이터 모델링**
>
> 실제 프로젝트에는 데이터 모델이 필수입니다. 데이터 모델이 없이 프로젝트가 진행될 수는 없습니다. 그만큼 모델링은 프로젝트에서 중요하고, 많은 부분을 차지하고 있습니다. 이 모델링 단계를 거쳐서 각 개체(테이블) 간의 관계가 정의된 다이어그램이 작성되어 집니다. 그런 다음에 이 모델을 토대로 프로그램 작업이 수행이 되어 집니다. 프로그램이 아무리 중요하다고 해도 모델이 없다면, 프로젝트는 수행될 수 없는 정도입니다.

(1) 데이터베이스 생성에서 테이블 생성까지

회원정보를 담아둘 회원테이블을 생성해야 할 차례입니다. 회원테이블의 구성에 대해서 생각해 보겠습니다. 여러분들이 사이트에서 회원가입을 할 때 입력했던 그런 내용들이 회원테이블의 속성이 될 수 있습니다. 우선 각각의 회원들이 사용할 아이디가 있어야 하고, 패스워드, 회원이름, 주민등록번호, 이메일, 전화번호, 주소, 직업 등이 있을 수 있습니다. 물론 상세한 정보를 담아두기 위해서 이보다 더 많은 속성을 두어서 회원에 대한 정보를 담을 수 있습니다.

결혼여부, 결혼기념일, 관심분야, 취미 등등 여러 가지가 있을 수 있습니다. 여기서는 기본 정보만을 담아 두도록 하겠습니다. 이렇게 하면 위에 말했던 속성을 가진 테이블이 구성됩니다. 테이블을 그림으로 나타내어 보겠습니다.

회원 테이블	tblRegister
회원아이디	id: VARCHAR(20)
패스워드	pwd: VARCHAR(20)
이름	name: VARCHAR(20)
주민등록번호앞자리	num1: CHAR(6)
주민등록번호뒷자리	num2: CHAR(7)
이메일	email: VARCHAR(30)
전화번호	phone: VARCHAR(30)
우편번호	zipcode: CHAR(5)
주소	address: VARCHAR(30)
직업	job: VARCHAR(30)

▲ 회원테이블 표

그림은 회원테이블에 들어갈 속성들을 나타내는 그림입니다. 왼쪽의 '회원테이블'은 논리적으로 테이블에 들어갈 속성을 나타낸 부분이고, 오른쪽의 'tblRegister'는 실제 데이터베이스에 만들어진 속성들과 각각의 속성들이 가질 크기, 혹은 길이를 정의한 실제의 테이블입니다.

데이터베이스를 생성하기 위해서 필요한 질의문은 다음과 같습니다.

데이터베이스 생성

CREATE DATABASE [DATABASE_NAME]
설명 : [DATABASE_NAME]의 부분에 만들어질 데이터베이스 이름을 적습니다.
예 CREATE DATABASE myDB

> **TIP**
>
> Maria 서버는 리눅스, 유닉스, 윈도우용이 있습니다. 이때 Maria는 내부적으로 동작하는 방식은 운영체제와 연관이 되어 있습니다. 리눅스(라즈베리 파이)의 운영체제는 대소문자를 구별하기 때문에 Maria에서 사용되는 쿼리문(Query) 등은 대소문자를 구별합니다.

> **TIP**
>
> database 삭제 명령
> DROP DATABASE [DATABASE_NAME]
> 이 명령은 데이터베이스를 삭제하는 명령입니다. 삭제된 데이터베이스는 복구가 되지 않습니다. 이 명령을 사용할 때는 조심해서 사용하시길 바랍니다.

USE [DATABASE_NAME]
설명 : [DATABASE_NAME] 사용할 데이터베이스 이름을 입력합니다.

> **TIP**
>
> 실제로 데이터베이스를 사용하기 위한 명령어는 아주 많은 종류가 있습니다. 그런 명령어들을 잘 기억하고 어떻게 사용하는지에 대해서 잘 알아두면 데이터베이스 사용에 있어 부담을 훨씬 줄일 수 있습니다. 하지만 이 책에서는 데이터베이스에 관해 기초적인 지식만을 다루도록 하겠습니다. 데이터베이스에 대해 자세히 알고 싶다면 다른 서적이나 관련 자료를 참고하면 됩니다.

이 명령은 여러 데이터베이스를 사용할 때 필요한 명령입니다. 다른 데이터베이스에 있는 테이블을 사용할 때 USE 명령을 사용해서 사용할 테이블이 있는 데이터베이스를 먼저 지정하고 그 다음 테이블을 사용하며 됩니다.

현재는 mydb란 이름의 데이터베이스만 존재할 뿐 다른 테이블은 없습니다. use mydb 또는 mydb로 로그인을 했다면 현재 사용하는 데이터베이스는 mydb란 데이터베이스입니다.

01 이제 'tblRegister'란 이름을 가진 테이블을 생성하도록 하겠습니다. 라즈베리 파이 터미널에서 다음 질의문을 입력하고 난 뒤 실행을 시킵니다. 만약 오타나 잘못된 부분이 있을 경우 에러가 발생하므로 주의해서 입력하길 바랍니다.

테이블 생성 명령
```
CREATE TABLE [TABLE_NAME](
 [COL_NAME1 TYPE][PRIMARY KEY][NOT NULL/NULL],
 [COL_NAME2 TYPE2],
 [COL_NAME1 TYPE3]...)
```

설명 : [TABLE_NAME] 테이블 이름을 입력합니다.
　　　[PRIMARY KEY]는 만들어질 테이블의 키를 설정합니다.
　　　[NOT NULL/NULL]테이블의 속성(칼럼)에 들어갈 값 중에 NULL 값을 허용/비허용을 설정하는 부분입니다.

```
01 :     CREATE TABLE tblRegister(
02 :     id          VARCHAR(20) NOT NULL,
03 :     pwd         VARCHAR(20) NOT NULL,
04 :     name        CHAR(6) NULL,
05 :     num1        CHAR(6) NULL,
06 :     num2        CHAR(7) NULL,
07 :     email       VARCHAR(30) NULL,
08 :     phone       VARCHAR(30) NULL,
09 :     zipcode     CHAR(5) NULL,
10 :     address     VARCHAR(60) NULL,
11 :     job         VARCHAR(30) NULL
12 :     );
```

※ 아이디와 패스워드 이외에도 꼭 필요한 부분이 있다면 NOT NULL로 설정해도 됩니다. NOT NULL로 설정된 칼럼은 저장될 값이 꼭 있어야 합니다.

02 : 회원의 아이디를 저장할 칼럼입니다. ID가 들어갈 공간은 20자 정도면 저장할 수 있기 때문에 VARCHAR(20)으로 설정하고, 아이디는 꼭 필요하기 때문에 NOT NULL로 설정합니다.

03 : 패스워드 또한 20자 정도로 설정하고, 꼭 필요하기 때문에 NOT NULL로 설정합니다.

04 : 이름은 최대 6자로 설정합니다. 회원테이블에서 꼭 필요한 부분이 아이디와 패스워드입니다. 나머지는 저장될 값이 없어도 가능한 NULL로 설정합니다.

05 : 주민등록번호 중 앞부분 6자리가 들어갈 부분입니다.

06 : 주민등록번호 중 뒷부분 7자리가 들어갈 부분입니다.

07 : 이메일 주소가 들어갈 자리는 30자로 설정합니다. VARCHAR 타입의 경우는 실제로 들어갈 값이 설정된 크기보다 클 때는 실제 값만큼 길이가 증가합니다. 30자가 넘는 이메일 주소가 있을 경우를 대비해서 VARCHAR로 설정합니다.

08 : 전화번호가 저장될 칼럼을 설정합니다.

09 : 우편번호 '12345' 5자리가 저장될 칼럼을 설정합니다.

10 : 주소를 저장할 칼럼을 설정합니다.

11 : 직업을 저장할 칼럼을 설정합니다.

02 다음과 같은 명령어로 입력하고 실행하면 테이블이 생성될 것입니다.

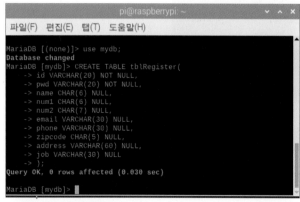

▲ tblRegister 테이블 생성

(2) 생성된 테이블 관리하기

데이터베이스 생성 후에 생성한 데이터베이스에 테이블을 생성했습니다. 현재의 데이터베이스에 어떤 테이블들이 있는가 하는 명령은 SHOW TABLES입니다. 이 명령어를 실행시켜보면 현재 데이터베이스에 생성되어 있는 테이블을 볼 수 있습니다.

테이블 전체 보기 명령

SHOW TABLES;

이상 없이 테이블이 생성되었다면 다음의 명령을 사용하여 테이블 속성을 확인합니다.

테이블 속성 보기 명령

DESC [TABLE_NAME]
설명 : [TABLE_NAME]에 원하는 테이블 이름을 입력합니다.

만약 테이블을 생성했는데 데이터 타입을 바꾸고자 할 때, 특정 칼럼에 주키를 부여할 때에 사용되는 명령어에 대해서 알아보겠습니다.

01 tblRegister 테이블의 속성을 보기 다음과 같은 명령어를 입력합니다.

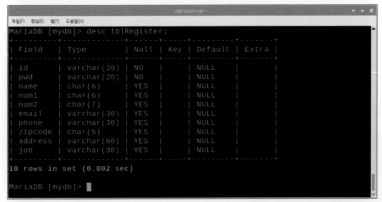

▶ tblRegister 테이블 속성

테이블구조 변경 명령(특정 칼럼에 키를 부여할 때)

ALTER TABLE [TABLE_NAME]
ADD PRIMARY KEY(COL_NAME);
설명 : [TABLE_NAME] 구조를 변경할 테이블 명을 입력합니다.
COL_NAME 구조를 변경할 칼럼명을 입력합니다.

앞의 명령을 사용해서 tblRegister 테이블 칼럼 중에 'ID'라는 칼럼을 주키로 설정하겠습니다. 앞에서 설명한 것처럼 주키란 테이블 안에 있는 여러 행들과 구분하기 위한 것이라고 했습니다.

```
001    ALTER TABLE tblRegister
002        ADD PRIMARY KEY (ID);
```

TIP

ALTER 명령

ALTER 명령은 새로운 칼럼을 추가하거나 삭제 또는 데이터 형을 변경하고자 할 때 사용하는 명령어입니다. 만약 칼럼 하나하나에 대한 변경이 불가능하다면 테이블을 삭제하고 다시 만들어야 하는 불편함이 있겠죠?
참고로 테이블을 삭제하는 명령어는 DROP TABLE [TABLE_NAME]입니다. 삭제 명령을 사용할 경우 삭제한 테이블은 복구가 불가능하기 때문에 잘 생각해서 사용하시기 바랍니다.

02 다음과 같은 명령어로 입력하고 실행하면 tblRegister 테이블의 id 컬럼의 속성이 주키 수정이 됩니다.

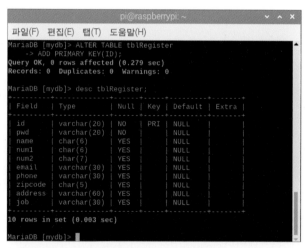

▲ tblRegister 테이블의 id 속성을 primary key로 변경

(3) 데이터를 조회하는 명령

테이블 안에 있는 데이터를 조회하기 위한 명령입니다.

TIP

데이터 조회 명령

❶ select * from table_name
❷ select col_nm1, col_nm2, col_nm3... from table_name
❶, ❷는 실행결과가 똑같습니다. 실제로 어떤 테이블에 있는 레코드를 조회하기 위한 명령어로 ❶, ❷ 질의를 사용해서 실행시켜 본 결과는 동일합니다. 하지만, 실제로 ❷ 질의가 수행이 빠릅니다. 프로그램 작성 시 전체 칼럼을 뜻하는 '*'보다, 칼럼 이름을 직접 기입하는 것이 더 좋습니다.

데이터 조회 명령

SELECT * FROM [TABLE_NAME]
설명 : '*'은 모든 칼럼을 불러온다는 뜻입니다. 필요한 칼럼만 불러올 경우에는 칼럼명을 입력하고 중간에 ','를 사용해서 구분하면 됩니다.
[TABLE_NAME]에 조회대상 테이블이름을 입력합니다.
예 SELECT ID, PASSWD, JOB, FROM tblRegister

```
001     SELECT * FROM tblRegister;
```

위 명령을 실행하면 현재 테이블 안에는 아무런 데이터가 없기 때문에 칼럼 이름만 표시되고 안의 데이터는 공백으로 표시됩니다.

(4) 데이터 입력 명령

테이블에 실제 데이터를 입력하기 위한 명령입니다.

데이터 입력 명령

INSERT INTO [TABLE_NAME] (COL_NAME1, COL_NAME2...)
          VALUES(INPUT_VALUE1, INPUT_VALUE2...);
설명 : [TABLE_NAME] 데이터를 입력할 대상 테이블이름을 입력합니다.
      [COL_NAMEn] 데이터가 입력될 칼럼이름을 입력합니다.
      [INPUT_VALUEn] 실제 데이터를 입력합니다.

VALUES 절 안에 실제로 입력될 데이터들이 있는데 이들 중 문자(문자열)의 경우는 ('문자열') 형식으로 감싸야 합니다. 하지만 숫자형의 경우는 ''으로 감싸면 안 됩니다.

INSERT 명령에서 중요한 것은 칼럼이름과 대응한 데이터들의 개수와 순서가 같아야 하는 것입니다. 만약 모든 칼럼에 들어갈 데이터라면 INSERT INTO TABLE_NAME 다음에 칼럼명은 생략해도 됩니다. 이때 VALUES 다음에 나오는 데이터들은 전체 칼럼 개수와 같아야 합니다.(전체 칼럼에 데이터를 입력할 경우에는 테이블이름 다음에 칼럼 명을 적는 부분을 생략해도 됩니다.)

또한, 전체 칼럼에 입력하는 경우가 아닌 몇 개의 칼럼에 대해서 데이터를 저장할 경우에는 칼럼 명을 분명히 적어주어야 합니다. 이때 칼럼 개수와 순서에 맞게 데이터를 입력해야 합니다. INTO 명령어는 생략 가능합니다. 구 버전에서 사용했든 명령어이지만 지금은 생략해도 무방합니다.

아래의 명령을 입력하고 나서 실행합니다.

```
INSERT INTO
        tblRegister(ID, PWD, NAME)
    VALUES('rorod', '1234', '이경미')
        ID, PASSWD, NAME의 개수, 순서에 맞게 'rorod', '1234', '이경미'처럼 입력해야 합니다.
```

다음은 INSERT 명령을 통해서 필요한 데이터를 입력하고 다시 테이블에 있는 데이터를 조회하기 위해서 SELECT 명령을 사용한 것입니다. Maria은 각 명령어가 끝나면 뒤에 ';'를 붙여서 명령의 끝을 알려줘야 합니다.

```
001    INSERT INTO
002        tblRegister(ID, PWD, NAME, NUM1, NUM2, EMAIL, PHONE,
003            ZIPCODE, ADDRESS, JOB)
004        VALUES('rorod', '1234', '이경미', '1234567', '1234567',
005            'rorod@jspstudy.co.kr', '010-1111-1111', '1234', '부산 연제구',
006            '프로그래머');
```

▲ 테이블에 데이터 입력 및 출력

> **TIP**
>
> Maria 터미널에서 실행할 때
> 도스창의 형태로 제공되는 Maria 터미널에서 명령을 실행시킬 때는 명령문 끝에 ';'를 반드시 입력해야 합니다. 앞에서 잠깐 언급했는데 ';'는 한번에 실행할 명령의 단위로 생각하면 됩니다.
> 터미널에서 실행할 때는 ';'를 붙이지 않으면 다른 행으로 넘어가면서 ';' 입력을 기다립니다.
> 그림을 보면, Maria 프롬프트에서 ';'이 입력될 때까지 계속 입력을 기다리게 됩니다. ';'가 입력이 되면 질의를 수행합니다. 터미널을 통한 접속 중 접속 해제를 위한 명령은 'quit' 또는 'exit'이며 명령어를 입력하면 터미널에서 빠져나옵니다.

(5) 데이터 변경 명령

데이터를 수정할 필요가 있는 경우에 사용되는 명령입니다.

데이터 변경 명령

UPDATE [TABLE_NAME] SET[COL_NAME1] = [VALUE1],..... WHERE [조건];
설명 : [TABLE_NAME] 데이터를 바꿀 칼럼을 가지고 있는 테이블 명을 입력합니다.
　　　[COL_NAMEn]은 데이터를 바꿀 칼럼 명을 지정합니다.
　　　[VALUEn]은 실제 변경할 데이터를 입력합니다.
　　　[조건] WHERE문 다음에 나오는 조건은 데이터를 바꿀 조건을 지정하는 것입니다. 해당 조건이 맞는 행만 값이 바뀌게
　　　됩니다. 만약 WHERE문이 주어지지 않은 경우라면 테이블의 모든 행에 있는 칼럼 값이 바뀌게 됩니다.

※ update문의 where절에서 지정한 조건에 맞는 행을 찾아서 값을 변경합니다. 이때 where절에서 정의한 조건에 해당되는 행이 없을 경우 update는 아무런 행에 영향을 미치지 않습니다.

에 UPDATE tblRegister SET PWD='4321' WHERE ID='simba'
ID가 'simba'인 행이 없기 때문에 UPDATE는 아무런 행에도 영향을 미치지 않습니다.

```
001        UPDATE tblRegister SET PWD = '4321'
002        WHERE ID='rorod';
```

이 명령은 ID가 'rorod'인 행에서 PWD 칼럼의 값을 '4321'로 변경한다는 뜻의 명령어입니다.

▲ blRegister 테이블에 데이터 수정

(6) 데이터 삭제 명령

저장되어 있는 데이터 중에 더 이상 필요 없거나, 삭제할 필요가 있는 데이터를 삭제하기 위한 명령입니다.

데이터 삭제 명령

DELETE FROM [TABLE_NAME] WHERE [조건];
설명 : [TABLE_NAME] 데이터를 삭제할 필요가 있는 테이블 명을 입력합니다.
　　　[조건] WHERE절에 있는 조건문은 이 조건에 만족하는 행에 대해서 데이터를 삭제하기 위한 조건입니다. 만약
　　　WHERE문이 주어지지 않는다면 테이블에 입력되어 있는 모든 행들이 삭제가 됩니다.

```
001     DELETE FROM tblRegister WHERE ID='rorod';
```

※ delete문에서 where절에 정의한 조건에 맞는 행이 없을 경우 삭제되는 행은 없습니다. 이는 다른 질의문 select, update문에서 where 절에 정의한 조건에 해당되는 행이 없는 경우 행을 조회하거나, 변경하는 행이 없는 것과 동일합니다.

현재 tblRegister라는 테이블에는 하나의 행(id가 'rorod'인 행)만이 저장되어 있습니다만, 실제 테이블에서 아주 많은 행들이 저장되어 있을 때, 그들 중 id가 'rorod'인 행을 삭제한다는 뜻입니다.

▲ tblRegister 테이블에 id가 rorod를 삭제

03 _ 파이썬과 Maria 데이터베이스 서버 Connection

라즈베리 파이에 설치한 Maria 데이터베이스 서버와 파이썬을 연결하고 tblRegister에 입력한 레코드를 출력하는 예제를 해보도록 보겠습니다. 앞에서 삭제를 했기 때문에 INSERT문은 다시 한번 실행을 하시기 바랍니다.

(1) 파이썬에 설치하기

파이썬과 Maria 데이터베이스 서버를 연결하기 위해서는 파이썬 모듈을 설치해야 합니다. 다음과 같은 명령어를 Terminal에 실행하시기 바랍니다.

```
sudo pip install PyMySQL
```

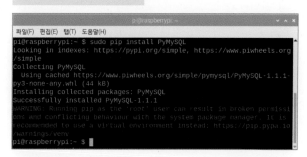

> **TIP**
>
> 만약 설치가 잘 안되면 다음과 같은 명령어를 먼저 실행을 하시길 바랍니다.
>
> ```
> sudo pip config set global.break-system-packages true
> ```

(2) 파이썬과 Maria 연결에 필요한 설정

root계정의 정보가 있는 user 테이블이 mysql 데이터베이스 안에 있는 테이블이기 때문에 먼저 use mysql을 실행하고 UPDATE을 해야 합니다.

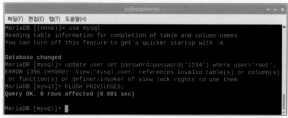

▲ oot 계정의 비밀번호 변경

Maria 데이터베이스 서버에서 root계정 비밀번호 설정을 합니다. Maria 데이터베이스 서버 설치 시 root 계정의 비밀번호는 빈 값으로 설정이 되어 있습니다. 그러나 파이썬 코드에서는 반드시 비밀번호가 입력이 되어야 하므로 root 계정의 비밀번호는 '1234'로 설정합니다. 그리고 변경된 사항들을 저장합니다.

(3) 파이썬과 Maria 데이터베이스 서버 연결 예제

01 다음과 같이 코드를 작성하고 저장합니다.

실습 파일 : webapps/ch07/mariaConnection.py

```
01 : import pymysql
02 :
03 : db = pymysql.connect(host='localhost', user='root', password='1234',
       Maria 연결에 필요한 host랑 id 및 비밀번호를 세팅을 합니다.
04 : db='mydb', charset='utf8')
       연결할 database명과 한글 출력을 위한 세팅을 합니다.
05 : cur = db.cursor()
06 : cur.execute("SELECT * FROM tblRegister")
       query을 선언하고 실행 합니다.
07 : rows = cur.fetchall()
08 : print(rows)
       실행한 query문의 결과값을 출력합니다.
09 : db.close()
```

▲ 터미널에서 mariaConnection.py 입력하고 실행

mydb 데이터베이스에 생성된 tblRetgister 테이블에 저장된 레코드가 화면에 출력이 됩니다. 현재는 한 개의 레코드만 있기 때문에 하나만 출력되지만 여러 개의 레코드가 저장이 되었다면 모든 레코드가 다 출력이 됩니다.

Raspberry Pi

블루투스 비콘에 대해 알아보고 라즈베리 파이 4를 별도의 추가 없이 비콘으로 변경하여 스마트폰에 비콘스캐너 앱을 설치한 후 라즈베리 파이 근처에 도달했을 때 비콘의 기능을 활용해 라즈베리 파이의 웹서버로 접속해 GPIO를 제어하는 방법을 알아보겠습니다.

CHAPTER

08

블루투스 비콘(Beacon) 사용하기

01 _ 블루투스(Bluetooth)와 비콘(Beacon) 이란?

▲ 블루투스 로고

블루투스(Bluetooth)는 근거리 무선 통신 기술의 표준으로 무선 마우스, 키보드를 비롯해, 스마트폰, 태블릿, 스피커 등에서 문자 및 음성 정보를 무선통신을 통해 주고 받는 용도로 채용되고 있습니다. 블루투스는 수 미터에서 수십 미터 정도의 거리를 둔 정보기기 사이에, 전파를 이용해서 간단한 정보를 교환하는데 사용됩니다.

1994년에 스웨덴의 통신 장비 회사인 에릭슨이 최초로 개발을 시작하고 곧이어 블루투스 SIG(Bluetooth Special Interest Group)라는 단체가 결성되어 본격적인 개발에 들어갔으며 1999년에 공식발표 되었습니다. 초기의 블루투스는 유선 케이블 통신인 RS-232를 무선으로 대체하기 위해 개발되었고 2.4~2.485 GHz 주파수 대역을 사용 합니다. 블루투스는 와이파이에 비해서 저전력으로 좁은 범위의 통신에 적합하게 설계 되었습니다.

01-1 블루투스 이미지의 유래

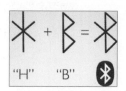

▲ 블루투스 로고의 유래

블루투스의 로고는 북유럽의 룬 문자로 10세기경 처음으로 덴마크와 노르웨이를 통일한 하랄드 블라톤 국왕의 이름의 앞글자 'H' 와 'B'를 따서 해당하는 룬 문자를 결합한 모양에서 유래 합니다. 블루투스의 개발자는 블라톤 왕이 북유럽을 통일 했듯이 블루투스 기술로 전자제품의 무선규격을 통일시키겠다는 의미로 '블루투스'라고 이름 지었다고 합니다.

01-2 블루투스 클래식과 BLE

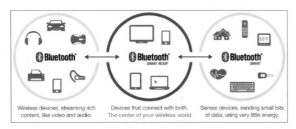

▲ 블루투스 4.0

블루투스 기술은 20년 전에 시작되어서 많은 발전이 있었습니다. 블루투스 4.0 버전부터 클래식 블루투스(Classic Bluetooth), 고속 블루투스(Bluetooth high speed) 와 함께 블루투스 LE (BLE) 가 발표 되었습니다.

기존의 블루투스 프로토콜을 그대로 사용하는 것이 클래식 블루투스이고 거기에 고속 전송을 지원하는 것이 고속 블루투스 입니다. BLE는 기존의 클래식 블루투스와 호환이 되지 않지만, 클래식 블루투스에 비해 전력소모를 매우 적게 만든 저전력 (LE, Low Energy) 기술입니다. 연결이 되지 않을 때 절전 모드를 유지하고 대기 상태에 있다가 다시 연결하는 과정을 통해 매우 적은 전력으로 사용이 가능합니다.

일반 블루투스는 많은 데이터를 처리하지만 배터리 소모가 빠른데 비해 BLE는 저용량 데이터를 주로 처리하는 경우에 배터리 하나로 수년간 사용할 수 있도록 설계 되었습니다.

블루투스 4.0 이후부터 BLE가 추가되어 블루투스 스마트와 스마트 레디가 등장합니다.

● 블루투스 (Classsic Bluetooth) : 일반적인 기존의 블루투스 지원 기기
● 블루투스 스마트(Bluetooth SMART) : BLE 기기만 지원 (싱글모드)
● 블루투스 스마트 레디(Bluetooth SMART READY) : 블루투스 기기와 BLE 모두 지원 (듀얼모드)

블루투스 클래식 제품으로는 보통 끊임없이 데이터를 전송하는 멀티미디어 스트리밍 장치들이 이에 해당하고 BLE 제품으로는 저전력으로 소량의 데이터만 전송하는 센서 등이 있습니다.

스마트폰, 태블릿, PC, TV 그리고 셋탑 박스 및 게임 콘솔 등은 모두 듀얼모드로 일반 블루투스와 BLE 기기와 모두 연결할 수 있습니다. 반면에 심박 모니터, 스마트 시계, 창문 및 현관 보안 센서, 혈압 밴드 등 많은 IOT 기기들은 BLE만 지원하는 싱글모드이기 때문에 이 기기들을 연결하기 위해서는 블루투스 스마트를 지원하거나 듀얼모드인 블루투스 스마트 레디가 필요합니다.

> **잠깐만!! 블루투스 페어링**
>
> 블루투스 기기를 서로 연결하여 동작할 수 있도록 설정해주는 과정입니다.
> 한번 연결된 경우(페어링 성공)는 장치에서 연결 정보를 저장하고 있습니다. 그래서 기기가 전원이 켜져 있고 연결이 가능한 상태라면 자동으로 연결이 이뤄지게 됩니다.

01-3 주파수 간섭과 호핑(hopping)

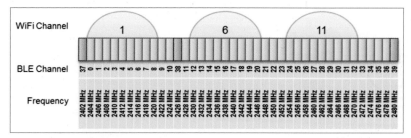

▲ 블루투스 주파수 간섭과 호핑

블루투스의 주파수는 WIFI 통신과 동일한 2.4Ghz 대역을 사용합니다. 따라서 동일한 주파수를 사용하는 다른 장치 또는 블루투스 간에 간섭현상이 생길 수 있습니다. 블루투스는 페어링 이후에 무선통신 상황에 따라 주파수를 일정간격으로 (클래식 블루투스 1Mhz , BLE 2Mhz) 건너뛰어 다른 채널의 주파수로 통신 하는데 이를 호핑(Hopping) 기술이라고 합니다.

01-4 BLE 동작 방법

BLE 기기들은 기본적으로 Advertise(Broadcast)과 Connection 이라는 방법으로 외부와 통신합니다.

❶ Advertise(Broadcast) Mode

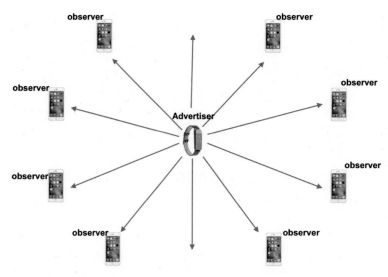

▲ advertise 모드

BLE의 브로드캐스트 모드는 특정한 디바이스와 연결 없이 주변의 모든 디바이스에게 데이터 패킷을 보냅니다. 일정한 주기로 주변의 모든 디바이스에게 일방적으로(한 방향 통신) 데이터를 보내는 모드입니다. 주기적으로 소량의 데이터를 여러 기기에 전달해야 하는 경우에 적합합니다.

- Advertiser (Broadcaster) : 연결 없이 데이터 패킷을 주기적으로 보내는 기기
- Observer : 데이터 패킷을 받기 위해 주기적으로 Scanning하는 기기

> **TIP**
> 브로드캐스트 모드는 일반적인 연결모드에 비해서 보안이 취약해서 보안이나 개인정보 보호가 필요한 데이터를 사용하는 경우에는 적합하지 않습니다.

❷ Connection Mode

브로드캐스트 모드와는 달리 양방향으로 데이터를 주고받거나 데이터 패킷으로만 전달하기에는 많은 양의 데이터를 주고받아야 하는 경우에는 Connection Mode(연결 모드)로 통신을 합니다. '일대일' 방식으로 기기들 간에 데이터 교환이 일어납니다.

Peripheral   **Central**

▲ Central and Peripheral

02 _ 비콘(Beacon)이란?

근거리에 있는 스마트 기기를 자동으로 인식하여 필요한 데이터를 전송할 수 있는 무선 통신 장치입니다. 블루투스 비콘(Bluetooth Beacon)이라고도 합니다. 근거리 무선 통신인 NFC가 10cm 이내의 근거리에서만 작동하고 일반적인 블루투스가 10m정도에서 사용한다면, 비콘(Beacon)은 최대 50m 거리에서 작동할 수 있습니다. 또한 비콘은 전원이 없는 장소에 배터리만으로 설치 가능하기 때문에 배터리 소모 속도가 매우 중요합니다. 보통 비콘 업체들이 자사 제품의 배터리 수명이 2년이라고 하지만 실제 수명은 비콘의 사용조건에 따라 다릅니다. 비콘의 데이터 신호 발송 간격 및 비콘의 실제 하드웨어적인 설계에 따라서 각각 다르기 때문에 정확한 확인이 필요합니다.

블루투스 비콘은 UUID(Universally Unique Identifier)가 포함된 정보 패킷을 보낼 수 있습니다. 이때 UUID는 해당 비콘에 특정한 이벤트를 유발할 수 있는데, 만약 그 이벤트가 특정 제품이나 브랜드에 관한 알림이라면 이는 광고의 목적으로 사용될 수 있습니다. 예를 들어 Apple의 iBeacon의 경우 UUID가 단말기의 앱에 의해 인식되고 이것이 광고의 형태로 나타납니다.

또한 비콘으로 위치를 나타낼 수 있는데 특정 건물의 내부에서 위치를 나타내고자 할 때 방마다 여러 개의 비콘을 설치하면 약 2미터 이내로 사용자의 위치를 파악할 수 있습니다. 블루투스 비콘은 RSSI (Received Signal Strength Indicator) 값을 전송할 수 있기 때문에 사전에 알려진 비콘의 출력 신호 세기와 신호강도를 사용하면 비콘과 단말기 사이의 거리를 추정할 수 있습니다. 하지만 이러한 근사값은 오차가 상당하여 정확한 위치추정의 경우 다른 기술들이 필요 합니다.

02-1 애플의 아이비콘(iBeacon)

▲ iBeacon

아이비콘은 2013년에 애플이 제시한 실내 위치 확인 시스템(indoor positioning system, IPS)으로, 애플은 "근처의 iOS 기기에 존재를 알릴 수 있는 새로운 차원의 저전력, 저비용 송신기"라고 설명합니다. 아이비콘 앱이 활성화된 단말기의 위치를 정확히 파악해서 이 단말기에 자동으로 관련 정보를 전송하는데 사용할 수 있습니다.

블루투스 4.0 LE(Bluetooth Low Energy)의 비콘 신호로 위치를 탐지하기 때문에, iOS는 물론 애플이 만들지 않은 블루투스 LE를 장착한 모든 기기(안드로이드 포함)에서 아이비콘을 이용할 수 있습니다.

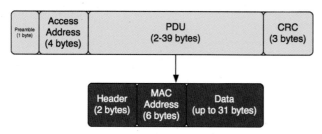

▲ iBeacon 패킷구조

아이비콘의 데이터 패킷은 위의 그림과 같이 최대 47바이트까지 가능합니다.

- 4 바이트의 access address는 브로드캐스트 모드일 때 항상 0x8E89BED6입니다.
- 2~39 바이트의 PDU(Protocol Data Unit)에는 2바이트의 헤더(Header)가 포함되어 있는데, 헤더는 뒤의 Mac Address + Data의 길이를 나타냅니다. (최대 37바이트)
- 3 bytes CRC(cyclic redundancy check)

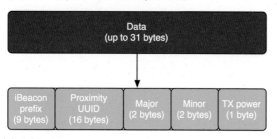

▲ 데이터 패킷 분석

비콘은 데이터 패킷을 주기적으로 보내는데 예를 들어서 Estimote사의 비콘이 보내는 데이터 패킷속에 내용은 다음과 같습니다.

```
02 01 06 1A FF 4C 00 02 15 B9 40 7F 30 F5 F8 46 6E AF F9 25 55 6B 57 FE 6D 00 49 00 0A C5
```

데이터 패킷을 순서대로 정렬해 보면 다음과 같이 구조적으로 분석 할 수 있습니다.

❶ 02 01 06 1A FF 00 4C 02 15 :   iBeacon prefix
❷ B9 40 7F 30 F5 F8 46 6E AF F9 25 55 6B 57 FE 6D : UUID
❸ 00 49 :   Major
❹ 00 0A :   Minor
❺ C5 :   TX power

❶ iBeacon Prefix : 아이비콘의 고정 고유 번호
❷ UUID(universally unique identifier) : 범용 고유 식별자로 Major 와 Minor 식별번호와 조합하여 특정지역과
  특정그룹안의 비콘을 식별 가능
❸ 2 byte의 비콘 그룹을 나타내는 식별 번호
❹ 2 byte의 비콘 그룹 내에서 고유 비콘을 나타내는 식별 번호
❺ 통신 세기를 나타내는 신호로써 이 신호로 비콘 거리를 측정

02-2 구글의 에디스톤

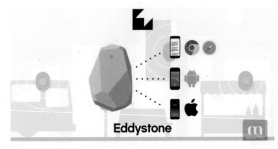

▲ 구글 에디스톤

영국의 등대의 이름을 따서 이름지은 에디스톤은 2015년 구글이 직접 발표한 비콘의 표준 규격입니다. 에디스톤은 오픈소스 형태로 Github에 공개되어 있어서 누구든지 사용할 수 있습니다. 플랫폼도 안드로이드 뿐 아니라 iOS에서도 사용가능하며 BLE를 감지할 수 있는 모든 기기에 에디스톤 비콘을 적용할 수 있습니다. 그리고 다양한 프레임을 지원하여 좀더 독창적인 비콘 서비스를 구현 할 수 있습니다.

(1) 패킷 유형에 따른 분류

에디스톤은 4종류의 패킷 유형이 있습니다.

❶ Eddystone-UID

UID는 Unique identifier 의 약자로, 아이비콘의 UUID와 비슷하게 설치된 앱을 실행할 때 알림을 보내는 등의 용도로 사용합니다. 16 byte로 구성되는데 2개로 구분됩니다.

- Namespace(10 byte) : 공통이름으로 설정
- Instance(6 byte) : 각 비콘을 구분하는 이름 부여

❷ Eddystone-URL

블루투스 신호를 통해 URL 정보를 압축해서 전송하여 크롬 브라우저로 바로 확인 가능하여 추가적인 어플 설치 없이도 즉시 관련 행사나 정보를 확인 가능하여 효율적이고 쉽게 정보를 전달 가능합니다. 또한 웹페이지를 기반으로 위치기반 서비스를 구현하는 'Physical Web' 프로젝트의 근간이 되는 패킷유형입니다.

❸ Eddystone-TLM

TLM은 원격측정(Telemetry)의 약자로 비콘의 배터리정보, 기기 온도, 패킷 전송 횟수 등의 정보를 전송합니다.

❹ Eddystone-EID

EID는 임시 ID(Ephemeral Identifier)를 의미 합니다. 즉, '가상계좌' 번호와 같이 일시적으로 유효한 ID를 제공하여 비콘을 짧은 시간 내 사용해야 하는 경우 유용하게 사용 할 수 있습니다. 관리자권한을 가진 사람만이 수정할 수 있어서 안전성과 보안이 강화된 패킷입니다.

03 _ 라즈베리 파이 4를 블루투스 비콘으로 바꾸기

보통 비콘을 사용하기 위해서는 스마트 폰에 특정한 앱을 설치하고 특정한 웹사이트에 접속을 해야 비콘의 기능을 이용할 수 있었는데, 여기서는 Eddystone-URL을 이용하여 내가 가진 블로그나 홈페이지 등 특정 웹사이트 주소를 전송하는 기능을 이용해 보겠습니다. LED를 제어하는 라즈베리 파이 웹서버를 만들고 웹서버 주소를 라즈베리 파이 4 비콘으로 바꾸고 구글의 Eddystone-URL 패킷으로 스마트폰에 전송하여 누구든지 스마트 폰을 가지고 블루투스를 스캔하여 근처의 라즈베리 파이 4 비콘이 전송하는 웹서버에 접속하여 LED를 제어해 보겠습니다.

라즈베리 파이 4를 비콘으로 바꾸는 것은 매우 쉽습니다.

❶ 라즈베리 파이의 블루투스 기능을 켭니다.
❷ 블루투스 디바이스의 설정을 "advertise and not-connectable" 모드로 바꿉니다.
❸ 비콘이 전송할 패킷을 입력합니다.

3번째 과정이 가장 어려운데, 구글에서 만들어 놓은 에디스톤 URL 변환 사이트(Eddystone URL command calculator)에서 비콘이 전송할 URL 주소를 패킷으로 변환 시켜 줍니다.

> **TIP**
> Eddystone-URL에서 전송가능한 URL의 길이가 한계가 있기 때문에 URL의 길이가 상당히 길면, https://goo.gl 에서 긴 URL을 짧은 URL로 줄여서 변환하면 됩니다.

• 에디스톤 URL 변환 사이트 : https://yencarnacion.github.io/eddystone-url-calculator/

그러면 에디스톤 URL 변환 사이트에서 Daum 포털 주소를 입력하여 비콘 패킷으로 변환 시켜 보겠습니다.

Eddystone URL command calculator

https://www.daum.net/

Your commands for "https://www.daum.net/" are:

$ sudo hciconfig hci0 up

$ sudo hciconfig hci0 leadv 3

$ sudo hcitool -i hci0 cmd 0x08 0x0008 13 02 01 06 03 03 aa fe 0b 16 aa fe 10 00 01 64 61 75 6d 03 00 00 00 00 00 00 00 00 00 00 00 00 00 00

▲ URL 변환

소스를 분석해 보면 다음과 같습니다.

```
sudo hciconfig hci0 up
sudo hciconfig hci0 leadv 3
sudo hcitool -i hci0 cmd 0x08 0x0008 13 02 01 06 03 03 aa fe 0b 16 aa fe 10 00 01 64 61 75 6d 03 00 00
00 00 00 00 00 00 00 00 00 00 00
```

hciconfig hci0 up 과 leadv 3 은 라즈베리 파이의 블루투스 장치를 동작시키는 명령어이고 hcitool
-i hci0 cmd 명령어로 비콘 패킷 메시지를 주변으로 브로드캐스트 전송을 합니다.
라즈비안의 CMD 창에 다음과 같이 그대로 블루투스 명령어를 넣으면 자체적으로 블루투스 장치를
가지고 있는 라즈베리 파이 4가 비콘처럼 주기적으로 Eddystone-URL 패킷 메시지를 전송 합니다.

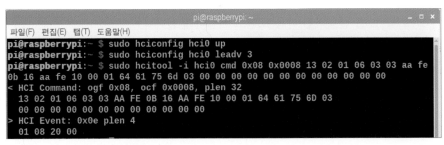
▲ 라즈베리 파이 4가 비콘처럼 동작

이제 스마트폰에 비콘 스캐너를 설치합니다. 같은 앱이 아니더라도 비슷한 종류의 어플도 괜찮습니다.

▲ Beacon Scanner 설치

자, 그러면 스마트폰에서 비콘 스캐너를 동작시켜서 스캐닝하면 라즈베리 파이 비콘이 전송하는 다
음(Daum) 포탈의 URL 주소가 스캐닝에 잡히는 것을 확인할 수 있습니다.

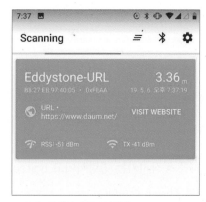

▲ 스마트폰에서 비콘 스캔결과

결과적으로 라즈베리 파이 4에서 보낸 URL 주소 메시지를 스마트폰에서 수신하여 URL 주소를 따라 어플에서 "VISIT WEBSITE"를 클릭하면 다음 포탈로 이동하게 됩니다.

03-1 라즈베리 파이 LED 제어 웹서버 실행하기

(1) 브레드보드 연결

• 준비물 : led 3개 , 저항 220Ω , 전선

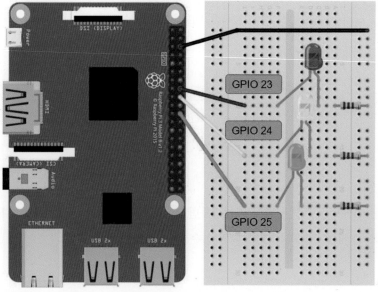

▲ 브레드보드 연결

지니(Geany)에서 homeLED.py 파일을 만들어 ch08 폴더에 저장합니다.

파이썬 프로그램은 (:) 기호 다음 아랫줄들은 들여쓰기가 정확해야 하므로 주의합니다.

(2) 코드 작성하기

❶ 파이썬 코드 작성하기

01 다음과 같이 코드를 작성하고 저장합니다.

실습파일 : /home/pi/webapps/ch08/homeLED.py

```
#-*-coding:utf-8

# 필요한 라이브러리를 불러옵니다.
import RPi.GPIO as GPIO
from flask import Flask, render_template, request
app = Flask(__name__)

# 불필요한 warning 제거,  GPIO핀의 번호 모드 설정
GPIO.setwarnings(False)
GPIO.setmode(GPIO.BCM)

# pins란 딕셔너리를 만들고 GPIO 23, 24, 25 핀을 저장합니다.
pins = {
    23 : {'name' : 'RED LED', 'state' : GPIO.LOW},
    24 : {'name' : 'Yellow LED', 'state' : GPIO.LOW},
    25 : {'name' : 'Green LED', 'state' : GPIO.LOW}
    }

# pins 내에 있는 모든 핀들을 출력으로 설정하고 초기 LED OFF 설정
for pin in pins:
    GPIO.setup(pin, GPIO.OUT)
    GPIO.output(pin, GPIO.LOW)

# 웹서버의 URL 주소로 접근하면 아래의 main() 함수를 실행
@app.route("/")
def main():
    # pins 내에 있는 모든 핀의 현재 핀 상태(ON/OFF)를 업데이트
    for pin in pins:
        pins[pin]['state'] = GPIO.input(pin)
    # tmplateData 에 저장
    templateData = {
        'pins' : pins
        }
    # 업데이트 된 templateDate 값들을 homeLED.html로 리턴
    return render_template('homeLED.html', **templateData)

# URL 주소 끝에 “ /핀번호/<action>”을 붙여서 접근시에 action 값에 따라 동작
@app.route("/<changePin>/<action>")
def action(changePin, action):
    # 현재 핀번호를 URL 주소로 받은 핀번호로 설정
    changePin = int(changePin)
    # 핀번호에 설정된 이름값을 불러옴
    deviceName = pins[changePin]['name']
```

```
    # action 값이 'on'일때
    if action == "on":
        GPIO.output(changePin, GPIO.HIGH)
    # action 값이 'off'일때
    if action == "off":
        GPIO.output(changePin, GPIO.LOW)
    # GPIO 핀의 ON/OFF 상태 저장
    pins[changPin]['state'] = GPIO.input(changPin)
    # 핀들의 값들을 업데이트 해서 templateData에 저장
    templateData = {
        'pins' : pins
    }
    # 업데이트 된 templateDate 값들을 homeLED.html로 리턴
    return render_template('homeLED.html', **templateData)
if __name__ == "__main__":
    app.run(host='0.0.0.0', port=5000, debug=False)
```

ch08 폴더 내에 templates 폴더를 만들고 그 안에 homeLED.html 파일을 만듭니다.

❷ html 코드 작성하기

01 다음과 같이 코드를 작성하고 저장합니다.

실습파일 : 실습파일: /home/pi/webapps/ch08/templates/homeLED.html

```
<!DOCTYPE html>
<html lang="ko">
<head>
    <meta charset="UTF-8">
    <title>GPIO TEST</title>
    <style>
                body {font-size:120%;}
                #main {display: table; margin: auto;  padding: 0 10px 0 10px; }
                .button { padding:5px 5px 5px 5px; width:100%; font-size: 120%;}
                #but1 { background-color: mistyrose; }
                #but2 { background-color: honeydew; }
    </style>
</head>
<body>
  <div id='main'>
  <h2>웹서버 GPIO 제어</h2>
    {% for pin in pins %}
  <p>The {{ pins[pin].name }}
  {% if pins[pin].state == True %}
     <a href="/{{pin}}/off"><button id='but1'>끄기</button></a>
  {% else %}
     <a href="/{{pin}}/on"><button id='but2'>켜기</button></a>
  {% endif %}
```

```
        </p>
    {% endfor %}
  </div>
</body>
</html>
```

(3) 웹서버 실행하기

지니 프로그램에서 작성한 homeLED.py 파이썬 스크립트를 실행합니다.

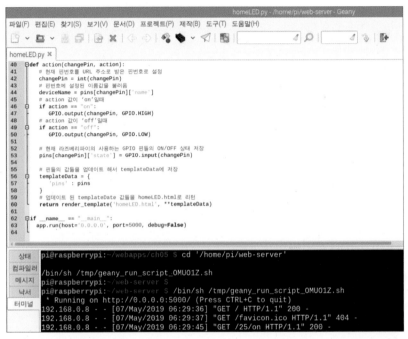

▲ 지니에서 Flask 웹서버 실행

이때 실행되는 웹서버의 주소는 현재 라즈베리 파이의 IP 주소에 :5000 (포트5000)을 추가한 주소 입니다. => 라즈베리 파이 IP 주소 : 5000

(4) 웹서버 접속하기

라즈베리 파이와 같은 공유기에 와이파이로 접속한 스마트 폰이나 같은 공유기에 유선으로 접속되 어 있는 PC로 웹 브라우저를 열어서 라즈베리 파이 IP 주소 : 5000을 입력합니다.

▲스마트폰에서 웹서버 접속

03-2 라즈베리 파이 4를 비콘으로 바꿔서 웹서버 접속하기

Flask 웹서버로 만든 GPIO TEST 웹페이지 주소를 그대로 에디스톤 URL 변환사이트에 입력해서 변환합니다.

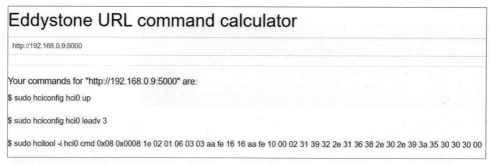

Eddystone URL command calculator

http://192.168.0.9:5000

Your commands for "http://192.168.0.9:5000" are:

$ sudo hciconfig hci0 up

$ sudo hciconfig hci0 leadv 3

$ sudo hcitool -i hci0 cmd 0x08 0x0008 1e 02 01 06 03 03 aa fe 16 16 aa fe 10 00 02 31 39 32 2e 31 36 38 2e 30 2e 39 3a 35 30 30 30 00

▲ Flask 웹서버 주소 변환

01 라즈비안의 CMD 창에 다음과 같이 변환한 명령어를 입력합니다.

```
pi@raspberrypi:~ $ sudo hciconfig hci0 up
pi@raspberrypi:~ $ sudo hciconfig hci0 leadv 3
LE set advertise enable on hci0 returned status 12
pi@raspberrypi:~ $ sudo hcitool -i hci0 cmd 0x08 0x0008 1e 02 01 06 03 03 aa fe
16 16 aa fe 10 00 02 31 39 32 2e 31 36 38 2e 30 2e 39 3a 35 30 30 30 00
< HCI Command: ogf 0x08, ocf 0x0008, plen 32
  1E 02 01 06 03 03 AA FE 16 16 AA FE 10 00 02 31 39 32 2E 31
  36 38 2E 30 2E 39 3A 35 30 30 30 00
> HCI Event: 0x0e plen 4
  01 08 20 00
```

▲ 웹서버 주소 전송 패킷을 입력

02 라즈베리 파이가 비콘처럼 주기적으로 웹서버 주소를 비콘 메시지로 주변에 전송하고 있으므로 스마트폰으로 비콘 스캐너 앱으로 스캐닝 하면 다음 그림과 같이 웹서버 URL 주소가 전송되어 나타납니다.

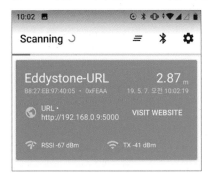

▲ 스마트폰으로 비콘 스캐너 확인

03 "VISIT WEBSITE"를 클릭해서 웹서버에 접속해 라즈베리 파이로 LED를 제어해 봅니다.

이때 스마트폰이나 PC는 라즈베리 파이와 같은 유무선 공유기를 사용하고 있어야 합니다. 만약, 유무선 공유기에 상관없이 웹서버에 접속하기 위해서는 "11장 포트포워딩과 슈퍼디엠지"에서 공유기 설정으로 웹서버 IP를 외부 IP로 사용하는 방법을 보고 설정할 수 있습니다.

▲ 웹서버로 LED 제어 확인

Raspberry Pi

이번 장에서는 라즈베리 파이 카메라를 세팅하고 사진 찍기, 동영상 촬영을 해 본 뒤 UV4L 모듈을 이용하여 웹 스트리밍을 구현해보고 Motion 모듈을 이용하여 모션 감지를 해보도록 하겠습니다.

라즈베리 파이
카메라 활용하기

01 _ RPI 카메라

곰돌이 눈에 라즈베리 파이 카메라가 달려있어요!!

▲ 곰돌이 눈에 라즈베리 파이 카메라

01-1 라즈베리 파이 카메라 세팅하기

파이 카메라는 풀HD급 1080p 해상도를 지원합니다. 파이 카메라를 사용하려면 플렉스 케이블(하얀 선 끝이 파란색)을 라즈베리 파이 보드의 CSI (Camera Serial Interface)커넥터에 연결하면 됩니다. 연결 시 주의할 점은 라즈베리 파이에 전원이 꺼져 있어야 합니다.

▲ 라즈베리 파이 카메라

라즈베리 파이 카메라를 사용할 때 VNC 그래픽모드로 원격 접속하여 테스트하게 되면 GPU 용량이 부족하여 테스트가 불가능할 수 도 있으니 카메라를 사용할 때는 원격 접속을 하지 않는 것을 권장 합니다.

(1) RPI 카메라 연결하기

01 라즈베리 파이 전원을 off합니다.

▲ 라즈베리 파이 전원 OFF

02 카메라 단자를 다음 그림과 같이 열어줍니다. 카메라 단자는 HDMI케이블과 오디오 연결 단자 사이에 있습니다.

▲ 라즈베리 파이 카메라 단자 열기

03 파란색 부분이 LAN포트를 향하도록 연결한 뒤 카메라 단자를 닫아줍니다.

▲ 라즈베리 파이 카메라 연결

라즈베리파이5에서는 CSI 15pin Cable이 필요합니다. 기존 라즈베리파이4에서는 22pin을 사용하였습니다. 아래 그림을 참고해주세요.

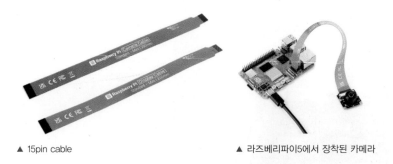

▲ 15pin cable   ▲ 라즈베리파이5에서 장착된 카메라

01-2 라즈베리 파이 카메라 테스트하기

카메라 테스트 전에 최신버전으로 업데이트를 하길 바랍니다. 그 이유는 MMAL(Multi-Media Abstraction Layer)라이브러리를 활용하여 카메라 테스트를 해야 하는데 설치가 안 되어 있을 수 있기 때문입니다. 파이카메라는 세 가지 포트를 가지고 있습니다.

첫째, 프리뷰 포트입니다. 미리보기를 가능하게 해줍니다.
둘째, 스틸 포트입니다. 사진을 찍을 수 있게 해줍니다.
셋째, 비디오 포트입니다. 영상을 촬영할 수 있게 해줍니다.

(1) 사진 촬영하기

▲ test.jpg 확인

```
$ sudo libcamera-still -o image.jpg
```

(2) 영상 촬영하기

```
$ sudo libcamera-vid -o video.h264
```

(3) 영상 확인하기

/home/pi 폴더로 이동하여 video.h264 파일을 더블클릭하여 영상을 확인합니다.

02 _ 파이썬을 활용한 RPI 카메라

02-1 python-picamera 모듈 활용하기

파이썬을 활용하여 파이카메라를 사용하기 위해서는 python-picamera 모듈을 활용하면 됩니다.

```
$ sudo apt install python3-picamera2
```

다음과 같이 이미 설치가 되어 있을 수 있습니다.

```
python-picamera is already the newest version (1.13).
다음 패키지가 자동으로 설치되었지만 더 이상 필요하지 않습니다:
  cgroupfs-mount
Use 'sudo apt autoremove' to remove it.
0개 업그레이드, 0개_새로 설치, 0개 제거 및 99개 업그레이드 안 함.
```

▲ 이미 설치되어 있는 파이카메라 모듈

01 다음과 같이 코드를 작성하고 저장합니다.

실습파일 : /home/pi/webapps/ch09/picam.py

```python
from picamera2 import Picamera2, Preview
picam2 = Picamera2()
camera_config = picam2.create_preview_configuration()
picam2.configure(camera_config)
picam2.start_preview(Preview.QTGL)
picam2.start_and_record_video("cos.h264", duration=5)
```

- 지니 프로그램에서는 F5 로 실행합니다.

- 터미널에서는 다음과 같이 합니다.

```
$ cd /home/pi/webapps/ch09
$ python3 picam.py
```

02 다음과 같이 코드를 작성하고 저장합니다.

실습파일 : /home/pi/webapps/ch09/picapture.py

```python
from picamera2 import Picamera2, Preview
import time
picam2 = Picamera2()
camera_config = picam2.create_preview_configuration()
picam2.configure(camera_config)
picam2.start_preview(Preview.QTGL)
picam2.start()
time.sleep(2)
picam2.capture_file("cos.jpg")
```

- 지니 프로그램에서는 F5로 실행합니다.
- 터미널에서는 다음과 같이 합니다.

```
$ cd /home/pi/webapps/ch09
$ python3 picapture.py
```

Raspberry Pi

이 장에서는 사물인터넷(IoT)에 널리 쓰이는 NodeMCU(ESP8266) 보드에 대해 알아보고 아두이노 IDE를 이용하여 프로그램 하는 방법과 간단한 실습 예제를 통해서 MQTT을 이용하여 사용하는 방법을 배워 보겠습니다.

CHAPTER

10

NodeMCU 활용하기

01 _ NodeMCU 소개

▲ NodeMCU

노드엠씨유(NodeMCU)는 라즈베리 파이나 아두이노와 같은 오픈소스 개발보드이고 기본적으로 WIFI 기능이 구현되어 있어서 사물인터넷(IoT) 용으로 사용하기 좋으며 작고 저렴한 장점이 있습니다. 노드엠씨유의 가운데 ESP-12E 모듈은 ESP8266을 내장하고 있습니다.

ESP8266은 SOC(System on chip) 칩으로 작은 컴퓨터와 같아서 CPU, RAM, WIFI 기능까지 모두 가지고 있습니다. 노드엠씨유 보드는 결국 이 ESP8266 칩을 개발하기 위한 개발보드입니다.

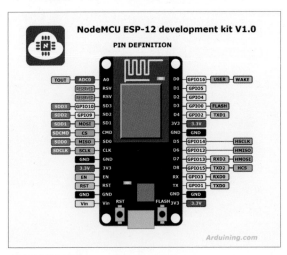

▲ NodeMCU 핀 맵

노드엠씨유의 핀 맵을 보면 여러 기능이 겹치는 핀들이 있는데, 우리가 사용할 GPIO 용으로 D0~D8 까지 9개의 디지털 핀과 아날로그 입력이 가능한 A0 핀을 사용할 수 있습니다. 그리고 실제 내부 ESP8266의 GPIO 핀 번호와 NodeMCU 개발보드에 나타나 있는 번호가 다릅니다. 아두이노 IDE로 프로그래밍 할 시에는 NodeMCU의 A0과 D0~D8을 그대로 사용하면 됩니다. 실제 LED를 켜는 예제에서 자세히 알아보도록 하겠습니다.

01-1 전원 연결 방법

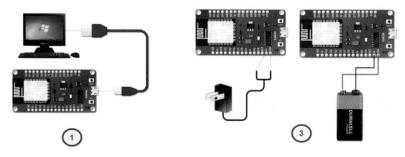

▲ NodeMCU 전원 연결

❶ Micro USB 단자 : NodeMCU의 마이크로 usb 단자로 컴퓨터나 노트북과 연결해서 전원을 공급함과 동시에 프로그래밍도 가능합니다.

❷ 3.3V를 바로 연결 : NodeMCU 핀맵을 보면 3.3V 핀 3개와 GND 핀 4개가 있는데 바로 연결하면 됩니다. 이 방법은 안정성 있는 3.3V 전압을 연결해야 하며 전압이 불안정 하다면 위험성이 높아서 추천하지 않습니다.

❸ Vin 핀에 전원 연결 : NodeMCU 보드에 전압을 3.3V로 변환하는 레귤레이터 칩이 포함되어 있습니다. MAX 전압이 20V라고 하지만 실제로 안전하게 5V ~ 9V 정도의 전압으로 Vin 핀에 연결하면 됩니다. 반드시 (+ −)극성을 바르게 연결해야 됩니다. (5V ~ 9V의 아답터, 배터리 등 사용가능)

01-2 NodeMCU 사용 환경 설정 방법(아두이노 IDE)

(1) NodeMCU 드라이버 설치

NodeMCU를 그대로 PC에 연결하면 장치관리자에서 물음표로 나오는데 CP2102 드라이버를 설치하면 됩니다.

• https://www.silabs.com/products/development−tools/software/usb−to−uart−bridge−vcp−drivers

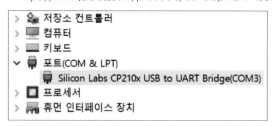

▲ NodeMCU 드라이버 설치

(2) 아두이노 IDE 설치

01 아두이노 IDE 프로그램은 https://www.arduino.cc/en/Main/Software에서 다운받아서 설치합니다.

02 메뉴에서 파일 => 환경 설정 창을 열어서 아래의 추가적인 보드 매니저 URL의 빈칸에 다음과 같은 주소를 넣습니다.

• http://arduino.esp8266.com/stable/package_esp8266com_index.json

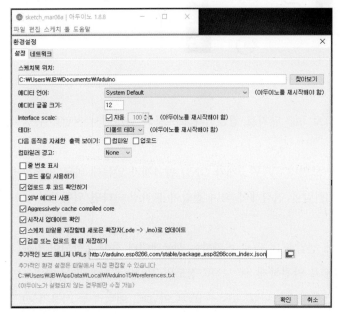

03 메뉴에서 툴 => 보드 => 보드 매니저 창을 열어서 위쪽 검색 칸에 esp8266을 검색해서 esp8266 by ESP8266 Community를 설치(Install) 합니다.

▲ esp8266 설치

04 [툴]-[보드] 메뉴를 클릭한 후 오른쪽에 "NodeMCU 1.0 (ESP-12E Module)"을 선택합니다.

▲ 보드 NodeMCU 1.0 선택

05 보드를 선택하고 나서 아래쪽에 보면 포트가 보입니다. NodeMCU를 USB 포트에 연결했을 때 포트 항목에 나오는 COM 포트를 선택합니다. 혹은 장치관리자에서 Silicon Labs CP210x USB to UART Bridge에 표시되는 포트로 선택합니다.

(3) 아두이노 프로그래밍 준비

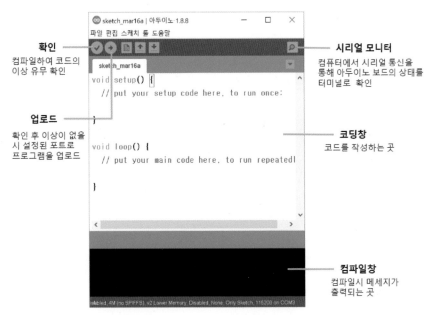

▲ 아두이노 IDE 준비

우선 아두이노 프로그램을 실행시켜 보겠습니다. 새 파일을 열어보면 위의 그림과 같은 창이 열립니다. 우선 프로그램의 몇 가지 기능과 코드를 입력하는 창을 살펴봅니다.

변수선언
사용할 변수를 선언

void setup()
{ } 괄호 안의 코드가
프로그램 실행시 한번만
실행되어 보통 초기설정
코드를 입력

void loop()
{ } 괄호 안의 코드가 계속
반복 실행됩니다. 실제
프로그램의 내용을 입력

▲ 코드창 이해

위의 그림과 같이 아두이노 프로그램에서는 void setup()의 괄호 안에 초기 설정코드를 작성하고 void loop()의 괄호 안에 프로그램 코드를 입력합니다.

우선, NodeMCU 보드내에 포함되어 있는 파란색 LED는 GPIO16(D0) 핀에 연결되어 있으므로 아두이노에서는 NodeMCU의 디지털 입출력 핀(D0~D8)을 코드에 그대로 적으면 설정된 번호 숫자로 바꾸어서 컴파일 하므로 led_pin의 번호를 D0으로 하여 LED가 깜박이는 프로그램을 작성해 NodeMCU에 업로드 해 보겠습니다.

01-3 아두이노 프로그래밍

(1) 아두이노 GPIO 프로그래밍 라이브러리

아두이노 IDE 프로그램에서 NodeMCU의 A0, D0~D8 핀까지 이미 정의되어 있으므로 NodeMCU에서 사용하고자 하는 핀 번호를 다음과 같이 선언하면 됩니다.

```
int led_pin = D0;
```

• GPIO 입력 모드(입력/출력) 설정

```
pinMode(pin, mode)
```

• GPIO 출력 및 입력

```
digitalWrite(pin, HIGH/LOW);    // 출력
digitalRead(pin);               // 입력
```

01 NodeMCU를 테스트 해보기 위해서 간단히 NodeMCU의 내부에 있는 LED 핀을 이용해 LED blink 동작을 프로그램으로 만들어 보겠습니다.

```
int led_pin = D0;                    //NodeMCU의 디지털 입출력 핀 D0~D8

void setup() {
  pinMode(led_pin, OUTPUT);          // LED 핀을 출력 설정
}

void loop() {
  digitalWrite(led_pin, HIGH);       // LED 핀을 HIGH로 출력합니다.
  delay(2000);                       // 2초(2000ms)간 대기합니다.
  digitalWrite(led_pin, LOW);        // LED 핀을 LOW로 출력합니다.
  delay(1000);                       // 1초(1000ms)간 대기합니다.
}
```

(2) NodeMCU에 업로드하기

01 아두이노 프로그램의 코드 작성을 마쳤으면 메뉴 버튼 중 확인 버튼을 눌러서 이상 없이 컴파일 되어 아래 창에 컴파일 완료 메시지가 나오는지 확인합니다. 코드에 문제가 있거나 설정된 보드가 맞지 않을 경우에는 에러(Error) 메시지가 출력 됩니다.

02 상단 메뉴의 툴을 클릭해서 현재 보드설정이 "NodeMCU 1.0 (ESP-12E Module)"로 되어 있는지를 확인합니다.

03 NodeMCU를 컴퓨터와 연결한 상태에서 윈도우키+Pause키를 눌러서 윈도우의 장치관리자를 의 포트를 확인해서 이전에 설치한 드라이버인 Silicon Labs CP210x USB to UART Bridge(포트번호)가 제대로 연결되어 있는지 확인하고 포트번호를 확인해서 아두이노 프로그램의 툴 설정에 포트번호가 맞는지 확인합니다.

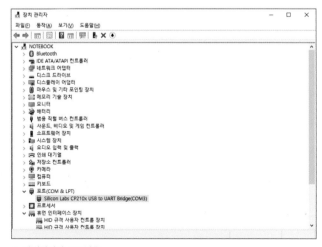

▲ 장치관리자 포트번호

04 아두이노 프로그램의 상단 메뉴인 업로드를 클릭하여 현재 컴퓨터와 연결되어 있는 NodeMCU에 프로그램을 넣습니다.

05 업로드가 완료되면 NodeMCU는 리셋이 되고 업로드 한 프로그램을 실행 하면서 푸른색 LED가 깜박이는 것을 확인합니다.

실습 예제 10.1

다음 그림과 같이 외부 회로를 브레드보드에 연결하여 LED blink 프로그램을 수정하여 동작시켜 봅니다.

▲ 예제 10.1

02 _ MQTT란?

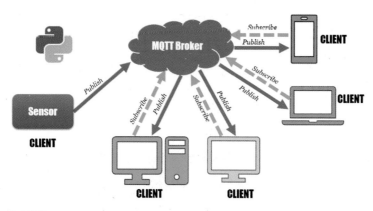

▲ MQTT

MQTT(Message Queuing Telemetry Transport)는 폭발적으로 성장하는 IoT(internet of Things) 시장을 위한 저 전력의 경량 메시징 프로토콜입니다. 무선으로 네트워크에 연결된 임베디드 기기들의 통신을 목적으로 만들어져서 리소스를 매우 적게 요구하기 때문에 사물인터넷에 최적화된 프로토콜입니다.

통신은 '브로커(Broker)'라고 불리는 서버에 의해 중계되며, 클라이언트들은 임의의 '토픽(Topic)'을 '구독(subscribe)'하거나 토픽에 메시지를 '게시(publish)'하는 식으로 통신합니다. 어느 한 클라이언트가 메세지(payload)를 게시하면 브로커(서버)는 해당 토픽을 구독중인 클라이언트들에게 메시지를 보내기 때문에, RSS피드나 트위터의 동작 방식과 비슷합니다.

예를 들어 다음 그림을 보면 온도센서가 토픽(Topic) "temperature"에 현재 온도(28도)를 게시(publish)하면 클라이언트 중 이 토픽을 구독(Subscribe)한 클라이언트들은 온도 데이터를 얻습니다.

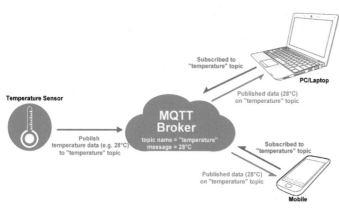

▲ MQTT 예시

03 _ Mosquitto 브로커 설치 및 테스트

▲ Mosquitto 설치

모스키토는 MQTT 프로토콜 버전 3.1을 구현하는 오픈소스 메시지 브로커입니다. 모스키토는 가볍고 저 전력으로 임베디드 센서나 모바일 장치와 같은 IoT 기기에 적합합니다. 우리는 라즈베리 파이에 모스키토를 설치해서 MQTT 동작을 이해하여 보겠습니다.

03-1 Mosquitto 설치

모스키토를 설치하기 위해 다음과 같은 명령어를 라즈베리 파이의 터미널에 입력합니다.

```
$ sudo apt update
$ sudo apt install mosquitto
```

중간에 Y를 입력하여 인스톨을 끝마친 후 다음과 같은 명령어로 확인해 볼 수 있습니다.

```
$ mosquitto -v
```

```
pi@raspberrypi:~ $ mosquitto -v
1553487694: mosquitto version 1.4.10 (build date Wed, 13 Feb
1553487694: Using default config.
1553487694: Opening ipv4 listen socket on port 1883.
1553487694: Error: Address already in use
```

▲ Mosquitto 버전 확인

※ Error : Address already in use => 이미 모스키토가 실행중이라는 말로써 걱정할 필요가 없습니다.

03-2 Mosquitto 자가 테스트

모스키토 브로커를 설치한 후에 간단히 테스트 목적으로 라즈베리 파이에 클라이언트도 설치를 해보겠습니다. 결국 라즈베리 파이 하나로 모스키토 브로커와 클라이언트를 동시에 동작하는 것을 확인해 볼 수 있습니다.

01 모스키토 클라이언트를 설치합니다.

```
$ sudo apt-get install mosquitto-clients
```

02 모스키토로 시작하는 명령어를 입력합니다.

```
$ mosquitto -d
```

03 클라이언트로써 토픽(Topic)을 구독합니다.

```
$ mosquitto_sub -d -t testTopic
```

```
pi@raspberrypi:~ $ mosquitto_sub -d -t testTopic
Client mosqsub/7450-raspberryp sending CONNECT
Client mosqsub/7450-raspberryp received CONNACK
Client mosqsub/7450-raspberryp sending SUBSCRIBE
Client mosqsub/7450-raspberryp received SUBACK
Subscribed (mid: 1): 0
```

▲ 클라이언트 구독(Subscribe)

04 현재 켜져 있는 클라이언트(구독중) 터미널을 그대로 놓고 새 터미널을 열어서 토픽 "testTopic"에 "Hello World!"를 게시합니다.

```
$ mosquitto_pub -d -t testTopic -m "Hello world!"
```

터미널 #2
```
파일(F) 편집(E) 탭(T) 도움말(H)
pi@raspberrypi:~ $ mosquitto_pub -d -t testTopic -m "Hello World!"
Client mosqpub/7477-raspberryp sending CONNECT
Client mosqpub/7477-raspberryp received CONNACK
Client mosqpub/7477-raspberryp sending PUBLISH (d0, q0, r0, m1, 'testTopic', ... (12 bytes))
Client mosqpub/7477-raspberryp sending DISCONNECT
pi@raspberrypi:~ $
```

터미널 #1
```
파일(F) 편집(E) 탭(T) 도움말(H)
pi@raspberrypi:~ $ mosquitto_sub -d -t testTopic
Client mosqsub/7476-raspberryp sending CONNECT
Client mosqsub/7476-raspberryp received CONNACK
Client mosqsub/7476-raspberryp sending SUBSCRIBE (Mid: 1, Topic: testTopic, QoS: 0)
Client mosqsub/7476-raspberryp received SUBACK
Subscribed (mid: 1): 0
Client mosqsub/7476-raspberryp received PUBLISH (d0, q0, r0, m0, 'testTopic', ... (12 bytes))
Hello World!
```

▲ 클라이언트 메시지 전달

testTopic을 구독하는 클라이언트 터미널 창에 다른 터미널 창에서 보낸 메시지가 전달됨을 확인할 수 있습니다. 이렇게 MQTT가 어떻게 동작하는지 확인하고 실제 모스키토 브로커를 설치해서 테스트 해 보았습니다. 이제 실제로 NodeMCU를 클라이언트로 연결해서 메시지 Push 방식으로 LED를 동작시켜 보겠습니다.

04 _ NodeMCU로 MQTT 사용하기

노드엠씨유에 MQTT 클라이언트를 사용하기 위해서 우선 아두이노 프로그램에 MQTT 라이브러리를 설치합니다. 그리고 연결된 무선 인터넷으로 라즈베리 파이에서 특정 토픽으로 MQTT 메시지를 보내고 노드엠씨유는 토픽을 구독하여 받은 메시지로 LED를 켜고 끄는 동작을 해 보겠습니다.

04-1 MQTT 라이브러리 설치

노드엠씨유에 MQTT 클라이언트를 사용하기 위해서 우선 아래 그림과 같이 아두이노 IDE에 PubSubClient를 설치하겠습니다. (스케치 => 라이브러리 포함하기 => 라이브러리 관리)

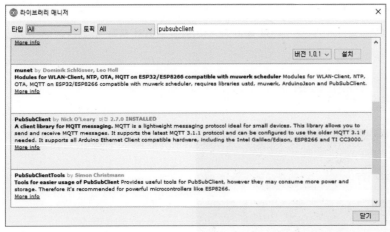

▲ 아두이노 라이브러리 설치

프로그램의 예제 matt_esp8266을 열겠습니다. (파일 => 예제)

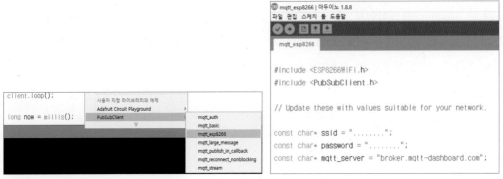

▲ 아두이노 라이브러리 설치　　　　　　　　▲ 예제

예제에서 3가지를 수정하겠습니다. ssid에 WIFI 이름을 입력하고 password에 WIFI 비밀번호를 입력합니다. 그리고 mqtt_server에는 현재 라즈베리 파이의 IP 주소를 입력합니다.

```
const char* ssid = "와이파이이름";
const char* password = "비밀번호";
const char* mqtt_server = "192.168.0.?";
```

이상없이 수정한 후에 확인을 눌러 컴파일하고 컴파일이 완료되면 업로드를 통해 노드엠씨유에 업로드 합니다. 노드엠씨유에 업로드가 완료되면 노드엠씨유는 두 가지 토픽을 가지고 통신하는데, "inTopic" 과 "outTopic"입니다. "inTopic"으로는 구독을 하며 '0'과 '1'의 메시지 입력을 확인하여 노드엠씨유의 푸른색 LED를 OFF 와 ON을 동작합니다. 그리고 "outTopic" 으로는 "Hello world #count"를 2초마다 한번씩 숫자를 카운팅 하면서 게시합니다.
아두이노 소스에서 토픽의 구독과 게시는 다음과 같습니다.

```
client.publish("outTopic", "hello world");      // "outTopic" 을 토픽으로 "hellow world" 게시
client.subscribe("inTopic");                    // "inTopic" 을 토픽으로 구독
```

현재 구독중인 토픽에 들어온 메시지는 callback 함수로 확인하여 LED를 켜고 끄는 동작을 합니다.

```
void callback(char* topic, byte* payload, unsigned int length) {

  for (int i = 0; i < length; i++) {
    Serial.print((char)payload[i]);
  }
  Serial.println();
  // 구독중인 토픽에서 메시지로 온 처음 문자가 '1' 이면 LED를 ON
  if ((char)payload[0] == '1') {
    digitalWrite(BUILTIN_LED, LOW);    // LED를 ON
  }
  // '1' 이 아니고 처음 온 문자가 '0' 이면 LED를 OFF
  else if ((char)payload[0] == '0') {
    digitalWrite(BUILTIN_LED, HIGH);  // LED를 OFF
  }
}
```

자 이제 라즈베리 파이 터미널 창을 열어서 실제로 동작하는지 확인해 보겠습니다. 모스키토를 시작하고 "outTopic"을 구독합니다.

```
파일(F)  편집(E)  탭(T)  도움말(H)
Client mosqsub/957-raspberrypi received PUBLISH
  (16 bytes))
hello world #226
Client mosqsub/957-raspberrypi received PUBLISH
  (16 bytes))
hello world #227
Client mosqsub/957-raspberrypi received PUBLISH
  (16 bytes))
hello world #228
```

```
$ mosquitto -d
$ mosquitto_sub -d -t outTopic
```

▲ outTopic 구독

노드엠씨유가 2초마다 토픽 "outTopic"으로 "hello world"를 보내는 것을 확인할 수 있습니다. 이제 새 터미널 창을 하나 더 열어서 "inTopic"으로 '0' 과 '1'을 보내서 실제 노드엠씨유의 LED가 꺼지고 켜지는지 확인해 보겠습니다.

```
$ mosquitto_pub -d -t inTopic -m "0 "        // LED를 OFF
$ mosquitto_pub -d -t inTopic -m "1"         // LED를 ON
```

04-2 휴대폰으로 MQTT 활용하기

스마트폰으로 간단하게 MQTT 앱을 설치해서 테스트 해 볼 수 있습니다.

테스트용으로 MQTT Dash 라는 앱을 설치합니다.

다음 그림을 보면서 순서대로 따라하면 쉽게 앱을 설치하고 테스트 해볼 수 있습니다.

01 구글 앱스토어에서 MQTT Dash 앱을 설치합니다.

02 처음화면은 아무것도 없는데 [+] 버튼을 눌러서 Name은 라즈베리 파이를 입력하고 Address에 현재 모스키토가 설치된 라즈베리 파이의 어드레스(IP 주소)를 입력합니다.

※ 주의 :정확하게 본인의 라즈베리 파이의 IP 주소를 입력합니다.

03 오른쪽 상단의 저장 아이콘을 누르면 라즈베리 파이 항목이 하나 생성 됩니다.

04 [+] 버튼을 누르면 토픽 유형을 선택하라고 하는데 Text를 선택합니다.

05 이름을 테스트로 하고 토픽명을 "outTopic"으로 입력합니다.

06 오른쪽 상단의 저장 아이콘을 누르면 바로 outTopic으로 노드엠씨유가 게시하고 있는 hellow world가 2초마다 들어오는 것을 확인 할 수 있습니다.

07 [+] 버튼을 눌러서 이번에는 Switch/button 유형의 토픽을 선택합니다.

08 이름을 Led로 토픽명을 "inTopic"으로 입력합니다.

09 저장한 후 네모난 아이콘을 누르면 노드엠씨유의 LED가 ON/OFF 됩니다.

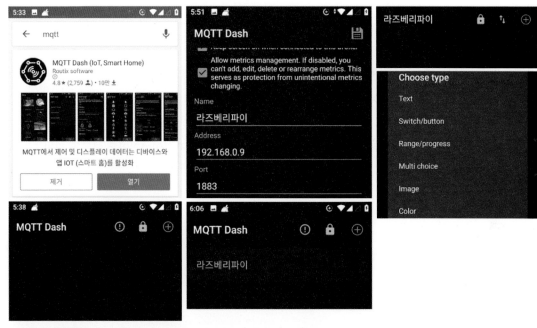

▲ MQTT Dash 설치

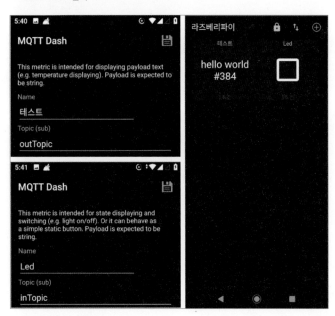

▲ MQTT Dash 실행결과

05 _ Flask 웹서버로 MQTT 활용하기

앞에서 했던 Flask 웹서버로 LED 켜기를 응용하여 파이썬으로 만든 Flask 웹서버에서 바로 모스키토 브로커로 MQTT 메시지를 보내서 노드엠씨유의 LED를 켜 보겠습니다.

01 파이썬에서 MQTT 클라이언트 기능을 구현하기 위해서 Paho-MQTT 라이브러리를 다음과 같이 터미널 창을 열어서 설치합니다.

```
$ sudo pip install paho-mqtt
```

02 webapps 폴더로 이동하여, ch10 폴더를 만듭니다.

```
$ cd webapps
$ mkdir ch10
```

03 다음과 같이 코드를 작성하고 저장합니다.

실습파일 : /home/pi/webapps/ch10/matt.py

```
matt.py

#-*-coding:utf-8

import paho.mqtt.client as mqtt              #Paho-MQTT 패키지 불러오기
from flask import Flask, render_template, request   #Flask 패키지 불러오기
app = Flask(__name__)                        #Flask 모듈 불러오기

#matt 클라이언트를 생성하여 연결
mqttc=mqtt.Client()
mqttc.connect("localhost",1883, 60)
mqttc.loop_start()

# led 란 딕셔너리를 만듭니다. ' name ' 과 ' state ' 요소를 사용
led = {'name' : 'LED pin', 'state' : 'ON'}

# 웹서버의 URL 주소로 접근하면 아래의 main() 함수를 실행
@app.route("/")
def main():
    # led 딕셔너리를 templateData에 저장
```

```
    templateData = {
        'led' : led
    }
    return render_template('main.html', **templateData)

# URL 주소 끝에 " /LED/<action>"을 붙여서 접근시에 action 값에 따라 동작
@app.route("/LED/<action>")
def action(action):

    # 만약에 action 값이 "on"과 같으면 mqtt 메시지를 토픽 "inTopic"에 "1"을 전송
    if action == "on":
        mqttc.publish("inTopic","1")
        led['state'] = "ON"
        message = "LED on. "
    # 만약에 action 값이 "off"와 같으면 mqtt 메시지를 토픽 "inTopic"에 "0"을 전송
    if action == "off":
        mqttc.publish("inTopic","0")
        led['state'] = "OFF"
        message = "LED off."

    templateData = {
        'message' : message,
        'led' : led
    }
    return render_template('main.html', **templateData)

if __name__ == "__main__":
    app.run(host='0.0.0.0', debug=False)
```

위에서 만든 mqtt.py 파일이 있는 곳에 있는 templates 폴더 내에 main.html 파일을 만듭니다.

```
web-server / matt.py
           / templates / main.html
```

04 다음과 같이 코드를 작성하고 저장합니다.

실습파일 : /home/pi/webapps/ch10/templates/main.html

```
main.html

<!DOCTYPE html>
<html lang="ko">
<head>
    <meta charset="UTF-8">
```

```
    <title>MQTT TEST</title>
</head>
<body>
    <h1>MQTT 메세지로 NodeMCU LED 제어</h1>

    {% if led.state == "ON" %}
        {{led.name}} is currently on (<a href="/LED/off">LED 끄기</a>)
    {% else %}
        {{led.name}} is currently off (<a href="/LED/on">LED 켜기</a>)
    {% endif %}
    <br>
    {% if message %}
    <h2>{{ message }}</h2>
    {% endif %}
</body>
</html>
```

05 결과를 확인합니다.

mqtt.py 파일과 main.html 파일이 만들어졌으면 다음과 같이 터미널 창에서 모스키토 브로커를 실행하고 matt.py을 실행합니다.

```
$ mosquitto - d
$ cd /home/pi/webapps/ch10
$ sudo python3 mqtt.py
```

다음과 같이 웹서버가 포트 5000번에서 실행됩니다.

```
* Running on http://0.0.0.0:5000/ (Press CTRL+C to quit)
```

이제 라즈베리 파이 웹서버가 실행되고 있으니 라즈베리 파이의 IP 주소(192.168.0.?)를 같은 공유기를 사용하는 컴퓨터나 같은 WIFI를 사용하는 핸드폰에서 접속하면 다음과 같이 라즈베리 파이 웹서버 화면이 나오고 밑줄 쳐진 링크로 노드엠씨유의 LED를 제어할 수 있습니다.

▲ 실행결과

다음 장에서는 실제로 노드엠씨유의 파란색 LED가 켜지고 꺼지는 것을 확인해 보겠습니다.

Raspberry Pi

이 장에서는 집에 있는 유무선 공유기와 라즈베리 파이를 이용하여 웹서버를 만들고 공유기의 포트포워딩이나 슈퍼디엠지 설정으로 어디에 있던지 인터넷으로 웹서버에 접속해 라즈베리 파이로 LED를 켜고 센서를 확인하는 방법을 알아보겠습니다.

CHAPTER

11

포트포워딩과 슈퍼디엠지로 우리집 LED 제어하기

01 _ TCP/IP란 무엇인가?

```
┌─────────────────────────────────────┐
│            응용 계층                  │
│     ( FTP, HTTP, SMTP, telnet)       │
├─────────────────────────────────────┤
│            전송 계층                  │
│          (TCP, UDP)                  │
├─────────────────────────────────────┤
│          네트워크 계층                │
│        (IP, ICMP, ARP)               │
├─────────────────────────────────────┤
│        데이터링크 계층                │
│          (Ethernet)                  │
└─────────────────────────────────────┘
```

▲ TCP/IP 계층구조

TCP/IP 는 인터넷에서 컴퓨터들이 서로 정보를 주고받는데 가장 많이 쓰이는 통신규약(프로토콜)의
모음입니다. TCP/IP 계층은 4가지로 응용계층(Application Layer), 전송계층(Transport Layer),
네트워크 계층(Internet Layer), 데이터링크 계층(Link/Physical Layer)로 이루어져 있습니다.
TCP/IP는 패킷 통신 방식의 인터넷 프로토콜인 IP (인터넷 프로토콜)와 전송 조절 프로토콜인 TCP
(전송 제어 프로토콜)로 이루어져 있습니다.

● IP(Internet Protocol) : 4바이트로 이루어진 주소번호를 이용하여 컴퓨터와 컴퓨터 간의 데이터 패킷을 전
  송할 수 있게 합니다. IP 주소는 인터넷에 접속하기 위해 컴퓨터나 스마트폰 등에 부여하는 고유한 주소입
  니다. 예를 들어서 "192.168.0.10"과 같은 IP 주소를 사용합니다.
● DNS(Domain Name System) : DNS는 도메인 이름(예: www.amazon.com)을 기계가 읽을 수 있는 IP주소
  (예: 192.0.2.44)로 변환합니다. 즉, 스마트폰이나 컴퓨터, 서버 등은 숫자로 된 IP 주소로 서로 찾고 통신합
  니다. 이러한 IP 주소를 사람이 기억하기는 힘들기 때문에 쉽게 문자로 입력하더라도 숫자로 바꾸어 주는
  역할을 합니다.
● TCP(Transmission Control Protocol) : 서버와 클라이언트 간에 데이터를 신뢰성 있게 전달하기 위해 만들
  어진 프로토콜입니다. 데이터는 네트워크를 통해 전달되는 과정에서 손상되거나 순서가 뒤바뀔 수 있는데
  TCP는 손상된 데이터를 교정하고 순서를 바로 잡아 줍니다.

02 _ LAN과 WAN

LAN(Local Area Network)은 지역네트워크로써 근거리 통신망이며 WAN(Wide Area Network)은 광역네트워크로써 원거리 통신망입니다.

즉 LAN은 지역적으로 가까운 컴퓨터가 서로 연결(Network)된 상태를 말하며 WAN은 멀리 떨어진 컴퓨터가 서로 연결 된 상태를 말합니다. 다음의 그림은 이러한 LAN과 WAN의 구성을 보여주는 가장 단적인 그림입니다.

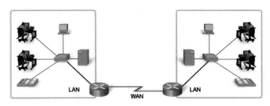

▲ LAN 과 WAN

(1) IPv4 주소 체계

IP 주소를 부여하는 방식으로 현재 쓰이는 것이 IPv4 (IP version 4) 규약입니다. 주소의 길이는 32bit로 표시 방법은 8비트씩 4부분으로 나눠서 10진수로 표시합니다.

흔히 우리가 주변에서 IP 주소를 "123.123.73.1"과 같이 네 자리의 10진수로 나눠서 부를 때 이것이 IPv4 주소라고 합니다. IPv4 주소 체계에서는 이론적으로 부여할 수 있는 주소의 총 수는 약 43억 개입니다. 하지만 현재 주소 고갈 문제를 해결하기 위해서 기존의 IPv4 주소 체계를 128비트 크기로 확장한 차세대 주소 체계로 IPv6가 있습니다.

(2) 공인 IP 주소와 사설 IP 주소

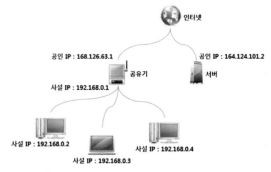

▲ 공인 IP와 사설 IP

IP 주소는 사용 범위에 따라서 공인 IP 와 사설 IP 주소로 구분 할 수 있습니다.

- 공인 IP 주소 : 공인기관에서 인증한 공개 형 IP 주소로, 인터넷 유무선 공유기를 사용하지 않는 대부분의 IP 주소를 뜻합니다. 공인 IP 주소는 외부에 공개되어 있기 때문에 다른 컴퓨터에서 검색 또는 접근이 가능합니다.

- 내부(사설) IP 주소 : 외부에 공개되어 있는 공인 IP 주소와 달리 내부 IP 주소는 폐쇄형으로 외부에서 검색 또는 접근이 불가능합니다. 내부 IP 주소는 유무선 공유기를 사용할 때 확인할 수 있습니다. 만약 공유기의 내부 IP 주소가 "192.168.0.1" 이라면 연결된 컴퓨터나 핸드폰의 사설 IP 주소는 192.168.0.2 ~ 192.168.0.254 까지 끝자리 숫자를 바꿔서 설정 할 수 있습니다.

(3) 포트(Port)란?

네트워크를 이용하는 통신을 할 때 IP 주소로 목적지의 컴퓨터를 찾을 수 있다면 포트번호는 컴퓨터 내에 동작하는 여러 프로그램 중 어떤 것에 접속해야 하는지 특정 프로세스를 식별하는 기능을 합니다. 예를 들어서 웹 브라우저에서 "www.naver.com" 로 검색하면 네이버 포털이 나오는데 실제로는 포트 80이 생략되어 있습니다. 즉 웹 브라우저에서 "www.naver.com:80"으로 입력하는 것과 같습니다. 포트 앞에 붙이는 기호가 ':'이고 웹서비스 HTTP를 위한 포트는 80번입니다. 다음 그림과 같이 잘 알려진 포트번호는 이미 포트가 지정되어 있습니다.

포트번호(TCP)	서비스 내용
20	FTP 데이터
21	FTP
23	텔넷
25	SMTP
80	HTTP

▲ 잘 알려진 포트번호

포트번호를 그룹으로 나누면 잘 알려진 포트 번호와 등록된 포트 번호, 동적 포트 번호로 나눌 수 있는데 0 ~ 1023까지는 이미 지정된 포트번호 들이고 일반 사용자가 실행하는 프로그램이나 프로세스는 등록된 포트 번호를 이용할 수 있습니다.

포트넘버	포트그룹
0 ~ 1023	잘 알려진 포트
1024 ~ 49151	등록된 포트
49152 ~ 65535	동적 포트

▲ 포트 번호 구분

03 _ 포트포워딩과 슈퍼디엠지

만약에 내가 지금 학교에 있는데 집에 있는 라즈베리 파이를 이용해서 LED를 켜고 싶다고 하면 어떻게 해야 할까요? 집에 있는 라즈베리 파이는 집에 있는 공유기에 무선으로 접속되어 있습니다. 우선 IP를 알아야 하므로 라즈베리 파이의 IP를 ifconfig 명령어로 알아보겠습니다. 그러면 다음과 같이 내부 IP 주소가 나옵니다.

```
pi@raspberrypi:~ $ ifconfig
eth0      Link encap:Ethernet  HWaddr b8:27:eb:e8:73:48
          inet addr:192.168.0.21  Bcast:192.168.0.255  Mask:255.255.
          inet6 addr: fe80::d4df:2f75:8fce:9d1/64 Scope:Link
          UP BROADCAST RUNNING MULTICAST  MTU:1500  Metric:1
          RX packets:223 errors:0 dropped:0 overruns:0 frame:0
          TX packets:121 errors:0 dropped:0 overruns:0 carrier:0
          collisions:0 txqueuelen:1000
          RX bytes:19364 (18.9 KiB)  TX bytes:17196 (16.7 KiB)
```

▲ 라즈베리 파이 IP

하지만 이 내부 IP 주소로는 외부에서 접속할 수 없습니다. 그러므로 외부에서 공유기를 거쳐서 라즈베리 파이에 접속하기 위해서 길을 열어주는 방법으로 포트포워딩과 슈퍼디엠지가 있습니다. 자 그러면 이 두 개의 방법에 대해 자세히 알아보겠습니다.

• 포트포워딩(Port Forwarding) : 공유기의 공인 IP로 특정 포트로 접근하는 경우에 내부의 특정 IP로 안내해 주는 기능입니다. 다음 그림을 보면 ISP 회사인 KT나 SK 등에서 제공하는 공인 IP 주소가 "82.10.250.19" 일 때 특정 포트인 8080 포트로 접근하는 경우에 내부 IP인 192.168.0.104:8080 으로 접근할 수 있도록 공유기의 규칙을 정해주는 것입니다.

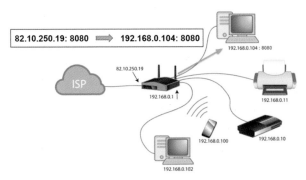

▲ 포트포워딩

• 슈퍼디엠지(Super DMZ, Twin IP) : 공인 IP의 모든 포트에 접근하는 경우에 내부의 특정 MAC주소로 안내해 주는 기능입니다. MAC주소란 기기의 고유 식별 수단으로 자동으로 변경되지 않습니다. 포트포워딩이

포트 하나에 대해 내부 특정 기기로 연결해 주는 것이라면 슈퍼디엠지는 특정 내부 기기에 공인 IP를 그대로 할당하는 역할을 합니다.

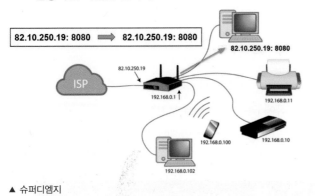

▲ 슈퍼디엠지

03-1 공유기 설정하기

예를 들어서 IPTIME 제품을 설정하는 방법을 설명하겠습니다. 대부분의 제품이 비슷한 기능을 하므로 공유기 설정에서 기능을 찾아서 설정하면 됩니다.

01 우선 여러분의 공유기로 접속하기 위해 공유기의 내부 IP주소인 "192.168.0.1"을 웹 브라우저에서 입력합니다. (설정하지 않았을 때 로그인 이름: admin , 암호: admin)

▲ iptime 공유기 로그인

02 포트포워드 슈퍼DMZ 설정 방법(IPTIME 공유기 예)

(1) 포트포워드 설정하기

다음 과정을 실행합니다.

로그인 후 관리 도구 => 고급설정 => NAT/라우터 관리 => 포트포워드 설정

▲ 포트포워드 설정

규칙이름을 정하고 내부 IP주소는 현재 라즈베리 파이의 IP 주소를 입력합니다. 프로토콜은 TCP 이고 웹서버를 이용하기 위한 포트번호는 80이므로 외부포트는 80~80, 내부포트도 80~80으로 합니다. 이렇게 새 규칙을 적용하면 다음 그림과 같이 새 규칙이 생성됩니다.

다음 그림과 같이 설정이 되었으면 포트포워드 설정이 완료 되었습니다.

🗔 포트포워드 설정			▼ 사용자정의 규칙보기	
순위 사용자 규칙	내부 IP	외부 포트	내부 포트	■삭제 ☐
1 라즈베리파이	192.168.0.	TCP(80~80)	TCP(80~80)	☐
+ 새규칙 추가				

▲ 포트포워드 설정 완료

(2) 슈퍼DMZ 설정(Twin IP)하기

다음 과정을 실행합니다.

01 로그인 후 관리 도구 => 고급설정 => NAT/라우터 관리 => 고급 NAT 설정 => 화면 하단의 Twin IP 설정을 체크 합니다.

02 아래쪽 MAC 주소 옆의 돋보기 아이콘을 클릭하면 현재 접속된 기기들(컴퓨터, 노트북, 핸드폰 등)의 MAC주소와 IP 주소가 나오는데 여기

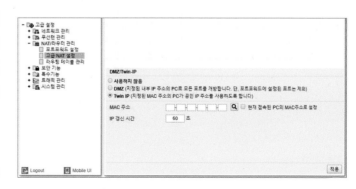

▶ Twin IP 설정

서 라즈베리 파이의 IP 주소를 선택합니다.

▲ MAC 주소 설정

03 우측 하단의 [적용] 버튼을 클릭하여 슈퍼DMZ(Twin IP) 설정을 완료합니다.

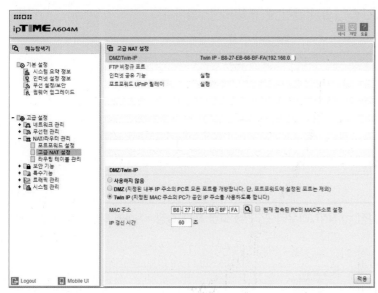

▲ Twin IP 적용

04 _ 외부에서 인터넷으로 라즈베리 파이 GPIO 제어하기

공유기와 라즈베리 파이만 연결해 놓으면 전 세계 어디에서든지 인터넷을 통해서 웹서버로 접속해 라
즈베리 파이를 제어할 수 있습니다. 먼저 앞에서 배운 라즈베리 파이에 Flask를 이용해 파이썬으로 웹
서버를 만들고 포트포워딩을 통해서 외부 IP로 웹서버에 접속해 라즈베리 파이를 제어해 보겠습니다.

04-1 외부 IP 주소확인 방법(예_IPTIME 공유기)

01 공유기의 내부 IP 주소인 "192.168.0.1"을 웹 브라우저에서 입력하여 로그인하여 확인 합니다.

▲ 외부 IP 주소 확인

02 이전 챕터에서 만든 Flask 웹서버 프로젝트를 포트포워드나 슈퍼DMZ를 사용하여 외부 IP 주소로 접속
하면 됩니다.

04-2 라즈베리 파이 Flask 웹서버

(1) 브레드보드 연결

• 준비물 : led 3개 , 저항 220Ω , 전선

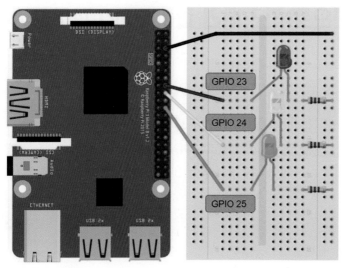

▲ 브레드보드 연결

지니(Geany)에서 homeLED.py 파일을 만들어 ch11 폴더 안에 저장합니다.

파이썬 프로그램은 (:) 기호 다음 아랫줄들은 들여쓰기가 정확해야 하므로 주의합니다.

(2) 코드 작성하기

❶ homeLED.py 코드 작성하기

01 다음과 같이 코드를 작성하고 저장합니다.

실습파일 : /home/pi/webapps/ch11/homeLED.py

```
#-*-coding:utf-8

# 필요한 라이브러리를 불러옵니다.
import RPi.GPIO as GPIO
from flask import Flask, render_template, request
app = Flask(__name__)

# 불필요한 warning 제거, GPIO핀의 번호 모드 설정
GPIO.setwarnings(False)
GPIO.setmode(GPIO.BCM)

# pins란 딕셔너리를 만들고 GPIO 23, 24, 25 핀을 저장합니다.
pins = {
    23 : {'name' : 'RED LED', 'state' : GPIO.LOW},
    24 : {'name' : 'Yellow LED', 'state' : GPIO.LOW},
    25 : {'name' : 'Green LED', 'state' : GPIO.LOW}
    }
```

```
# pins 내에 있는 모든 핀들을 출력으로 설정하고 초기 LED OFF 설정
for pin in pins:
    GPIO.setup(pin, GPIO.OUT)
    GPIO.output(pin, GPIO.LOW)

# 웹서버의 URL 주소로 접근하면 아래의 main() 함수를 실행
@app.route("/")
def main():
    # pins 내에 있는 모든 핀의 현재 핀 상태(ON/OFF)를 업데이트
    for pin in pins:
        pins[pin]['state'] = GPIO.input(pin)
    # tmplateData에 저장
    templateData = {
        'pins' : pins
        }
    # 업데이트 된 templateDate 값들을 homeLED.html로 리턴
    return render_template('homeLED.html', **templateData)

# URL 주소 끝에 "/핀번호/<action>"을 붙여서 접근시에 action 값에 따라 동작
@app.route("/<changePin>/<action>")
def action(changePin, action):
    # 현재 핀번호를 URL 주소로 받은 핀번호로 설정
    changePin = int(changePin)
    # 핀번호에 설정된 이름값을 불러옴
    deviceName = pins[changePin]['name']
    # action 값이 'on'일때
    if action == "on":
        GPIO.output(changePin, GPIO.HIGH)
    # action 값이 'off'일때
    if action == "off":
        GPIO.output(changePin, GPIO.LOW)
    # GPIO 핀의 ON/OFF 상태 저장
    pins[changPin]['state'] = GPIO.input(changPin)
    # 핀들의 값들을 업데이트 해서 templateData에 저장
    templateData = {
        'pins' : pins
    }
    # 업데이트 된 templateDate 값들을 homeLED.html로 리턴
    return render_template('homeLED.html', **templateData)
if __name__ == "__main__":
    app.run(host='0.0.0.0', port=5000, debug=False)
```

ch11폴더 내에 templates 폴더를 만들고 그 안에 homeLED.html 파일을 만듭니다.

❷ homeLED.html 코드 작성하기

01 다음과 같이 코드를 작성하고 저장합니다.

실습파일 : /home/pi/webapps/ch11/templates/homeLED.py

```html
<!DOCTYPE html>
<html lang="ko">
<head>
    <meta charset="UTF-8">
    <title>GPIO TEST</title>
</head>
<body>
    <h1>웹서버 GPIO 제어</h1>
    {% for pin in pins %}
    <p>The {{ pins[pin].name }}
    {% if pins[pin].state == True %}
        is currently on (<a href="/{{pin}}/off">끄기</a>)
    {% else %}
        is currently off (<a href="/{{pin}}/on">켜기</a>)
    {% endif %}
    </p>
    {% endfor %}
</body>
</html>
```

TIP

homeLED.py 파일에서 pins 딕셔너리에 원하는 GPIO 핀을 추가하고 제어할 대상의 이름과 상태를 추가하면 쉽게
제어할 기기들을 추가하거나 수정할 수 있습니다.

```python
pins = {
    14 : {'name' : 'Lamp', 'state' : GPIO.LOW},
    15 : {'name' : 'Boiler', 'state' : GPIO.LOW},
    18 : {'name' : 'Aircon', 'state' : GPIO.LOW},
    }
```

TIP

homeLED.html 파일에서 파이썬 문법이 들어가 있는데 이것은 FLASK 가 Jinja2라는 템플릿을 사용하기 때문이고
다음과 같습니다.
{% ... %} : 조건문
{{ ... }} : 출력문

(3) 준비하기

01 공유기 설정으로 포트포워드를 라즈베리 IP 주소로 설정합니다. 슈퍼DMZ(TWIN IP)를 설정해도 괜찮으나 우리는 단 하나의 포트만 사용하면 되므로 보안상 좀 더 유리한 포트포워드를 사용하겠습니다.

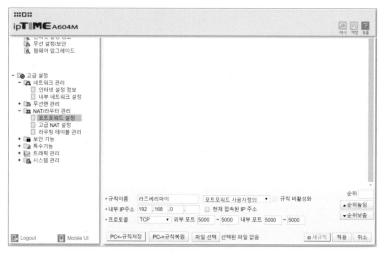

▲ 외부 IP 주소 확인

위의 그림처럼 적당한 규칙이름으로 설정하고 현재 라즈베리 파이의 내부 IP 주소를 입력하고 외부 포트는 5000으로 하면 됩니다.

02 지니(Geany) 프로그램으로 작성한 파이썬 프로그램을 실행합니다.

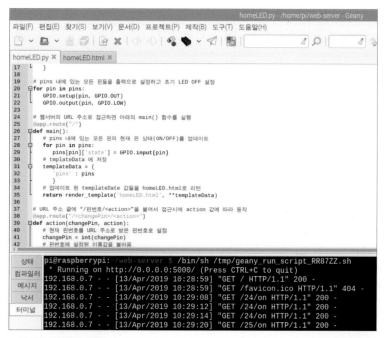

▲ 파이썬 스크립트 실행

(4) 코드 실행하기

자 이제 어디서든지 인터넷만 가능하다면 외부 IP 주소로 본인의 라즈베리 파이가 실행하는 웹서버에 접속하여 라즈베리 파이의 GPIO 핀들을 제어 할 수 있습니다.

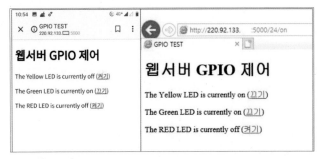

▲ 외부 IP 주소로 접속

위와 같이 외부주소로 인터넷을 통해 모바일이나 PC로 접속이 가능합니다. LED 켜고 끄는 링크를 눌러서 실제로 LED가 제대로 ON, OFF 되는지 확인합니다.

4-3 HTML 디자인을 꾸며보자

html에 〈style〉 태그를 이용하여 폰트 사이즈 등을 수정하고 버튼을 넣어서 좀 더 보기 좋게 바꾸어 보겠습니다.

01 다음 코드를 작성합니다.

```
homeLED.html

<!DOCTYPE html>
<html lang="ko">
<head>
    <meta charset="UTF-8">
    <title>GPIO TEST</title>
    <style>
                body {font-size:120%;}
                #main {display: table; margin: auto;  padding: 0 10px 0 10px; }
                .button { padding:5px 5px 5px 5px; width:100%; font-size: 120%;}
                #but1 { background-color: mistyrose; }
                #but2 { background-color: honeydew; }
    </style>
</head>
<body>
```

```
 <div id='main'>
  <h2>웹서버 GPIO 제어</h2>
   {% for pin in pins %}
  <p>The {{ pins[pin].name }}
  {% if pins[pin].state == True %}
    <a href="/{{pin}}/off"><button id='but1'>끄기</button></a>
  {% else %}
    <a href="/{{pin}}/on"><button id='but2'>거기</button></a>
  {% endif %}
  </p>
  {% endfor %}
 </div>
</body>
</html>
```

02 결과를 확인합니다.

▲ HTML 디자인 수정

HTML 파일을 수정하여 폰트 사이즈와 정렬, 버튼 등을 간단하게 수정하여 PC나 모바일로 보기 좋게 수정해 보았습니다. 여러분도 〈style〉 태그를 이용해 폰트, 글자색, 바탕화면색 등을 쉽게 수정하여 꾸밀 수 있습니다.

Raspberry Pi

Amazon은 20년 이상 인공 지능에 과감히 투자해왔고, 수많은 기계 학습 알고리즘을 보유하고 있습니다. 그리고 Google은 지능형 가상 비서 Google Assistant를 통해 음성 AI시장을 선도하고 있습니다. 이번 장에서는 라즈베리 파이를 활용한 아마존 머신 러닝 API와 구글 Assistant를 학습해보도록 하겠습니다.

Open API 활용하기

01 _ 아마존 Rekognition

이미지 또는 비디오를 아마존 Rekognition API에 제공하기만 하면, 서비스에서 객체, 사람, 텍스트, 장면 및 동작을 식별하고 매우 정확한 얼굴 분석 및 얼굴 인식을 제공합니다. 사용자 확인, 인원 계산 및 공공 안전 등 다양한 사용 사례에서 얼굴을 탐지, 분석 및 비교할 수 있습니다.

01-1 카메라 세팅 및 테스트

라즈베리 파이 카메라를 사용할 때 VNC 그래픽모드로 원격 접속하여 테스트하게 되면 GPU 용량이 부족하여 테스트가 불가능할 수도 있으니 카메라를 사용할 때는 원격 접속하지 않는 것이 좋습니다.

(1) 카메라 세팅

카메라를 연결하고 세팅합니다.

01 카메라를 연결하기 위해 카메라 단자를 열어줍니다. 단, 전원이 없는 상태에서 진행합니다.

▲ 라즈베리 파이 카메라 단자 열기

02 선을 연결합니다.

▲ 카메라 연결하기

(2) 카메라 테스트하기

카메라로 사진과 동영상 촬영을 테스트해보겠습니다.

01 카메라로 사진을 찍어봅니다.

```
$ sudo libcamera-still -o image.jpg
```

▲ test.jpg 파일 확인

02 영상을 촬영해보겠습니다.

```
$ sudo libcamera-vid - o video.h264
```

01-2 AWS 회원 가입하기

AWS 서비스를 사용하기 위해 계정을 만듭니다.

01 AWS 홈페이지에 접속한 후 우측 상단의 [콘솔에 로그인] 버튼을 클릭합니다.

- https://aws.amazon.com/ko/

▲ AWS 홈페이지

02 'AWS 새로 계정 만들기'를 클릭합니다.

▲ AWS 계정 새로 만들기

03 AWS 계정 생성 페이지에서 이메일 주소, 계정 이름, 암호 등을 입력합니다.

▲ 계정 생성하기

04 연락처 정보를 입력합니다. 단, 이름과 전화번호와 국가 이외 것들은 잘못된 정보로 기입해도 무관합니다.

▲ 계정 생성 상세정보

05 결제정보를 입력합니다. AWS는 결제 가능한 카드를 미리 등록해두어야 서비스 이용이 가능합니다.

▲ 신용카드 정보 입력

신용카드가 아닌 직불카드도 사용 가능합니다. Master, Visa와 같이 해외 결제가 가능한 카드를 등록하면 됩니다. AWS 서비스는 대부분 유료이지만 최초 가입 후 1년 동안 프리티어 사용이 가능합니다. 프리티어를 통해 모든 서비스를 무료로 사용할 수 있는 것은 아니며 특정 서비스만 무료로 사용이 가능합니다.

06 전화번호를 인증합니다. 전화번호를 통해 인증하면 1달러가 결제됩니다. 직불카드를 사용한다면 여유롭게 1500원 정도가 입금되어 있어야 합니다. 결제가 된 후 한 달 안에 1달러를 돌려줍니다. 즉 Payback이 됩니다.

▲ 전화인증 성공

07 지원 플랜을 선택합니다. 무료, 개발자 플랜, 비즈니스 플랜 유형이 있습니다.

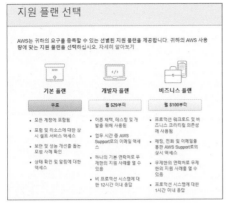

▲ 무료 플랜 선택

01-3 IAM 생성하기

사용 목적의 IAM 사용자를 생성해보겠습니다.

01 [콘솔에 로그인] 버튼을 클릭합니다.

▲ 콘솔 로그인

02 서비스 – 보안, 자격 증명 및 규정 준수 – IAM을 선택합니다.

▲ IAM 선택

03 사용자를 추가하기 위해 사용자 메뉴로 들어가서 [사용자 추가] 버튼을 클릭합니다.

▲ 사용자 추가

04 사용자 이름(simba)을 입력한 뒤 [다음] 버튼을 클릭합니다.

▲ 사용자 이름 입력

05 그룹을 생성하기 위해 [그룹생성] 버튼을 클릭합니다.

▲ 그룹 생성하기

06 그룹 이름(simba)을 정하고 AdministratorAccess 정책에 체크한 뒤 [그룹생성] 버튼을 클릭합니다.

▲ 정책 설정

07 생성한 그룹(simba)에 체크가 되어있는지 확인하고 [다음] 버튼을 클릭합니다.

▲ 정책 확인

08 태그 추가는 필요 없습니다. [다음] – [다음] 버튼을 클릭합니다.

▲ 태그 건너뛰기   ▲ [다음] 버튼 클릭

09 CSV 파일을 다운로드합니다. 다운로드 받은 후 라즈베리 파이에서 어느 경로에 다운이 되었는지 꼭 확인해줍니다. CSV 파일 안에는 AWS API에 접근하기 위해 필요한 KEY ID(아이디)와 ACCESS KEY(접근키)가 담겨 있습니다.

▲ CSV 파일 다운받기

10 계정 인증까지 1~2일 정도 소요될 수 있습니다.

01-4 이미지 분석 Detect Lables

계정 인증이 완료되면 이미지 분석을 해볼 수 있습니다.

▲ 이미지 분석 Detect Lables

※ 크롬을 이용하여 한글로 번역하여 진행하였습니다.

01 서비스 – 기계학습 – Rekognition을 선택합니다.

▲ Rekognition 선택

02 시작 안내서 메뉴를 클릭합니다.

▲ 시작 안내서 클릭

03 AWS 명령행 인터페이스 설치를 두 번 클릭합니다.

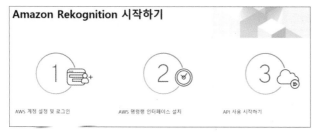

▲ AWS 명령행 인터페이스 설치

04 시작하기의 2단계를 클릭합니다.

▲ 2단계 클릭

05 AWS CLI를 마우스 오른쪽 버튼을 클릭하여 새 창으로 열기합니다. 새 창으로 여는 이유는 매뉴얼을 보면서 작업을 할 것이기 때문입니다.

---

2 단계 : AWS CLI 및 AWS SDK 설정

다음 단계에서는 이 설명서의 예제에 사용되는 AWS CLI (Command Line Interface) 및 AWS SDK를 설치하는 방법을 보여줍니다. AWS SDK 호출을 인증하는 여러 가지 방법이 있습니다. 이 가이드의 예제는 AWS CLI 명령 및 AWS SDK API 작업을 호출하기 위해 기본 자격 증명 프로필을 사용한다고 가정합니다.

사용 가능한 AWS Regions 목록은 *Amazon Web Services General Reference* 의 Regions and Endpoints 를 *참조하십시오*.

다음 단계에 따라 AWS SDK를 다운로드하고 구성하십시오.

AWS CLI 및 AWS SDK를 설정하려면

1. 사용할 AWS CLI 및 AWS SDK를 다운로드하여 설치하십시오. 이 가이드는 AWS CLI, Java, Python, PHP, .NET 및 JavaScript에 대한 예제를 제공합니다. 다른 AWS SDK에 대한 자세한 내용은 Amazon Web Services 용 도구를 참조하십시오 .

   - AWS CLI
   - Java 용 AWS SDK
   - Python 용 AWS SDK (Boto 3)
   - PHP 용 AWS SDK
   - .NET 용 AWS SDK
   - JavaScript 용 AWS SDK

▲ AWS CLI 클릭

06 가상환경에 진입합니다.

```
$ python3 -m venv aws-env
$ source aws-env/bin/activate
```

07 awscli를 설치합니다.

```
$ pip install awscli
```

08 awscli 버전을 확인합니다.

```
$ aws --version
```

09 Python용 AWS SDK(Boto3)를 선택합니다.

2 단계 : AWS CLI 및 AWS SDK 설정

다음 단계에서는 이 설명서의 예제에 사용되는 AWS CLI (Command Line Interface) 및 AWS SDK를 설치하는 방법을 보여줍니다. AWS SDK 호출을 인증하는 여러 가지 방법이 있습니다. 이 가이드의 예제는 AWS CLI 명령 및 AWS SDK API 작업을 호출하기 위해 기본 자격 증명 프로필을 사용한다고 가정합니다.

사용 가능한 AWS Regions 목록은 *Amazon Web Services General Reference* 의 Regions and Endpoints 를 *참조하십시오.*

다음 단계에 따라 AWS SDK를 다운로드하고 구성하십시오.

AWS CLI 및 AWS SDK를 설정하려면

1. 사용할 AWS CLI 및 AWS SDK를 다운로드하여 설치하십시오. 이 가이드는 AWS CLI, Java, Python, PHP, .NET 및 JavaScript에 대한 예제를 제공합니다. 다른 AWS SDK에 대한 자세한 내용은 Amazon Web Services 용 도구를 참조하십시오 .

   - AWS CLI
   - Java 용 AWS SDK
   - Python 용 AWS SDK (Boto 3)
   - PHP 용 AWS SDK
   - .NET 용 AWS SDK
   - JavaScript 용 AWS SDK

▲ Python 용 AWS SDK(Boto3) 클릭

boto3를 설치합니다.

```
$ pip install boto3
```

10 자격 증명 파일을 구성합니다.

당신이 있는 경우 AWS CLI가 설치 한 경우에는 자격 증명 파일을 구성하는 데 사용할 수 있습니다 :

```
aws configure
```

또는 자격 증명 파일을 직접 만들 수도 있습니다. 기본적으로 위치는 ~ / .aws / credentials입니다 .

```
[ 기본값 ]
aws_access_key_id = YOUR_ACCESS_KEY
aws_secret_access_key = YOUR_SECRET_KEY
```

기본 영역을 설정할 수도 있습니다. 이 작업은 구성 파일에서 수행 할 수 있습니다. 기본적으로 위치는 ~ / .aws / config입니다 .

```
[ 기본값 ]
region = us - east - 1
```

▲ 자격 증명 하는 법

자격 증명을 위해 IAM 생성시 발급 받았던 CSV 파일을 열고 ACCESS_KEY와 SECRET_KEY를 확인한 뒤 아래의 id와 access_key에 입력해줍니다. region은 aws의 물리적 장비의 위치를 선택하는 곳입니다. ap-northeast-2로 설정하면 됩니다.

```
$ aws configure
ACCESS_KEY
SECRET_KEY
ap-northeast-2
json
```

위와 같이 설정을 완료하고 credentials 파일이 생성되었는지 확인합니다.

```
$ nano ~/.aws/credentials
```

11 예제를 작성하기 위해 다음 과정을 진행합니다. 다음 그림의 왼쪽 메뉴 아래 – 이미지 작업 – 로컬 파일 시스템 사용 – Python 예제 선택

▲ Python 예제 선택

구글에서 원숭이 사진을 한 장 다운 받은 뒤 파일명을 input.jpg로 변경합니다.

사진 경로는 /home/pi/webapps/ch12/img 로 합니다.

VSCode를 이용하여 /home/pi/webapps/ch12/lable_boto3.py 파일을 생성합니다.

```python
import boto3
def detect_labels_local_file(photo):
    client=boto3.client('rekognition')

    with open(photo, 'rb') as image:
        response = client.detect_labels(Image={'Bytes': image.read()})

    print('Detected labels in ' + photo)
    for label in response['Labels']:
        print (label['Name'] + ' : ' + str(label['Confidence']))
    return len(response['Labels'])
def main():
    photo='img/input.jpg' # filename
    label_count=detect_labels_local_file(photo)
    print("Labels detected: " + str(label_count))
if __name__ == "__main__":
    main()
```

12 파일을 실행합니다. VSCode에서 CTRL+Shift+`, 또는 상단 메뉴바의 Terminal – New Terminal을 눌러 터미널을 연 뒤 다음 명령어를 실행합니다.

```
$ cd ~/webapps/ch12
$ python label_boto3.py
```

13 실행결과를 확인합니다.

```
Detected labels in img/input.jpg
Monkey :99.2998046875
Mammal :99.2998046875
Animal :99.2998046875
Wildlif :99.2998046875
Baboon :94.93888198852539
```

이미지 분석결과 원숭이, 포유류, 동물, 야생동물, 개코 원숭이일 확률이 대략 99%로 확인됩니다.

01-5 얼굴 비교 Compare Faces

▲ Compare Faces 얼굴 비교

01 파이카메라를 이용하여 사진을 2장 찍습니다. 사진을 한 장만 찍고 한 장은 옛날 사진을 가져와서 사용하는 것이 테스트하기 더 좋습니다. 옛날 사진이 있다면 옛날 사진을 source.jpg로 파일 명을 변경해서 ch12/img 폴더에 복사하고 파이카메라를 이용해서 사진을 촬영한 뒤 ch12/img 폴더에 target.jpg로 파일명을 변경하여 옮겨둡니다.

```
$ sudo libcamera-still -o source.jpg
$ sudo libcamera-still -o target.jpg
```

▲ source.jpg

옛날 사진을 넣기 번거롭다면 본인 얼굴 사진을 아래와 같은 파일명으로 두장 찍어서 ch12/img 폴더에 옮겨 둡니다. 사진 경로는 '/home/pi/webapps/ch12/img'로 합니다.

▲ target.jpg

02 얼굴 감지 및 분석합니다. 이미지의 얼굴 비교 샘플 코드입니다.

▲ 얼굴 비교 샘플 코드

03 VSCode를 이용하여 compare_boto3.py 파일을 생성합니다. 경로는 다음과 같습니다.

/home/pi/webapps/ch12/compare_boto3.py

```python
import boto3
def compare_faces(sourceFile, targetFile):
    client = boto3.client('rekognition')
    imageSource = open(sourceFile, 'rb')
    imageTarget = open(targetFile, 'rb')
    response = client.compare_faces(SimilarityThreshold=80,
                                    SourceImage={'Bytes': imageSource.read()},
                                    TargetImage={'Bytes': imageTarget.read()})
    for faceMatch in response['FaceMatches']:
        position = faceMatch['Face']['BoundingBox']
        similarity = str(faceMatch['Similarity'])
        print('The face at ' +
                str(position['Left']) + ' ' +
                str(position['Top']) +
                ' matches with ' + similarity + '% confidence')
    imageSource.close()
    imageTarget.close()
    return len(response['FaceMatches'])
def main():
    source_file = 'img/source.jpg'
    target_file = 'img/target.jpg'
    face_matches = compare_faces(source_file, target_file)
    print("Face matches: " + str(face_matches))
if __name__ == "__main__":
    main()
```

04 VSCode 터미널에서 다음 명령어를 실행시킵니다.

```
$ python compare_boto3.py
```

사진 비교 결과값이 나타납니다.

```
99.1190299987793
```

01-6 얼굴 인증 웹사이트 만들기

간단한 얼굴 인증 웹사이트를 만들어 보겠습니다.

01 [인증] 버튼을 클릭하면 파이카메라가 사진을 찍고 얼굴을 비교합니다.

▲ 얼굴 비교 웹 사이트 만들기

02 비교할 사진이 필요합니다. 본인의 얼굴 사진을 '/home/pi/webapps/ch12/detect/target.jpg'로 저장합니다. 이전에 사용했던 target.jpg 파일을 복사해서 사용해도 됩니다.

03 두 파일을 생성합니다.

• main.html 파일 생성

실습파일 : /home/pi/webapps/ch12/templates/main.html

```html
<!DOCTYPE html>
<html lang="en">
<head>
  <title>Bootstrap Example</title>
  <meta charset="utf-8">
  <meta name="viewport" content="width=device-width, initial-scale=1">
  <link rel="stylesheet" href="https://maxcdn.bootstrapcdn.com/bootstrap/4.1.0/css/bootstrap.min.css">
</head>
<body>

<div class="jumbotron jumbotron-fluid">
  <div class="container">
```

```
      <h1>얼굴 비교 Compare Faces</h1>
      <p>아래의 인증 버튼을 클릭합니다. 10초 정도 시간이 걸리니 잠시만 기다려주세요.</p>
      <a href="http://localhost:8889/detect" class="btn btn-primary">인증</a>
    </div>
  </div>

  </body>
</html>
```

찍힌 사진은 자동으로 /home/pi/webapps/ch12/detect 폴더에 source.jpg 이름으로 저장이 됩니다.

• main.py 파일 생성

/home/pi/webapps/ch12/main.py

파이썬 프로그램에서 detect폴더를 감시하고 있다가 새로운 사진 파일이 생성되면 감지하여 얼굴 비교를 실행합니다.

```python
from flask import Flask, render_template
import os
import boto3
app = Flask(__name__)
def compare_face():
    sourceFile='detect/source.jpg'
    targetFile='detect/target.jpg'
    client=boto3.client('rekognition')

    imageSource=open(sourceFile,'rb')
    imageTarget=open(targetFile,'rb')
    try:
        response=client.compare_faces(SimilarityThreshold=70,
                            SourceImage={'Bytes': imageSource.read()},
                            TargetImage={'Bytes': imageTarget.read()})
        for faceMatch in response['FaceMatches']:
            result  = faceMatch['Similarity']

        imageSource.close()
        imageTarget.close()
        return result
    except:
        return 0
@app.route("/detect")
def detect():
    os.system("libcamera-still -o /home/pi/webapps/ch12/detect/source.jpg")
    result = compare_face()
    return str(result)
@app.route("/")
def indeX():
    return render_template("main.html")
if __name__ == "__main__":
    app.run(host='0.0.0.0', port=8889, debug=True)
```

04 실행합니다. 얼굴이 일치하면 다음과 같은 화면이 나오게 됩니다.

▲ 얼굴 비교 결과

05 실행방법은 다음과 같습니다.

- /home/pi/webapps/ch12 폴더에 main.py 파일이 있어야 합니다.
- /home/pi/webapps/ch12/templates 폴더에 main.html 파일이 있어야 합니다.
- /home/pi/webapps/ch12/detect 폴더에 target.jpg 파일이 있어야 합니다.
- python으로 main.py 파일을 실행한 뒤 인터넷 브라우저에서 http://localhost:8889/로 접속해야 합니다.
- 인증 버튼을 클릭하기 전에 카메라로 자신의 얼굴을 비춥니다.
- 인증 버튼을 클릭하면 Flask서버를 통해 detect함수가 호출되고 비교 후 결과 값을 웹페이지로 반환하게 됩니다.

06 주의할 점은 다음과 같습니다.

편집 중 소스코드를 그냥 복사해서 사용하게 되면 파이썬 들여쓰기 오류가 발생할 가능성이 높습니다. 혹 들여쓰기 오류가 발생할 수도 있으니 주의하시기 바랍니다. 다음은 들여쓰기 오류 시 발생되는 오류 문구입니다.

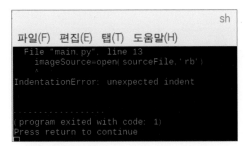

▲ 파이썬 들여쓰기 오류

Raspberry Pi

이번 장에서는 Git이란 무엇이고 버전관리가 무엇인지 학습한 뒤 Git에 대한 다양한 명령어를 학습해보고 Github 원격 저장소에 대한 학습을 진행해보도록 하겠습니다.

Git 버전관리(형상관리)

01 _ Git

- -

01-1 Git이란

Git은 소규모 프로젝트부터 대규모 프로젝트까지 모든 소스를 관리하도록 설계된 무료 오픈 소스 분산 버전 관리 시스템이며 어떤 코드를 누가 수정했는지 기록, 추적을 할 수 있는 오픈 소스 소프트웨어입니다. 여기서 핵심은 분산입니다. 기존에 SVN과 같은 버전관리 시스템은 코드 관리를 중앙 저장소에서 합니다.

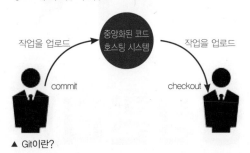

▲ Git이란?

하지만 Git은 분산 버전 관리시스템입니다. 하나의 중앙 저장소를 두고 모든 사람이 수정사항을 기록할 때마다 그 저장소를 사용하는 것이 아니라 개별 작업자가 독립적으로 일하고 로컬 저장소에 저장(commit)하여 버전을 관리합니다. 다른 사용자와 소스 코드를 공유하고 싶다면 중앙 저장소에 소스코드를 업로드(push)하고 업로드 된 소스코드를 내려 받고 싶으면 다운(pull)을 받게 되는 구조입니다. 이러한 시스템을 Git이라고 하며 중앙 저장소 역할을 하는 것이 바로 Github과 같은 원격 서비스를 제공하는 원격 저장소입니다.

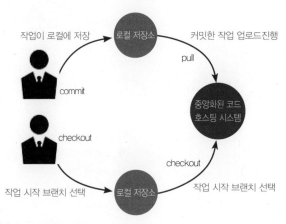

▲ Git 원격 저장소

사람들이 Git을 사용하면 동남아의 한적한 해변에서 코딩하는 상상을 하게 됩니다. 왜냐하면 중앙 저장소에 commit할 필요가 없기 때문입니다. 하지만 Git을 사용하는 주목적은 버전관리를 통해 새로운 시도를 해볼 수 있다는 점입니다. 프로젝트에 새로운 기능을 추가해보고 싶다면 좋은 결과가 나오는지 샘플테스트를 한 뒤 별로면 그냥 버려버리고 괜찮으면 회사에 보고한 뒤 새로운 기능을 merge(병합)해버리면 됩니다.

git을 사용하면 버전관리와 협업이 가능하다는 것을 잊지 마세요!!

01-2 버전관리 이해

한명이 프로젝트 개발을 하게 된다면 협업이 필요 없습니다. 협업이 필요 없다면 내 소스코드를 다른 사람에게 공유해야 하거나 진행 중인 프로젝트를 fork(복제)해서 새로운 부분을 추가하여 다시 merge(병합) 할 일도 없습니다. 하지만 혼자서 개발을 해도 버전관리는 필요합니다. 예를 들어 A프로젝트를 진행 중인데 프로젝트 단계를 5단계까지 기술해두었다고 한다면 현재 1단계를 완료하였으면 '컴퓨터를 끄고 내일 2단계를 진행해야지'라고 하면 안 됩니다. 1단계를 복사하여 다른 폴더에 안전하게 옮겨두고 내일 2단계를 진행해야 합니다. 2단계 진행이 끝나면 3단계를 진행하기 전에 마찬가지로 2단계까지 완료된 프로젝트를 복사하여 옮겨둡니다. 이렇게 되면 현재 v1과 v2라는 버전이 만들어졌습니다.

3단계 진행 중에 문제가 생겼습니다. 2단계에서 처리해야할 부분에 심각한 오류가 발생하여 2단계로 다시 돌아가서 문제를 해결하고 3단계를 진행해야할 일이 생겼습니다. 이때 버전관리는 여러분께 아주 큰 지원군이 되어줍니다. 복사해둔 v2를 이용하여 오류를 수정한 뒤 다시 v4로 저장해두고 v3은 지워버리면 됩니다. 이때 v3에서 많은 부분이 변경되었다면 지우고 새로 작업하는 것이 너무 아까울 수 있습니다. 하지만 git을 사용하면 v3에서 변경된 내용만 v4에 병합할 수 있습니다. 이것이 바로 버전관리의 힘입니다. 흔히 버전관리는 형상관리와 같은 의미로 사용됩니다.

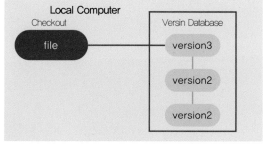

▲ 버전관리

소프트웨어 형상관리는 Software Configuration Management, 줄여서 SCM이라는 단어를 쓰기도 하는데, SW 개발 및 유지보수 과정에서 발생하는 소스코드, 문서, 인터페이스 등 각종 결과물에 대해 형상을 만들고, 이들 형상에 대한 변경을 체계적으로 관리, 제어하기 위한 활동입니다. 단순히 말하자면 프로젝트를 진행하면서 생성하는 소스코드를 CVS나 SVN 또는 GIT와 같은 버전 관리 시스템을 이용하는 것을 말합니다. 다수의 개발자가 프로젝트에서 동일한 기능을 동시에 개발한다고 할 때, 작성된 소스 코드와 변경사항을 확인하고, 수정하는 협업을 도와주는 시스템이라고 할 수 있습니다.

형상관리는 일반적으로 버전 관리 (version control, revision control), 소스 관리 (source control), 소스 코드 관리 (source code management, SCM)와 동일한 의미로 사용됩니다. 즉, 동일한 정보(프로그램)에 대한 여러 버전을 관리하는 것으로, 소프트웨어 공학에서는 팀 단위로 개발 중인 소스 코드나 청사진(설계도) 등 디지털 문서의 작업 단계별 버전을 관리하는 작업으로 정의됩니다.

01-3 Git 설치하기

Git은 라즈베리 파이를 설치하면 기본적으로 설치가 되어있습니다. 그래서 따로 설치할 필요가 없지만 다운로드 하는 방법은 아래와 같습니다.

```
$ sudo apt-get install git
```

Git이 기본적으로 설치가 되어있기 때문에 버전을 확인해보겠습니다.

```
$ git --version
```

```
pi@raspberrypi:~/webapps/ch13$ git --version
git version 2.17.1
```

▲ Git 버전 확인

02 _ Git 이해하기

깃(Git)에 담겨 있는 데이터들은 스냅샷(Snapshot)이라고 볼 수 있습니다. 프로젝트를 Commit할 때의 그 순간을 스냅샷으로 촬영한다고 생각하면 됩니다. 파일 자체도 중요하지만 그 파일이 수정되고 삭제되고 추가되는 history(역사)를 중요하게 생각합니다. 그리고 Git은 그 history를 관리합니다.

02-1 Git의 3가지 영역

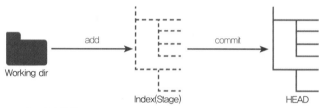

▲ Git의 3가지 영역

(1) Working Directory (작업 영역 = Workspace)

작업할 파일이 있는 디렉터리입니다. led.py 파일을 생성하고 관리하기 위해서는 이 영역에 파일로 저장하게 됩니다.

(2) Staging Area (인덱스 = index)

Commit을 수행할 파일들이 저장되는 영역입니다. Git에서 Commit을 한다는 것은 로컬 저장소에 저장한다는 의미입니다. Working Directory에 저장되어 있는 led.py 파일을 add(명령어)하게 되면 Staging Area에 저장됩니다. 이때는 led.py 파일이 그 자체로 저장되는 것이 아니라 Objects(객체 모임)에 Object(객체)로 저장됩니다. 이때 타입은 blob 타입으로 저장됩니다. blob타입은 Binary Large Object의 약자입니다. 파일의 메타정보를 제외한 파일의 내용 전체를 품고 있습니다. 파일 이름, 파일 생성 날짜, 파일 소유자와 같은 정보는 저장되지 않고 파일의 내용만 SHA-1로 암호화(40자리 문자열)하여 나온 해쉬 값을 Object 파일명으로 사용하고 이 Object의 데이터 타입은 blob입니다.

> **TIP**
>
> Objects(객체 모임)에는 4가지의 Object가 존재합니다. blob, tree, commit, tag입니다. 파이썬에서도 int, str, float 등의 자료형이 존재하듯이 git도 자료형이 존재합니다. 4가지의 Object는 .git/objects에 개별적인 파일들로 존재합니다.
> 그렇다면 파일의 이름은 어디에 저장될까요? 바로 tree 오브젝트에 저장됩니다. 그리고 tree오브젝트와 commit 오브젝트는 commit을 수행할 때 생성되는 객체입니다. commit 오브젝트에는 다음과 같은 내용이 저장됩니다.
> commit 오브젝트 작성자, 커밋 실행자, 커밋 날짜, 로그 메시지, tree 객체

(3) Local Repository (HEAD)

Staging Area에 있던 Objects를 Commit하게 되면 Local Repository(HEAD)로 저장되게 됩니다. HEAD는 현재 브랜치를 가리키는 포인터이며, 브랜치는 브랜치에 담긴 커밋 중 가장 마지막 커밋을 가리키게 됩니다.

위 3가지 작업흐름은 아래와 같습니다.

02-2 Git 오브젝트

file.txt 파일의 흐름을 통해 blob, tree, commit 오브젝트에 대해서 알아보겠습니다.

01 file.txt 파일을 생성하면 Working Directory영역에 배치됩니다.

▲ Working Directory 작업 영역

02 file.txt 파일을 add하게 되면 Index영역에 배치되며 blob 오브젝트가 생성됩니다.

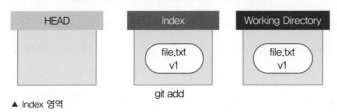

git add

▲ Index 영역

03 file.txt 파일을 commit하게 되면 HEAD영역에 배치되며 현재 index영역에 상태를 스냅샷하여 tree 오브젝트를 만듭니다. 그리고 commit 오브젝트를 생성합니다.

git commit

▲ HEAD 영역

03 _ Git 명령어

git init, git add, git commit 실습을 진행해보겠습니다.

우선 /home/pi/webapps/ch13/test1 폴더를 생성하고 해당 폴더로 이동합니다.

```
$ cd /home/pi/webapps
$ mkdir ch13
$ cd ch13
$ mkdir test1
$ cd test1
```

03-1 init

git init 명령어는 git을 시작하는 명령어입니다.

```
$ git init
$ ls -a
```

git init 명령어를 수행하면 숨겨진 폴더 .git이 생성되고 다음과 같은 폴더가 생성됩니다.

```
$ cd .git
$ ls

HEAD
config
description
/branches
/hooks
/objects
/refs
```

03-2 add

git add 명령어는 working directory에 있는 파일을 index영역(staging area)로 옮기는 역할을 합니다. ch13/test1 폴더로 이동한 뒤 파일을 생성합니다. 파일 생성 후 git status 명령어를 입력하면 현재 file.txt 파일이 master라는 branch에 있고 아직 add하지 않았다고 나옵니다.

```
$ cd /home/pi/webapps/ch13/test1
$ touch file.txt
$ git status

On branch master
Initial commit
Untracked files:
  (use "git add <file>..." to include in what will be committed)
        file.txt
nothing added to commit but untracked files present (use "git add" to track)
```

git add . 명령을 합니다. 새로운 파일이 commit할 준비가 되었습니다.

```
$ git add .
$ git status

On branch master
Initial commit
Changes to be committed:
  (use "git rm --cached <file>..." to unstage)
        new file:   file.txt
```

add 파일명을 하게 되면 해당 파일만 index영역으로 옮기게 되고, add .(점)을 하게 되면 모든 파일들을 index영역으로 옮기게 됩니다. 명령어에서 .(점)은 현재 디렉터리를 의미합니다. 주의할 점은 만약에 file.txt 파일을 add해서 index영역으로 옮긴 뒤에 새로운 파일 file2.txt를 만들어서 add 하게 되면 기존에 있던 file.txt 파일은 동일한 파일이기 때문에 옮겨지지 않고 file2.txt 파일만 index영역으로 이동되게 됩니다. 즉 변경된 파일만 옮겨줍니다. 변경되었다는 의미는 파일의 변경뿐만 아니라 새로운 파일이 생기는 것과 삭제되는 모든 변경사항을 의미합니다.

03-3 commit

git commit 명령어는 index영역에 있는 파일을 HEAD로 옮기는 역할을 합니다. commit 명령을 수행할 때는 설명을 추가할 수 있는데 이 때 사용하는 옵션이 -m 입니다.

```
$ git commit - m "v1 "

[master (root-commit) 401ac7a] v1
 1 file changed, 0 insertions(+), 0 deletions(-)
 create mode 100644 file.txt

$ git status

On branch master
nothing to commit, working directory clean
```

git status로 확인해보면 더 이상의 새로운 파일이 없고 모든 변경된 사항이 commit되었다고 나옵니다.

03-4 파일 내용 변경하기

01 file.txt 를 생성하고 hello를 입력합니다.

```
$ nano file.txt
Hello
```

Ctrl + X , Y , enter 를 눌러 저장 후 빠져나옵니다.

```
 GNU nano 2.5.3                                    File: file.txt

Hello_
```

▲ file.txt 내용 변경

02 git status를 확인합니다.

Change not staged for commit이라는 메시지가 나옵니다. 커밋을 수행하기 전 준비되지 않은 변경사항이 있으니 add 명령어를 통해 변경사항을 반영해야 한다는 메시지가 나옵니다.

```
$ git status

On branch master
Changes not staged for commit:
  (use "git add <file>..." to update what will be committed)
  (use "git checkout -- <file>..." to discard changes in working directory)
        modified:   file.txt
no changes added to commit (use "git add" and/or "git commit -a")
```

03 변경된 사항을 add하여 Index에 저장합니다.

```
$ git add .
$ git status

On branch master
Changes to be committed:
  (use "git reset HEAD <file>..." to unstage)
        modified:   file.txt
```

file.txt를 처음 만들어서 add했을 때는 new file: file.txt였지만 지금은 modified: file.txt라고 나옵니다.

04 v2로 commit하고 log를 살펴봅니다.

git log를 살펴보면 두개의 commit 파일이 생성된 것을 확인할 수 있습니다. 첫 번째 commit 파일은 v1을 위한 것이고 두 번째 commit 파일은 v2를 위한 것입니다. 2개의 reflog가 만들어졌기 때문에 우리는 이제 두개의 버전을 관리할 수 있습니다. 현재 HEAD가 가리키는 commit 객체는 v2입니다. 아직 배우지 않았지만 원한다면 우리는 v1 버전으로 언제든지 돌아갈 수 있습니다.

```
$ git commit -m "v2 "
$ git log

commit cb1206b7711008b63226a2c774c0f9cd4c3d19f9
Author: ssarmango <ssarmango@gmail.com>
Date:    Wed May 1 15:47:16 2019 +0900
    v2
commit e068c71eb30739928f4dce53557598a65ca13606
Author: ssarmango <ssarmango@gmail.com>
Date:    Wed May 1 15:39:36 2019 +0900
    v1
```

05 read.txt 파일을 생성하고 v3로 commit 한 뒤 log를 살펴봅니다.

```
$ touch read.txt
$ git add .
$ git commit -m "v3 "
$ git log

commit 91634987193ddace16b181067a3204c5675ab822
Author: ssarmango <ssarmango@gmail.com>
Date:    Wed May 1 15:55:52 2019 +0900
    v3
commit cb1206b7711008b63226a2c774c0f9cd4c3d19f9
Author: ssarmango <ssarmango@gmail.com>
Date:    Wed May 1 15:47:16 2019 +0900
    v2
commit e068c71eb30739928f4dce53557598a65ca13606
Author: ssarmango <ssarmango@gmail.com>
Date:    Wed May 1 15:39:36 2019 +0900
```

04 _ Reset 되돌리기

Git에서 이력을 되돌리는 방법은 여러 가지가 있지만, 그 중 대표적인 방법은 Reset과 Revert입니다. Reset은 타임머신처럼 시간을 맞추어 그 당시로 되돌아가는 것이고, Revert은 되돌릴 이전의 이력은 그 상태 그대로 유지시키고 커밋의 코드만 원상 복구시키는 것입니다.

04-1 Reset을 위한 환경 세팅하기

'/home/pi/webapps/ch13/test2' 폴더를 생성하고 새로운 git을 시작합니다.

```
$ cd /home/pi/webapps/ch13
$ mkdir test2
$ cd test2
$ git init
```

f1.txt 파일을 생성하고 commit을 하여 v1을 만들고, f1.txt 수정하여 commit한 뒤 v2를 만들고 f1.txt 또 수정하여 commit한 뒤 v3를 만듭니다.

```
$ nano f1.txt
My name is cos.
```

Ctrl + X , Y , enter 를 눌러 저장 후 종료합니다.

```
$ git add .
$ git commit -m "v1 add name"
$ nano f1.txt

My name is cos.
Email is codingspecialist@naver.com.
```

Ctrl + X , Y , enter 를 눌러 저장 후 종료합니다.

```
$ git add .
$ git commit -m "v2 add email"
$ nano f1.txt

My name is cos.
Email is codingspecialist@naver.com.
Age is 34.
```

Ctrl + X , Y , enter 를 눌러 저장 후 종료합니다.

```
$ git add .
$ git commit -m "v3 add age "
```

이 과정을 시각화하면 아래와 같습니다.

• 첫 번째 커밋

▲ 첫 번째 커밋 V1

• 두 번째 커밋

▲ 두 번째 커밋 V2

• 세 번째 커밋

커밋을 할 때 마다 HEAD가 가리키는 곳이 달라집니다.

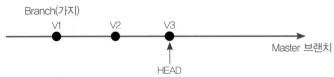

▲ 세 번째 커밋 V3

• Reset과 Revert의 차이

커밋을 관리하는 여러 가지 방법 중에서 Reset과 Revert이 차이 정도는 알고 넘어가는 것이 좋습니다. Revert는 v3의 기억은 지우고 v2로 돌아가고 싶은데 history를 남기고 싶을 때 사용합니다.

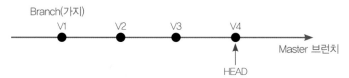

▲ Revert 사용

v3의 history는 여전히 master 브랜치에 남아 있습니다. HEAD는 v4를 가리키지만 v4에는 v2의 내용이 담겨 있습니다.

Reset은 무엇일까요? Reset은 v4를 만들지 않고 그냥 단순히 v2로 돌아갈 때 사용하는 명령어입니다.

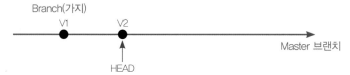

▲ Reset —hard 사용

만약 이런 상황이 발생했을 때 'v2로 돌아가는 것은 실수였으니 다시 v3로 돌아가고 싶어' 라고 한다면 Reset 옵션을 통해 v3로 복구할 수 있습니다.

04-2 Reset 옵션

아래의 그림은 현재 Master 브랜치의 상태입니다.

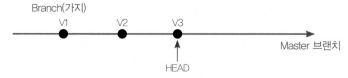

▲ 현재 Master 브랜치 상태

아래의 그림은 현재 Git의 3가지 영역 상태입니다.

Working Directory, Staging Area(Index), Local Repository(HEAD)

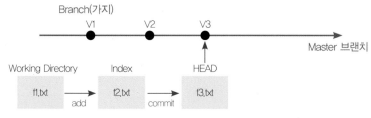

▲ Git의 3가지 영역 상태

```
$ cd /home/pi/webapps/ch13/test2
$ git status


commit 817ff4d87af05788f112c944f1504302125083f1
Author: ssarmango <ssarmango@gmail.com>
Date:   Wed May 1 21:49:06 2019 +0900
    v3 add age
commit 8210c40f5fa7dd964352a149c428d866da897eaa
Author: ssarmango <ssarmango@gmail.com>
Date:   Wed May 1 21:48:29 2019 +0900
    v2 add email
commit f95bf93549e578b60685319f40eb4f27b9239780
Author: ssarmango <ssarmango@gmail.com>
Date:   Wed May 1 21:48:00 2019 +0900
    v1 add name
```

(1) Reset --soft

v2로 Reset하고 싶다고 가정하고 Reset을 진행해보겠습니다.

soft옵션을 주면 HEAD만 f2.txt로 변경됩니다. 이렇게 되면 v3로 되돌리고 싶다면 commit만 다시 하면 됩니다. 커밋 id는 git log명령을 통해 확인하고 입력하여야 합니다. SHA-1으로 만든 해쉬값 이기 때문에 아래와 동일하지 않습니다.

```
$ git reset --soft 8210c40f5fa7dd964352a149c428d866da897eaa
$ git log


commit 8210c40f5fa7dd964352a149c428d866da897eaa
Author: ssarmango <ssarmango@gmail.com>
Date:   Wed May 1 21:48:29 2019 +0900
    v2 add email
commit f95bf93549e578b60685319f40eb4f27b9239780
Author: ssarmango <ssarmango@gmail.com>
Date:   Wed May 1 21:48:00 2019 +0900
    v1 add name
```

다음 그림과 같이 v3가 사라지고 v2로 HEAD가 옮겨진 것을 확인할 수 있습니다.

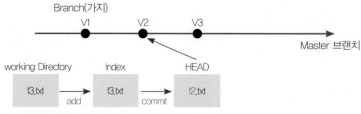

▲ v2로 HEAD 변경

v3으로 HEAD를 변경하고 싶다면 Index에 있는 파일을 commit을 통해 HEAD로 옮기면 됩니다. 옮긴 뒤 git show 명령어를 통해 현재 HEAD를 확인할 수 있습니다.

```
$ git commit -m "v3 add age "
$ git show

commit 352d8e16851a3c3cce66a9415f8ba8940e96e12b
Author: ssarmango <ssarmango@gmail.com>
Date:   Wed May 1 21:54:48 2019 +0900
    v3 add age
diff --git a/f1.txt b/f1.txt
index 148170b..c8f2d41 100644
--- a/f1.txt
+++ b/f1.txt
@@ -1,2 +1,3 @@
 My name is cos.
 Email is codingspecialist@naver.com
+Age is 34.
```

(2) Reset --mixed

Reset 명령어를 사용할 때 옵션을 주지 않으면 디폴트 옵션이 mixed 옵션입니다. mixed 옵션을 주면 Index까지 f2.txt 파일로 변경됩니다. 만약 다시 v3으로 되돌리고 싶다면 add를 한 뒤 commit을 하면 됩니다. 참고로 다음과 같이 커밋ID 전체를 작성하지 않아도 됩니다. 중복되지 않는다면 일부만 적어도 인식합니다.

```
$ git reset --mixed 8210c40f
$ git status

On branch master
Changes not staged for commit:
  (use "git add <file>..." to update what will be committed)
  (use "git checkout -- <file>..." to discard changes in working directory)
        modified:   f1.txt
no changes added to commit (use "git add" and/or "git commit -a")
```

앞의 명령어를 실행하면 Index와 HEAD값이 변경이 됩니다. Working Directory내용만 변경되었고 아직 add와 commit을 하지 않은 상태와 동일합니다.

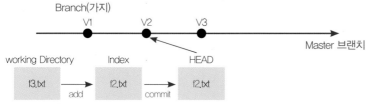

▲ v2로 HEAD변경 및 Index 변경

v3으로 돌아가기를 원하면 다음과 같이 add와 commit을 해주면 됩니다.

```
$ git add .
$ git commit -m "v3 add age"
```

(3) Reset --hard

hard옵션은 Working Directory, Index, HEAD 이 3가지 영역을 전부다 f2.txt로 변경하게 됩니다. 이렇게 되면 add를 해도 f2.txt이고, commit해도 f2.txt이기 때문에 v2로 되돌릴 수 있는 방법이 없습니다.

```
$ git reset --hard 8210c40f
$ git status

On branch master
nothing to commit, working directory clean
```

working directory clean이라고 나오는 이유는 3개의 영역의 파일이 동일하기 때문입니다.

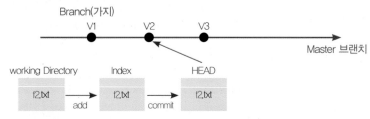

▲ v2로 HEAD변경 및 Index 변경 및 작업영역 변경

04-3 reflog

reflog는 우리가 이때까지 했던 모든 commit에 대한 log가 남아있는 파일입니다. v3을 커밋한 history가 reflog에 남아있기 때문에 v3으로 되돌리고 싶다면 reflog를 통해 되돌릴 수 있습니다. 하지만 만약에 v2에서 age is 34.를 추가 한 뒤 commit을 하지 않은 상태에서 reset --hard 명령을 써서 v2로 되돌리게 된다면 reflog에 v3가 없기 때문에 절대로 되돌릴 수 없다는 것을 명심합니다.

reflog를 보고 싶다면 다음과 같이 합니다.

```
$ git reflog
```

reflog를 보고 복구하고 싶다면 다음과 같이 합니다.

```
$ git reset --hard <커밋ID>
```

reflog를 통해 v3으로 복구해보겠습니다.

```
$ git log

commit 8210c40f5fa7dd964352a149c428d866da897eaa
Author: ssarmango <ssarmango@gmail.com>
Date:   Wed May 1 21:48:29 2019 +0900
    v2 add email
commit f95bf93549e578b60685319f40eb4f27b9239780
Author: ssarmango <ssarmango@gmail.com>
Date:   Wed May 1 21:48:00 2019 +0900
    v1 add name
```

```
$ git reflog

8210c40 HEAD@{0}: reset: moving to 8210c
c198150 HEAD@{1}: commit: v3 add age
8210c40 HEAD@{2}: reset: moving to 8210c40
352d8e1 HEAD@{3}: commit: v3 add age
8210c40 HEAD@{4}: reset: moving to 8210c40f5fa
817ff4d HEAD@{5}: commit: v3 add age
8210c40 HEAD@{6}: commit: v2 add email
f95bf93 HEAD@{7}: commit (initial): v1 add name
```

```
$ git reset --hard c198150

commit c198150e4bbf66a7148285d5f8a7ff2ed82c9c09
Author: ssarmango <ssarmango@gmail.com>
Date:   Wed May 1 22:01:08 2019 +0900
    v3 add age
commit 8210c40f5fa7dd964352a149c428d866da897eaa
Author: ssarmango <ssarmango@gmail.com>
Date:   Wed May 1 21:48:29 2019 +0900
    v2 add email
commit f95bf93549e578b60685319f40eb4f27b9239780
Author: ssarmango <ssarmango@gmail.com>
Date:   Wed May 1 21:48:00 2019 +0900
    v1 add name
```

05 _ github

05-1 github란?

github은 원격 저장소입니다. Remote Repository라고도 부릅니다. 이러한 저장소는 gitlab, bitbucket, github등 여러 종류가 있습니다. 그 중에서 우리가 사용할 것은 최근에 마이크로소프트에서 75억 달러(약 8조 원)에 인수한 github입니다. github을 이용하면 로컬 저장소가 아닌 원격 저장소를 이용하여 협업을 할 수 있습니다.

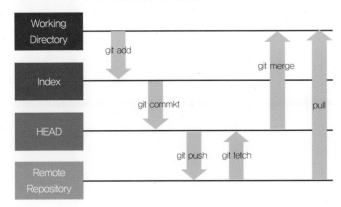

▲ Git 전체 흐름도

github 사이트를 통해서 프로그래밍 언어 순위를 볼 수 있습니다. 다양한 사람들이 github에 자신들이 commit한 소스코드를 푸시(push)하게 되는데 푸시 된 소스코드 중에서 가장 많이 다운(pull)받은 것이 무엇인지를 분석합니다. 그리고 이를 토대로 github에서는 어떤 언어가 가장 인기 있는지를 확인하고 매달 랭킹을 공개합니다.

- https://madnight.github.io/githut/#/pull_requests/2019/1

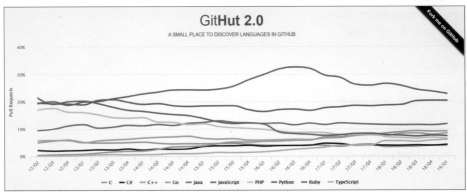

▲ Git Pull 인기 순위

# Ranking	Programming Language	Percentage (Change)	Trend
1	JavaScript	20.109% (-2.893%)	
2	Python	17.891% (+1.726%)	
3	Java	10.401% (+0.417%)	
4	Go	8.027% (+0.774%)	
5	C++	7.383% (+0.945%)	^
6	Ruby	6.469% (-0.279%)	v
7	PHP	5.585% (-0.524%)	
8	TypeScript	5.247% (+0.428%)	
9	C#	3.693% (+0.311%)	
10	C	3.384% (+0.487%)	
11	Shell	2.180% (-0.152%)	
12	Scala	1.479% (+0.069%)	
13	Swift	0.934% (-0.237%)	
14	Rust	0.694% (-0.260%)	
15	Kotlin	0.644% (+0.126%)	^

▲ Git Pull 인기 순위 1~15위

1위는 자바스크립트입니다. React, React Native, Node.js, ES6 등 다양한 곳에서 활약하고 있습니다. 바벨이라는 도구의 탄생과 웹팩의 등장으로 많은 것들이 바뀌게 된 것 같습니다. 마이크로소프트의 TypeScript를 함께 사용하면 자바스크립트를 type을 붙이는 언어로 변경해서 사용할 수도 있습니다. Node.js를 통해 서버도 만들 수 있으며 페이스북 React Native를 통해 안드로이드, IOS 앱을 만들 수 도 있습니다. VsCode(비쥬얼 스튜디오 코드)도 자바스크립트로 만들었습니다. 웹뿐만 아니라, 응용 프로그램, 앱까지 만들 수 있는 언어가 되어버렸네요.

2위는 Python입니다. 다양한 이유가 있겠지만 머신러닝, 빅데이터 인터페이스를 파이썬 라이브러리로 엄청나게 쏟아내고 있습니다. 파이썬으로 제공되는 API는 따라하기가 다른 언어에 비해 굉장히 쉽습니다. 뿐만 아니라 장고 프레임워크, Flask를 통해 웹 프로그램을 만드는 것도 가능합니다. 구글링을 통해 찾을 수 있는 레거시 코드도 굉장히 많고 많은 커뮤니티가 있습니다.

3위는 Java입니다. 오라클이 인수한 뒤 유료화로 인해 수많은 이슈가 있었고 최근에 하향세를 보이기는 했지만 다시 올라가는 추세입니다. Java는 원래 유료였습니다. 다만 지금은 매달 라이센스비를 내는 식으로 정책이 바뀐 것 뿐입니다. Java 벤더사가 오라클만 있는 것은 아닙니다. Azul Systems의 zulu를 사용할 수 도 있습니다. 이 또한 유료입니다. 무료로 사용을 원한다면 OpenJDK를 사용하면 됩니다.

4위는 구글에서 만든 GO입니다. 더 이야기하고 싶지만 여기까지만 하고 github에 대해서 설명하도록 하겠습니다.

05-2 github 회원 가입하기

갓허브의 회원 가입은 일반 사이트의 가입 방법과 비슷합니다.

01 갓허브(github) 사이트로 이동합니다.

• https://github.com/

02 회원 가입을 하기 위해 [Sign up] 버튼을 클릭합니다.

▲ Github 회원 가입 버튼 선택

03 회원 가입 절차를 진행합니다. 첫 번째 단계에서는 개인정보를 입력합니다. 이메일은 인증을 할 수단이 기 때문에 사용하고 있는 이메일을 입력해야 합니다.

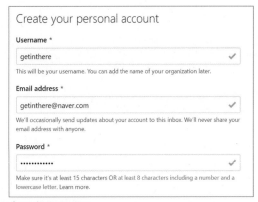

▲ Git 회원 가입 화면

04 두 번째 단계에서는 무료를 선택합니다. 무료를 선택하면 내가 푸시(push)한 소스코드가 모든 사람들에 게 공개됩니다.

▲ 무료 선택

05 마지막 3단계는 설문조사입니다. 무시하고 skip this step을 클릭하면 됩니다.

▲ 설문조사 Skip

06 이메일 인증을 진행합니다.

▲ 이메일 인증

▲ 이메일 접속 후 인증 확인

07 회원 가입이 완료되었습니다.

▲ 회원 가입 완료 화면

05-3 원격 저장소 생성하기

원격(remote) 저장소를 만드는 방법과 업로드 방법에 대해서 알아보겠습니다.

01 저장소를 생성을 위해 new repository를 클릭합니다.

▲ 새로운 저장소 선택

02 저장소를 생성합니다.

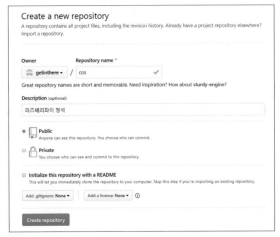

▲ 원격 저장소 만들기

03 원격 저장소 주소를 확인합니다.

▲ 원격 저장소 주소 확인

https://github.com/getinthere/cos.git

04 원격 저장소에 업로드 시키는 방법을 확인합니다.

▲ 원격 저장소에 업로드 시키는 명령어 확인

05-4 remote 연결하기

원격(remote) 저장소에 연결해보겠습니다.

01 '/home/pi/webapps/ch13/cos' 폴더를 생성하고 해당 폴더로 이동합니다.

```
$ cd /home/pi/webapps/ch13
$ mkdir cos
$ cd cos
```

02 git을 시작합니다.

```
$ git init
```

03 README.md 파일을 생성합니다.

```
$ nano README.md

### 원격 저장소 사용하기
* 원격 저장소의 브랜치는 origin이다.
```

`Ctrl` + `X` , `Y` , `enter` 를 눌러 저장 후 종료합니다.

```
 GNU nano 2.5.3                          File: README.md

### 원격저장소 사용하기
* 원격저장소의 브랜치는 origin이다.
```

▲ md 파일을 생성

04 README.md 파일을 HEAD에 올립니다.

```
$ git add .
$ git commit -m "v1"
```

05 원격 저장소(origin)에 연결(remote)합니다.

```
$ git remote add origin https://github.com/getinthere/cos.git
```

06 제대로 연결되었는지 확인합니다.

```
$ git remote - v
origin https://github.com/getinthere/cos.git(fetch)
origin https://github.com/getinthere/cos.git(push)
```

> **TIP**
>
> **remote 연결을 잘못했을 때 해결하는 법**
>
> 첫 번째 방법은 연결을 삭제하고 다시 연결하는 것입니다.
>
> $ git remote remove origin
>
> $ git remote add origin https://github.com/getinthere/cos.git
>
> 두 번째 방법은 remote set-url origin 명령어를 사용하여 주소를 변경하는 것입니다.
>
> $ git remote set-url origin https://github.com/getinthere/cos.git

07 원격 저장소에 푸시(push)합니다.

git push 〈원격 저장소 이름〉 〈원격 저장소 브랜치〉

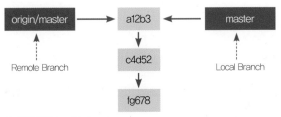

▲ 원격 저장소 origin/master

github의 원격 저장소에 파일을 푸시(push)할 때 어떤 브랜치에 푸시가 되는지 궁금할 것입니다. 무조건 origin/master입니다. 이 포인터는 origin/master라고 부르고 임의로 변경할 수 없습니다. 그리고 Git은 로컬 의 master 브랜치가 origin/master를 가리키게 합니다.

```
$ git push origin master

Counting objects: 3, done.
Delta compression using up to 8 threads.
Compressing objects: 100% (2/2), done.
Writing objects: 100% (3/3), 279 bytes | 0 bytes/s, done.
Total 3 (delta 0), reused 0 (delta 0)
To https://github.com/getinthere/cos.git
 * [new branch]      master -> master
```

08 업로드된 파일을 확인합니다.

README.md 파일이 정상적으로 푸시 되었고 README.md 파일의 내용이 보입니다. md 파일은 markup 언어로 작업이 가능한 파일입니다. md 파일에 대해서 궁금하다면 아래의 url을 참고하면 됩니다.

- https://gist.github.com/ihoneymon/652be052a0727ad59601

▲ 푸시(Push)된 파일 확인

09 푸시된 파일을 수정해봅시다.

❶ 오른쪽 위에 연필 모양을 클릭하면 수정이 가능해집니다.

▲ 푸시(Push)된 파일 수정

❷ 원격 저장소의 브랜치는 origin/master이다"로 수정합니다.

▲ 푸시(Push)된 파일 수정 완료

❸ v2로 메시지를 적고 커밋합니다.

▲ v2로 커밋 메시지 생성 및 커밋

❹ history를 클릭하여 봅니다.

▲ Git history 확인

❺ 다음과 같이 두개의 HEAD를 확인할 수 있습니다.

▲ 두 개의 커밋 버전 확인

10 현재까지의 로컬 브랜치(Master) 상태입니다.

▲ 로컬 브랜치 상태 확인하기

11 수정된 파일을 다운로드(pull)해보겠습니다. 이때 두 가지 방법이 있습니다. 첫 번째 방법은 fetch명령어를 사용하는 것입니다. fetch명령은 로컬저장소에 새로운 HEAD를 하나 추가하고 HEAD에 내려 받습니다. Working Directory와 Index는 v1그대로 입니다. 이렇게 되면 Index와 Woring Directory가 변경되지 않기 때문에 merge(병합)을 해줘야 합니다. merge는 HEAD에 있는 내용을 바탕으로 Working Directory와 Index의 내용을 변경하는 것입니다.

▲ Fetch 명령어로 내려 받기

merge(병합)는 아직 배우지 않았기 때문에 우리는 두 번째 방법을 사용하도록 하겠습니다.

두 번째 방법은 pull 명령어를 사용하는 것입니다. pull 명령은 HEAD를 하나 추가하고 HEAD에 내려 받는 것은 fetch와 동일합니다. 하지만 Working Directory와 Index까지 전부 v2로 변경해줍니다.

Working Directory   Index   HEAD
V2   V2   V2

▲ Pull 명령어로 merge하기

```
$ git pull origin master

remote: Enumerating objects: 5, done.
remote: Counting objects: 100% (5/5), done.
remote: Compressing objects: 100% (2/2), done.
Unpacking objects: 100% (3/3), done.
remote: Total 3 (delta 1), reused 0 (delta 0), pack-reused 0
From https://github.com/getinthere/cos
 * branch            master      -> FETCH_HEAD
   0e7d3f6..6d54586  master      -> origin/master
Updating 0e7d3f6..6d54586
Fast-forward
 README.md | 2 +-
 1 file changed, 1 insertion(+), 1 deletion(-)
```

12 git status를 확인합니다. 다음과 같이 working directory clean이라고 나오면 3개의 영역 Working Directory, Index, HEAD과 동일하다는 뜻입니다. 제대로 다운로드(pull)되었습니다.

```
$ git status
On branch master
nothing to commit, working directory clean
```

13 git show를 확인합니다.

v2로 변경되었습니다. 아래에서 −* 이 부분은 삭제된 영역이고, +* 부분은 추가된 영역을 의미합니다.

```
$ git show

Author: getinthere <50173799+getinthere@users.noreply.github.com>
Date:   Wed May 1 23:51:47 2019 +0900
    v2
diff --git a/README.md b/README.md
index f9db0bb..448110e 100644
--- a/README.md
+++ b/README.md
@@ -1,3 +1,3 @@
 ### 원격 저장소 사용하기
-* 원격 저장소의 브랜치는 origin이다.
+* 원격 저장소의 브랜치는 origin/master이다.
```

14 git log를 확인합니다.

```
$ git log

commit 6d54586b66d9918cc3e0266e2c4fad28d6ca1cd8
Author: getinthere <50173799+getinthere@users.noreply.github.com>
Date:   Wed May 1 23:51:47 2019 +0900
    v2
commit 0e7d3f6f52c2aaecc7c7eb0324e7c5dd220a4e21
Author: ssarmango <ssarmango@gmail.com>
Date:   Wed May 1 23:26:39 2019 +0900
    v1
```

05-5 git clone하기

git clone 명령어는 github에 있는 다른 사람의 프로젝트 혹은 나의 프로젝트를 내려 받을 때 사용합니다.

git init와 git remote 명령어를 통해 원격 저장소와 연결한 뒤 원격 저장소에서 pull 명령어를 통해 프로젝트를 내려 받는 것과 동일한 효과를 가진 것이 바로 git clone입니다.

01 왼쪽 위 고양이 아이콘을 클릭하여 메인페이지로 이동합니다.

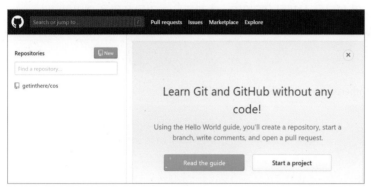

▲ Github 검색

02 airbnb grid-layout으로 검색을 합니다.

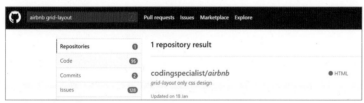

▲ Github 검색어 입력

03 codingspecialist/airbnb를 클릭하여 상세보기로 이동합니다.

여기는 저의 github 저장소입니다.

04 [Clone or download] 버튼을 클릭한 뒤 아래의 주소를 복사합니다.

▲ 주소 확인하기

05 라즈베리 파이 터미널로 돌아와서 폴더를 하나 생성하고 해당 폴더로 이동합니다.

```
$ cd /home/pi/webapps/ch13
$ mkdir airbnb
$ cd airbnb
```

06 git clone 명령어로 airbnb 프로젝트를 내려 받습니다. 이때 복사한 주소를 붙여 넣습니다.

```
$ git clone https://github.com/codingspecialist/airbnb.git

Cloning into 'airbnb'...
remote: Enumerating objects: 15, done.
remote: Counting objects: 100% (15/15), done.
remote: Compressing objects: 100% (14/14), done.
remote: Total 15 (delta 3), reused 8 (delta 0), pack-reused 0
Unpacking objects: 100% (15/15), done.
Checking connectivity... done.
```

07 다운이 완료되었습니다. ls -l 명령어를 통해 확인합니다. 제일 앞에 d가 붙었다는 것은 폴더라는 의미
입니다.

```
$ ls -l
drwxrwxrwx 1 cos cos 512 May  2 00:23 airbnb
```

08 airbnb 폴더로 이동하여 파일을 확인합니다.

```
$ cd airbnb
$ ls
css  images  index.html  README.md  signin.html  signup.html
```

09 라즈베리 파이 탐색기를 열어서 index.html 파일을 브라우저로 열어봅니다.

▲ 다운받은 Git 파일 실행하기

06 _ 브랜치(merge와 checkout)

06-1 브랜치란?

git을 시작하고 파일을 add한 뒤 commit을 하게 되면 master라는 브랜치(가지)가 생깁니다. 그리고 master 브랜치 위에서 작업을 하게 됩니다. 파일 f1.txt를 생성한 뒤 commit하고, f2.txt를 생성하고 commit하면 master 브랜치 위에 두 개의 commit 포인트가 생기고 HEAD는 f2.txt를 가리키게 됩니다.

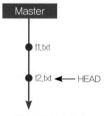

▲ 현재 HEAD의 위치

브랜치가 하나 밖에 없으면 실험적인 테스트를 할 수 없습니다. 그렇기에 실험을 위한 test브랜치를 추가합니다. 그리고 두 번의 commit을 하였습니다.

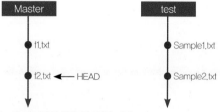

▲ Test 브랜치 생성 및 2번의 커밋

❶ 실험이 성공한 경우 – merge(병합)

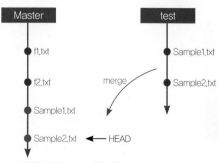

▲ 두 개의 브랜치 merge로 합치기

❷ 실험이 실패한 경우 – test 브랜치 삭제

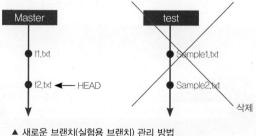

▲ 새로운 브랜치(실험용 브랜치) 관리 방법

실험이 성공할 경우 브랜치를 merge(병합)하고 실험이 실패한 경우 브랜치를 삭제해버리면 됩니다.

06-2 브랜치 종류

브랜치는 우리가 임의로 만들어서 사용할 수 있지만 git에서 브랜치를 만들 때 권장하는 매뉴얼이 있습니다. feature, develop, release, hotfix, master 5가지의 브랜치에 대해서 알아보도록 하겠습니다.

(1) feature

feature 브랜치는 토픽 브랜치로도 부릅니다. 조만간에 배포할 기능을 개발하는 브랜치입니다. 여러분이 블로그를 만드는 프로젝트를 진행 중이라고 한다면 블로그에는 게시글 쓰기, 게시글 삭제, 게시글 수정, 게시글 상세보기, 게시글 목록보기라는 기능이 필요합니다. 그래서 5가지 기능을 모두 구현하였습니다.

구현된 기능을 테스트 하고 있는 도중에 클라이언트가 "블로그에 좋아요 기능이 있었으면 좋겠습니다."라고 요청하였습니다. 어렵지 않은 기능이어서 막내인 홍대리가 구현을 시작합니다. 이때 홍대리가 사용하는 브랜치가 feature 브랜치입니다. feature 브랜치에서 좋아요 기능을 개발하면 됩니다. 개발을 하다가 결과가 맘에 들지 않으면 feature 브랜치를 잘라내도 됩니다.
feature 브랜치는 develop 브랜치에서 분기합니다.

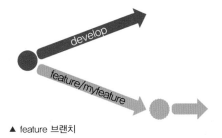

▲ feature 브랜치

(2) develop

feature 브랜치에서 작업한 좋아요 기능이 완성되면 develop 브랜치로 merge(병합)합니다.

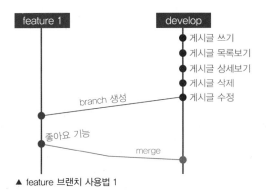

▲ feature 브랜치 사용법 1

만약에 홍대리가 좋아요 기능을 구현하고 있는 도중에 프로젝트에 작성한 글을 공유하는 기능을 추가로 구현해야 한다면 develop 브랜치에서 새로운 feature 브랜치를 만들어서 기능 구현을 시작하면 됩니다. 그리고 공유기능이 완료되면 develop 브랜치로 merge합니다. develop 브랜치를 통합 브랜치라고도 부릅니다. 그 이유는 여러 feature 브랜치의 결과가 모이는 브랜치이기 때문입니다.

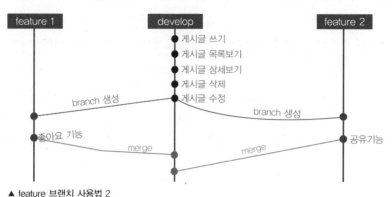

▲ feature 브랜치 사용법 2

게시글 수정이 마지막 commit인 develop 브랜치에서 feature1 브랜치를 만들게 되면 게시글 수정까지의 내용을 가진 상태로 feature1 브랜치가 만들어집니다. feature1 브랜치에서 좋아요 기능을 완성한 뒤 develop 브랜치로 merge하게 되면 develop 브랜치에 합쳐지면서 새로운 commit이 생성됩니다.

(3) release

release 브랜치는 제품 배포를 준비하는 브랜치입니다. develop 브랜치가 배포할 수 있는 상태에 다다랐을 때 release 브랜치를 만듭니다. release 브랜치는 release0.1과 같이 버전이름을 붙여서 이름을 만듭니다. 만약 release0.1에서 사소한 버그가 발견되면 release0.2로 업데이트합니다. release 브랜치는 제품 배포를 준비하는 브랜치이지 실제로 배포하는 브랜치는 아닙니다.

release 브랜치는 develop 브랜치에서 분기합니다.

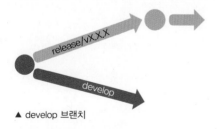

▲ develop 브랜치

(4) master

master 브랜치는 시장에 서비스하게 될 최종 브랜치입니다. release0.2가 완벽한 배포버전이 되었으면 master 브랜치로 merge한 뒤 시장에 배포합니다.

(5) hotfix

배포된 제품에 심각한 버그가 생기게 되면 수정을 해야 하는 경우가 생깁니다. hotfix 브랜치는 버그를 잡는 브랜치입니다. hotfix 브랜치는 master 브랜치에서 분기합니다.

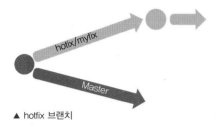

▲ hotfix 브랜치

06-3 브랜치 실습하기

01 branch 폴더를 생성합니다.

```
$ cd /home/pi/webapps/ch13
$ mkdir branch
$ cd branch
```

02 git을 시작한 뒤 브랜치를 확인해보면 브랜치가 없습니다.

```
$ git init
$ git branch
```

03 post_write 파일을 생성한 뒤 commit을 하게 되면 master 브랜치가 생깁니다.

```
$ touch post_write
$ git add .
$ git commit -m "post_write "
$ git branch

* master
```

04 feature1 브랜치를 만들고 브랜치를 확인합니다.

```
$ git branch feature1
$ git branch
* master
```

브랜치는 생성되었지만 현재 브랜치는 master입니다. 현재 브랜치에 * 표시가 됩니다.

05 feature1 브랜치로 이동한 뒤 브랜치를 확인합니다.

```
$ git checkout feature1
$ git branch
* feature1
master
```

06 post_update 파일을 생성한 뒤 commit합니다.

```
$ touch post_update
$ git add .
$ git commit - m "post_update "
```

feature1 브랜치에서 ls 명령을 통해 확인해보면 post_write와 post_update파일이 있는 것을 확인할 수 있습니다.

```
$ ls

post_update post_write
```

07 master 브랜치로 이동해서 ls명령을 확인합니다.

```
$ git checkout master
$ ls

post_write
```

post_write 파일만 있는 것을 확인할 수 있습니다.

08 feature1에 있는 파일을 master로 merge(병합)합니다. merge할 때 주의할 점은 merge할 곳으로 checkout하여 이동한 뒤에 merge 해야 합니다.

```
$ git merge feature1
$ ls

post_update post_write
```

merge가 정상적으로 수행되었고 post_update파일이 master 브랜치에 추가되었습니다.

09 git log를 통해 확인합니다.

```
$ git log

commit ca8c781945ca2e456d6da99795fcc3082eb75970
Author: ssarmango <ssarmango@gmail.com>
Date:   Sat May 4 01:55:14 2019 +0900
    post_update
commit 46a2116fc26bdce2376387c055a16c84fae6b19b
Author: ssarmango <ssarmango@gmail.com>
Date:   Sat May 4 01:51:26 2019 +0900
    post_write
```

10 feature1 브랜치를 삭제해보겠습니다.

```
$ git branch -d feature1

Deleted branch feature1(was ca8c781).
```

※ HEAD에 병합되어 있지 않은 브랜치를 삭제하려면 –D 옵션을 붙여야 삭제 가능합니다.

11 브랜치 생성과 checkout을 동시에 하려면 다음과 같이 합니다.

```
$ git checkout -b feature2
$ git branch
* feature2
master
```

Raspberry Pi

OpenAI는 인공지능 연구와 개발에 집중하는 선도적인 기관으로, 자연어 처리, 컴퓨터 비전, 강화 학습 등 다양한 AI 분야에서 혁신적인 기술을 선보이고 있습니다. 특히, ChatGPT와 같은 대규모 언어 모델을 통해 사람과 자연스럽게 소통할 수 있는 AI를 제공하며, 이를 바탕으로 다양한 산업에 AI 솔루션을 적용할 수 있습니다.

이번 장에서는 라즈베리파이를 활용해 OpenAI의 자연어 처리 기술뿐만 아니라, PyTorch를 이용한 딥러닝 모델을 함께 학습해보겠습니다. PyTorch는 이미지 분류와 같은 다양한 AI 작업에 적합한 강력한 프레임워크로, 자연어 처리 외에도 여러 AI 응용 프로그램에서 유용하게 사용될 수 있습니다.

01 _ OpenAI 상상속 이미지 만들기

OpenAI 인공지능

01 _ OpenAI 상상속 이미지 만들기

DALL-E 모델을 사용하여 텍스트를 기반으로 상상 속 이미지를 생성할 수 있습니다. 텍스트로 제공된 설명에 따라 AI가 이미지를 창의적으로 해석하고, 그에 맞는 이미지를 만들어냅니다. 이 방법을 활용해 사용자는 아이디어를 시각적으로 표현하거나 새로운 시각적 개념을 탐구할 수 있습니다. 그리고 아트워크 생성, 제품 디자인 구상, 창의적인 스토리텔링 등 다양한 분야에서 활용할 수 있습니다. DALL-E는 텍스트에 기반한 이미지 생성에 뛰어난 성능을 발휘하며, 다양한 사용 사례에 적합한 이미지를 제공합니다.

▲ 상상속 이미지 만들기

• OpenAI 개발자 공식 홈페이지 : https://platform.openai.com/

▲ 오픈 AI 개발자 공식 홈페이지

01-1 OpenAI 회원가입 및 비용 결재하기

ChatGPT는 주어진 플랫폼(웹 브라우저, GPT 앱)에서 바로 사용할 수 있지만, 자체 애플리케이션에서 OpenAI 기술을 통합하려면 OpenAI에 회원가입 후 API 키를 발급받아야 합니다. 이 인증키를 사용하여 API 요청을 보내면, OpenAI의 모델이 응답을 제공하며 이를 통해 애플리케이션에서 다양한 AI 기능을 처리할 수 있습니다.

(1) 브라우저를 이용하여 오픈 AI 홈페이지로 이동합니다.

저자는 구글 로그인을 통해 회원가입을 하였습니다.

(2) 우측상단 톱니바퀴(Setting) – Billing 메뉴로 이동하기

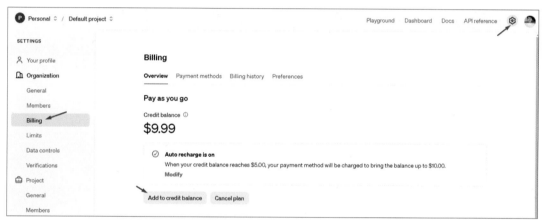

▲ 결재등록하기

(3) 결재하기 (신용카드 등록)

Add to credit balance – 10달러 결제

OpenAI의 DALL-E 모델을 사용하여 텍스트 기반으로 상상 속 이미지를 창의적으로 생성할 수 있습니다. OpenAI의 인프라와 모델 사용에 따라 비용이 발생하며, 이미지 생성 작업은 유료로 진행됩니다.

01-2 OpenAI 프로젝트 생성 및 API 키 발급하기

(1) 프로젝트 생성

프로젝트 이름을 metacoding으로 하였습니다. 이름은 자유롭게 설정하면 됩니다.

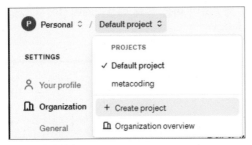

▲ 프로젝트 생성

(2) API 키 발급

API 키를 발급 받아야 파이썬 애플리케이션에서 Open AI의 기능 사용이 가능해집니다. 절대 노출하지 않도록 주의해주세요.

Organization overview 버튼을 클릭합니다.

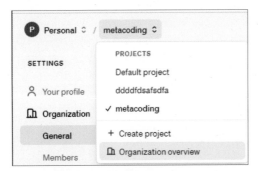

▲ Organization overview로 이동

API keys – Create new secrect key 선택

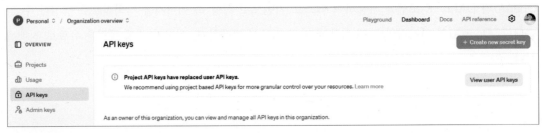

▲ API 키 생성

metacoding-key 라는 이름을 설정하고, Project는 방금 생성한 프로젝트이름 metacoding을 선택합니다.

Create new secret key

Owned by

| You | Service account |

This API key is tied to your user and can make requests against the selected project. If you are removed from the organization or project, this key will be disabled.

Name Optional

> metacoding-key

Project

> metacoding

Permissions

| All | Restricted | Read Only |

Cancel   Create secret key

▲ 시크릿 키 만들기

(3) API 키 보관해두기

한번 노출된 API 키는 다음에 확인할 방법이 없기 때문에, 분실시 새로 발급받아야 합니다. API 키를 안전한 곳에 보관해두세요.

01-3 OpenAI 테스트

OpenAI 파이썬 테스트 코드 공식 문서

https://platform.openai.com/docs/quickstart?language-preference=python

(1) Role이란

"Role"은 대화에서 AI의 역할을 설정하는 것을 의미합니다.

Role이 "System"이면, AI에게 어떤 역할을 맡길지 정의하는 명령을 줍니다. 예를 들어, "당신은 이제 의사입니다"라고 설정하면, AI는 의사처럼 행동하고 의학적 질문에 답변하게 됩니다.

Role이 "User"이면, 사용자가 AI에게 질문을 하는 역할을 합니다. 즉, "User"는 실제로 AI와 대화를 나누는 사람입니다.

"Content"는 대화에서 실제로 오가는 내용을 뜻합니다. 예를 들어, System에서 "당신은 의사입니다"라고 설정했다면, User는 "머리에 혹이 생겼는데, 왜 그런 걸까요?" 같은 질문을 할 수 있습니다.

이런 구조를 프롬프트라고 하며, Role(역할)과 Content(내용)이 합쳐져 AI와의 대화가 만들어집니다. 위와 같이 질문을 하게 되면 Open AI는 거기에 대한 응답으로 아래와 같은 결과를 제공해줍니다.

머리에 혹과 입술 주변의 부종은 여러 가지 원인으로 발생할 수 있습니다. 일반적인 원인으로는 다음과 같은 것들이 있습니다:

알레르기 반응: 음식, 약물, 환경적 요인에 대한 알레르기가 얼굴과 입술에 부종을 일으킬 수 있습니다.
염증: 특정 염증 질환이나 자가면역 질환도 이런 증상을 유발할 수 있습니다.
임파선 종대: 감염으로 인해 림프절이 부을 경우, 머리나 얼굴 부위에 혹이나 부종이 발생할 수 있습니다.

정확한 진단을 위해서는 의사의 진찰이 필요하며, 추가적인 증상이나 병력에 따라 검사가 필요할 수 있습니다. 만약 통증이 심하거나 증상이 악화된다면, 가능한 빨리 병원을 방문하는 것이 좋습니다.

(2) 가상환경 설정하기

$ python –m venv openai

$ source openai/bin/activate

```
$ python -m venv openai
$ source openai/bin/activate
```

(3) 라이브러리 등록하기

$ pip install openai

```
$ pip install openai
```

(4) 테스트 코드 작성하기

/home/pi/webapps/ch14/openai_test.py

```
mport openai
openai.api_key = "Your API Key"
completion = openai.chat.completions.create(
    model="gpt-4o-mini",
    messages=[
      {"role": "system", "content": "넌 의사야"},
      {
        "role": "user",
        "content": "목이 아파! 어떻게 해야돼?"
      }
    ]
)
print(completion.choices[0].message)
```

(5) 실행하기

```
$ python openai_test.py
```

아래는 요청에 대한 결과입니다.

ChatCompletionMessage(content='목이 아픈 것은 여러 원인에 의해 발생할 수 있습니다. 다음은 몇 가지 조치입니다:\n\n1. **휴식**: 충분한 휴식을 취하고, 목을 과도하게 사용하지 않도록 하세요.\n2. **물 섭취**: 수분을 충분히 섭취하여 목을 촉촉하게 유지하는 것이 중요합니다.\n3. **가글**: 따뜻한 소금물로 가글하면 염증 완화에 도움이 될 수 있습니다.\n4. **진통제**: 필요시 이부프로펜이나 아세트아미노펜과 같은 일반 진통제를 복용해보세요.\n5. **습도 조절**: 공기가 건조하면 목이 더 아플 수 있으므로 가습기를 사용하는 것도 도움이 됩니다.\n\n목이 아프면서 열이나 기침, 몸살, 두통 등의 증상이 동반된다면 병원에 방문하여 의사의 진료를 받는 것이 좋습니다. 무엇보다 증상이 심해지거나 오래 지속될 경우에는 반드시 전문가의 상담을 받으시기 바랍니다.', refusal=None, role='assistant', function_call=None, tool_calls=None)

01-4 상상속 이미지 애플리케이션 만들기

(1) 코드 작성하기

/home/pi/webapps/ch14/imagine.py

```python
import openai
openai.api_key = "Your API Key"
response = openai.images.generate(
    model="dall-e-3",
    prompt="핫도그 먹는 고양이 사진 보여줘",
    size="1024x1024",
    quality="standard",
    n=1 ,
)
image_url = response.data[0].url
print(image_url)
```

(2) 실행 결과 확인하기

```
$ python imagine.py
```

```
$ python imagine.py
https://oaidalleapiprodscus.blob.core.windows.net/private/org-m2Crajokz2uBxaZCbD5iZuyO/us
er-WgIs0yK7qgCgImbaIfckMmU8/img-7vXOjaRu6l0f535SM7QjLIOU.png?st=2024-10-16T11%3A38%3A28Z&
se=2024-10-16T13%3A38%3A28Z&sp=r&sv=2024-08-04&sr=b&rscd=inline&rsct=image/png&skoid=d505
667d-d6c1-4a0a-bac7-5c84a87759f8&sktid=a48cca56-e6da-484e-a814-9c849652bcb3&skt=2024-10-1
5T18%3A21%3A36Z&ske=2024-10-16T18%3A21%3A36Z&sks=b&skv=2024-08-04&sig=10gcH4l7TFQAxcYFIl2
DwHxIX7Cnwll2dGpQGpsQSWY%3D
```

▲ 결과 URL 경로

(3) 브라우저로 열어보기

핫도그 먹는 고양이가 나왔네요^^

▲ 핫도그 먹는 고양이

02 _ 파이토치 이미지 분류하기

이번 절에서는 PyTorch의 torchvision 라이브러리를 사용하여 이미지 분류를 진행할 것입니다. PyTorch는 Facebook AI Research(FAIR)에서 2016년에 개발된 오픈 소스 딥러닝 프레임워크로, 인공 신경망을 구축하고 학습시키는 데 널리 사용됩니다. 파이썬 기반으로 작성된 PyTorch는 특히 연구자와 개발자에게 직관적이고 유연한 인터페이스를 제공하여 딥러닝 모델을 쉽게 설계하고 실험할 수 있습니다.

torchvision은 PyTorch 생태계에서 이미지 처리와 관련된 다양한 기능을 제공하는 라이브러리로, 사전 학습된 모델, 데이터셋 로드, 이미지 변환 등의 유용한 도구를 포함하고 있습니다. 이를 활용해 우리는 이미지 분류 모델을 구축하고, 데이터를 효율적으로 처리하며, 분류 성능을 평가할 수 있습니다.

- 파이토치 한국 공식 홈페이지 : https://tutorials.pytorch.kr/

▲ 파이토치 한국 공식 홈페이지

02-1 개발 환경 설정

(1) /home/pi/webapps/ch14 폴더 생성하기

```
$ mkdir /home/pi/webapps/ch14
```

(2) 해당 폴더로 이동하여 가상환경 설정

```
$ python -m venv myenv
$ source myenv/bin/activate
```

(3) 가상환경에 파이토치 라이브러리 설치

```
$ pip install torch torchvision
```

02-2 카메라로 사진 찍어두기

호랑이 사진을 찍어두었습니다. 사진을 직접 찍어도 되고, 구글에서 사진을 다운로드 받아도 됩니다.

```
$ sudo libcamera-still -o /home/pi/webapps/ch14/tiger.jpg
```

▲ 이미지 분류에 사용할 호랑이 사진

02-3 이미지 분류 애플리케이션 만들기

/home/pi/webapps/ch14/classification.py

```python
import torch
from torchvision import models, transforms
from PIL import Image
from torchvision.models import ResNet18_Weights

# 사전 훈련된 ResNet 모델 불러오기
weights = ResNet18_Weights.IMAGENET1K_V1  # 훈련된 ResNet18 모델의 가중치를 가져옴
model = models.resnet18(weights=weights)  # ResNet18 모델을 불러옴, 해당 가중치를 적용
model.eval()  # 모델을 평가 모드로 설정

# 이미지 변환
preprocess = transforms.Compose([
    transforms.Resize(256),  # 이미지 크기를 256x256으로 조정
    transforms.CenterCrop(224),  # 중앙에서 224x224 크기로 자름 (ResNet 입력 사이즈)
    transforms.ToTensor(),  # 이미지를 PyTorch 텐서로 변환 (픽셀 값을 [0,1] 범위로 정규화)
    transforms.Normalize(mean=[0.485, 0.456, 0.406], std=[0.229, 0.224, 0.225]),
])

# 이미지 로드 및 전처리
image = Image.open("tiger.jpg")  # 'tiger.jpg'라는 이미지 파일을 열고 PIL 형식으로 저장
input_tensor = preprocess(image)  # 이미지에 대해 미리 정의한 전처리 과정을 수행
input_batch = input_tensor.unsqueeze(0)  # 배치 차원을 추가

# 이미지 분류
with torch.no_grad():  # 역전파 계산을 비활성화하여 메모리 및 연산 속도를 최적화
    output = model(input_batch)  # 전처리된 이미지를 모델에 입력하고 결과를 얻음

# 결과 출력 (가장 높은 확률의 클래스)
_, predicted = torch.max(output, 1)  # 모델의 예측 결과 중 가장 높은 확률의 클래스를 선택

# ImageNet 클래스 레이블 얻기
labels = weights.meta["categories"]  # ImageNet 클래스의 레이블 목록을 가져옴
predicted_label = labels[predicted.item()]  # 예측된 클래스에 해당하는 레이블을 가져옴
print(f"Predicted class: {predicted.item()} ({predicted_label})")  # 예측된 클래스 번호와 해당 레이블을 출력
```

이 코드는 컴퓨터가 이미지를 보고 그 이미지가 무엇인지 맞추는 프로그램입니다. 여기에서는 컴퓨터에게 "호랑이 사진을 보여주고, 이게 호랑이인지 맞춰봐" 하는 과정을 설명드립니다. 차근차근 살펴보겠습니다.

- **필요한 도구 불러오기** : 먼저, 컴퓨터가 이미지를 처리하고 이미 학습된 똑똑한 모델을 불러올 수 있도록 필요한 도구들을 가져옵니다.여기서는 torch, torchvision, PIL이라는 도구들을 불러오는데, 이 도구들이 이미지를 불러오고 처리하며, 컴퓨터가 이미지를 이해할 수 있도록 도와줍니다.

- **컴퓨터에게 똑똑한 모델 주기** : 컴퓨터는 이미 고양이, 강아지 등 다양한 이미지를 학습한 ResNet18 이라는 모델을 사용합니다. 이 모델은 이미지넷이라는 데이터셋에서 다양한 종류의 이미지를 보고 학습했습니다.이 똑똑한 모델을 불러오고, "지금은 학습하지 않고, 바로 이미지를 분류해라"라고 준비하는 평가 모드로 설정해줍니다.

- **이미지 준비하기** : 호랑이 이미지를 컴퓨터가 이해할 수 있도록 약간의 변환 작업을 해줍니다. 컴퓨터는 숫자로 이미지를 처리하므로, 이미지를 256x256 크기로 줄인 후 224x224 크기로 자릅니다. 그다음 컴퓨터가 이해할 수 있는 숫자로 변환합니다.마지막으로 이미지를 배치(batch) 형태로 만들어줍니다. 배치는 컴퓨터가 한 번에 여러 개의 이미지를 처리할 수 있도록 만들어주는 형식입니다. 지금은 한 장의 이미지만 처리하므로, 그 한 장을 배치 형태로 만들어줍니다.

- **이미지 분류하기** : 이미지를 컴퓨터에게 보여주고 "이게 뭐야?"라고 물어봅니다. 하지만 학습할 필요는 없기 때문에, "계산만 해주고, 학습은 하지 마"라고 요청합니다.그러면 컴퓨터는 1000개의 카테고리 중 하나를 선택하는데, 그중에서 가장 확률이 높은 답을 골라줍니다.

- **결과 확인하기** : 컴퓨터가 "이 사진은 호랑이야!"라고 예측했는지, 혹은 다른 동물이라고 생각했는지 결과를 확인합니다. 데이터셋의 1000개 카테고리 목록에서 찾아서 "호랑이(Tiger)"라고 출력해줄 것입니다.

02-4 실행해보기

(1) 프로젝트 구조 확인

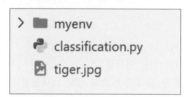

▲ 프로젝트 구조

(2) 코드 실행

```
$ python classification.py
```

Predicted class: 292 (tiger)

▲ 예측된 결과 tiger